서울교통공사

9호선 운영부문 고객안전직

최종모의고사

SD에듀
(주)시대고시기획

2024 최신판 SD에듀 서울교통공사 9호선 운영부문 고객안전직 NCS 최종모의고사 7회분 + 무료서교공특강

Always **with you**

사람의 인연은 길에서 우연하게 만나거나 함께 살아가는 것만을 의미하지는 않습니다.
책을 펴내는 출판사와 그 책을 읽는 독자의 만남도 소중한 인연입니다.
SD에듀는 항상 독자의 마음을 헤아리기 위해 노력하고 있습니다. 늘 독자와 함께하겠습니다.

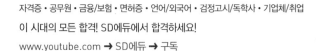

PREFACE

머리말

서울 지하철을 운영하는 세계적 수준의 도시철도 운영기관인 서울교통공사는 2024년에 9호선 운영부문 고객안전직 신규직원을 채용할 예정이다. 서울교통공사의 채용절차는 「입사지원서 접수 → 필기시험 → 인성검사 → 면접시험 → 신체검사 및 결격조회 → 최종 합격자 발표」 순서로 이루어진다. 필기시험은 고객안전직의 경우 직업기초능력평가로만 진행한다. 직업기초능력평가는 의사소통능력, 수리능력, 문제해결능력, 조직이해능력, 정보능력, 자원관리능력, 기술능력, 자기개발능력, 대인관계능력, 직업윤리 총 10개의 영역을 모두 평가하며, 2023년 하반기에는 피듈형으로 진행되었다. 따라서 필기시험에서 고득점을 받기 위해 다양한 유형에 대한 폭넓은 학습과 문제풀이능력을 높이는 등 철저한 준비가 필요하다.

서울교통공사 9호선 운영부문 고객안전직 합격을 위해 SD에듀에서는 기업별 NCS 시리즈 누적 판매량 1위의 출간 경험을 토대로 다음과 같은 특징을 가진 도서를 출간하였다.

도서의 특징

❶ 합격으로 이끌 가이드를 통한 채용 흐름 확인!

- 서울교통공사 소개와 최신 시험 분석을 수록하여 채용 흐름을 파악하는 데 도움이 될 수 있도록 하였다.

❷ 최종모의고사를 통한 완벽한 실전 대비!

- 철저한 분석을 통해 실제 유형과 유사한 최종모의고사를 수록하여 자신의 실력을 최종 점검할 수 있도록 하였다.

❸ 다양한 콘텐츠로 최종 합격까지!

- 온라인 모의고사를 무료로 제공하여 필기시험에 대비할 수 있도록 하였다.
- 모바일 OMR 답안채점/성적분석 서비스를 제공하여 자동으로 점수를 채점하고 확인할 수 있도록 하였다.

끝으로 본 도서를 통해 서울교통공사 9호선 운영부문 고객안전직 채용을 준비하는 모든 수험생 여러분이 합격의 기쁨을 누리기를 진심으로 기원한다.

SDC(Sidae Data Center) 씀

서울교통공사 이야기 INTRODUCE

미션

안전한 도시철도, **편리**한 교통 서비스

비전

사람과 도시를 연결하는 **종합교통기업** 서울교통공사

핵심가치

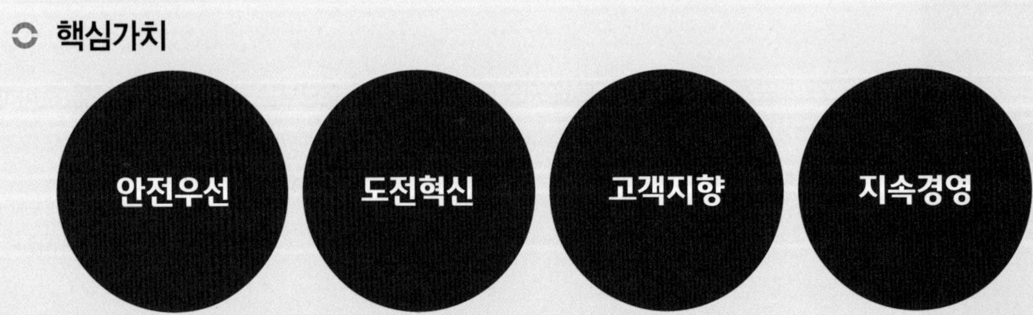

경영목표 및 전략과제

전략과제	세부 내용
시스템 기반 최고 수준의 안전 운행	• 선제적인 차량 및 시설 현대화 • 공사 고유의 안전관리 시스템 고도화
미래 성장 동력 발굴 및 조직 경쟁력 강화	• 사업 영역 확장을 통한 신규 수익 창출 • 경영 합리화를 통한 비용 절감 및 효율성 제고
더 나은 서비스를 통한 고객만족도 제고	• 고객 맞춤형 고품질 서비스 제공 • 도시철도 이용환경 개선 및 편리성 강화
지속가능한 경영관리 체계 구축	• 친환경 · 상생 · 투명의 ESG 경영 실천 • 소통 · 협업 기반 창의적 조직역량 확보

인재상

- 안전 분야 최고를 지향하는 인재
- 혁신을 주도하는 인재
- 열린 마음으로 협력하는 인재

신입 채용 안내 INFORMATION

지원자격(공통)

❶ 연령 : 만 18세 이상자(정년 범위 내)
❷ 학력 : 제한 없음
❸ 병역 : 병역법 제76조에서 정한 병역의무 불이행 사실이 없는 자
❹ 주 · 야간 교대(교번)근무가 가능한 자
❺ 서울교통공사 9호선 운영부문 인사규정 제15조(결격사유)에 해당하지 않는 자

필기시험(고객안전직 기준)

과목	내용	문항 수	시간
직업기초능력평가	의사소통능력, 수리능력, 문제해결능력, 조직이해능력, 정보능력, 자원관리능력, 기술능력, 자기개발능력, 대인관계능력, 직업윤리	80문항	90분

면접시험

과목	직종	내용
집단역량면접	전 직종	직원으로서의 정신자세
		전문지식과 응용능력
		의사발표의 정확성과 논리성
		예의 · 품행 및 성실성
		창의력 · 의지력 및 기타 발전가능성

❖ 위 채용안내는 2024년 채용계획 및 2023년 하반기 채용공고를 기준으로 작성하였으므로 세부내용은 반드시 확정된 채용공고를 확인하기 바랍니다.

2023 하반기 기출분석 ANALYSIS

총평

2023년 하반기 서울교통공사 9호선 운영부문의 필기시험은 모듈형의 비중이 높은 피듈형으로 출제되었으며, 영역별로 문항이 구분되어 있고 난도는 평이했다는 후기가 많았다. NCS의 경우 10개의 영역이 모두 출제되므로, 다양한 영역과 유형에 대한 폭넓은 학습을 통해 취약한 부분을 최소화하려는 노력이 필요하다.

의사소통능력

출제 특징	• 내용 일치 문제가 출제됨 • 문단 나열 문제가 출제됨 • 접속어 문제가 출제됨

문제해결능력

출제 특징	• 명제 추론 문제가 출제됨
출제 키워드	• 참/거짓, 매슬로의 욕구 5단계 피라미드 등

조직이해능력

출제 특징	• 조직도 문제가 출제됨

정보능력

출제 특징	• 엑셀 문제가 출제됨

기술능력

출제 특징	• 매뉴얼 문제가 출제됨

대인관계능력

출제 특징	• 갈등 관리 문제가 출제됨

PSAT형

※ 다음은 K공단의 국내 출장비 지급 기준에 대한 자료이다. 이어지는 질문에 답하시오. **[15~16]**

〈국내 출장비 지급 기준〉

① 근무지로부터 편도 100km 미만의 출장은 공단 차량 이용을 원칙으로 하며, 다음 각호에 따라 "별표 1"에 해당하는 여비를 지급한다.
　㉠ 일비
　　ⓐ 근무시간 4시간 이상 : 전액
　　ⓑ 근무시간 4시간 미만 : 1일분의 2분의 1
　㉡ 식비 : 명령권자가 근무시간이 모두 소요되는 1일 출장으로 인정한 경우에는 1일분의 3분의 1 범위 내에서 지급
　㉢ 숙박비 : 편도 50km 이상의 출장 중 출장일수가 2일 이상으로 숙박이 필요할 경우, 증빙자료 제출 시 숙박비 지급
② 제1항에도 불구하고 공단 차량을 이용할 수 없어 개인 소유 차량으로 업무를 수행한 경우에는 일비를 지급하지 않고 이사장이 따로 정하는 바에 따라 교통비를 지급한다.
③ 근무지로부터 100km 이상의 출장은 "별표 1"에 따라 교통비 및 일비는 전액을, 식비는 1일분의 3분의 2 해당액을 지급한다. 다만, 업무 형편상 숙박이 필요하다고 인정할 경우에는 출장기간에 대하여 숙박비, 일비, 식비 전액을 지급할 수 있다.

〈별표 1〉

구분	교통비				일비 (1일)	숙박비 (1박)	식비 (1일)
	철도임	선임	항공임	자동차임			
임원 및 본부장	1등급	1등급	실비	실비	30,000원	실비	45,000원
1, 2급 부서장	1등급	2등급	실비	실비	25,000원	실비	35,000원
2, 3, 4급 부장	1등급	2등급	실비	실비	20,000원	실비	30,000원
4급 이하 팀원	2등급	2등급	실비	실비	20,000원	실비	30,000원

1. 교통비는 실비를 기준으로 하되, 실비 정산은 국토해양부장관 또는 특별시장・광역시장・도지사・특별자치도지사 등이 인허한 요금을 기준으로 한다.
2. 선임 구분표 중 1등급 해당자는 특등, 2등급 해당자는 1등을 적용한다.
3. 철도임 구분표 중 1등급은 고속철도 특실, 2등급은 고속철도 일반실을 적용한다.
4. 임원 및 본부장의 식비가 위 정액을 초과하였을 경우 실비를 지급할 수 있다.
5. 운임 및 숙박비의 할인이 가능한 경우에는 할인 요금으로 지급한다.
6. 자동차임 실비 지급은 연료비와 실제 통행료를 지급한다.
   (연료비)=[여행거리(km)]×(유가)÷(연비)
7. 임원 및 본부장을 제외한 직원의 숙박비는 70,000원을 한도로 실비를 정산할 수 있다.

특징
- 대부분 의사소통능력, 수리능력, 문제해결능력을 중심으로 출제(일부 기업의 경우 자원관리능력, 조직이해능력을 출제)
- 자료에 대한 추론 및 해석 능력을 요구

대행사
- 엑스퍼트컨설팅, 커리어넷, 태드솔루션, 한국행동과학연구소(행과연), 휴노 등

모듈형

| 대인관계능력

60 다음 자료는 갈등해결을 위한 6단계 프로세스이다. 3단계에 해당하는 대화의 예로 가장 적절한 것은?

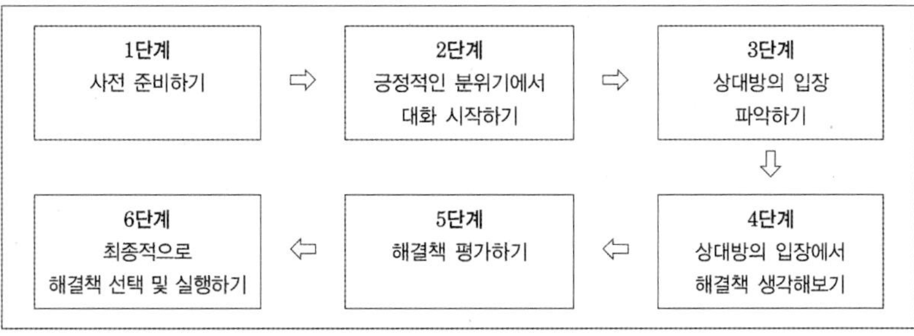

① 그럼 A씨의 생각대로 진행해 보시죠.

특징
- 이론 및 개념을 활용하여 푸는 유형
- 채용 기업 및 직무에 따라 NCS 직업기초능력평가 10개 영역 중 선발하여 출제
- 기업의 특성을 고려한 직무 관련 문제를 출제
- 주어진 상황에 대한 판단 및 이론 적용을 요구

대행사
- 인트로맨, 휴스테이션, ORP연구소 등

피듈형(PSAT형 + 모듈형)

| 문제해결능력

60 P회사는 직원 20명에게 나눠 줄 추석 선물 품목을 조사하였다. 다음은 유통업체별 품목 가격과 직원들의 품목 선호도를 나타낸 자료이다. 이를 참고하여 P회사에서 구매하는 물품과 업체를 바르게 연결한 것은?

〈업체별 품목 금액〉

구분		1세트당 가격	혜택
A업체	돼지고기	37,000원	10세트 이상 주문 시 배송 무료
	건어물	25,000원	
B업체	소고기	62,000원	20세트 주문 시 10% 할인
	참치	31,000원	
C업체	스팸	47,000원	50만 원 이상 주문 시 배송 무료
	김	15,000원	

〈구성원 품목 선호도〉

특징
- 기초 및 응용 모듈을 구분하여 푸는 유형
- 기초인지모듈과 응용업무모듈로 구분하여 출제
- PSAT형보다 난도가 낮은 편
- 유형이 정형화되어 있고, 유사한 유형의 문제를 세트로 출제

대행사
- 사람인, 스카우트, 인크루트, 커리어케어, 트리피, 한국사회능력개발원 등

주요 공기업 적중 문제 TEST CHECK

서울교통공사

문서 작성 방법 ▶ 유형

27 다음 중 A대리가 메일에서 언급하지 않았을 내용은?

A대리 : ○○○씨, 보고서 잘 받아봤습니다.
B사원 : 아, 네. 대리님. 미흡한 점이 많았을 텐데…… 죄송합니다.
A대리 : 아닙니다. 처음인데도 잘했습니다. 그런데, 얘기해 줄 것이 있어요. 문서는 '내용'이 물론 가장 중요하긴 하지만 '표현'과 '형식'도 중요합니다. 앞으로 참고할 수 있게 메일로 유의사항을 보냈으니까 읽어보세요.
B사원 : 감사합니다. 확인하겠습니다.

① 의미를 전달하는 데 문제가 없다면 문장은 가능한 한 짧게 만드는 것이 좋다.
② 우회적인 표현은 오해의 소지가 있으므로 가능하면 쓰지 않는 것이 좋다.
③ 한자의 사용을 자제하되, 만약 사용할 경우 상용한자의 범위 내에서 사용한다.
④ 중요한 내용은 미괄식으로 작성하는 것이 그 의미가 강조되어 효과적이다.
⑤ 핵심을 담은 문장을 앞에 적어준다면 이해가 더 잘 될 것이다.

CHAPTER 01 의사소통능력 • 29

참 거짓 ▶ 유형

39 다음의 마지막 명제가 참일 때, 빈칸에 들어갈 명제로 가장 적절한 것은?

- 허리통증이 심하면 나쁜 자세로 공부했다는 것이다.
- 공부를 오래 하면 성적이 올라간다.
- ________________
- 성적이 떨어졌다는 것은 나쁜 자세로 공부했다는 것이다.

① 성적이 올라갔다는 것은 좋은 자세로 공부했다는 것이다.
② 좋은 자세로 공부한다고 해도 허리의 통증은 그대로이다.
③ 성적이 떨어졌다는 것은 공부를 별로 하지 않았다는 증거다.
④ 좋은 자세로 공부한다고 해도 공부를 오래 하긴 힘들다.
⑤ 허리통증이 심하지 않으면 공부를 오래 할 수 있다.

제1회 최종점검 모의고사 • 205

부산교통공사

문단 나열 ▶ 유형

27 다음 제시된 문단을 읽고, 이어질 문단을 논리적 순서대로 바르게 나열한 것은?

> 우리는 자본주의 체제에서 살고 있다. '우리는 자본주의라는 체제의 종말보다 세계의 종말을 상상하는 것이 더 쉬운 시대에 살고 있다.'고 할 만큼 현재 세계는 자본주의의 논리 아래에 굴러가고 있다. 이러한 자본주의는 어떻게 발생하였을까?

(가) 그러나 1920년대에 몰아친 세계 대공황은 자본주의가 완벽하지 않은 체제이며 수정이 필요함을 모든 사람에게 각인시켜줬다. 학문적으로 보자면 대표적으로 존 메이너드 케인스의 『고용·이자 및 화폐에 관한 일반이론』 등의 저서를 통해 수정자본주의가 꾀해졌다.

(나) 애덤 스미스로부터 학문화된 자본주의는 데이비드 리카도의 비교우위론 등의 이론을 포섭해 나가며 자신의 영역을 공고히 했다. 자본의 폐해에 대한 마르크스 등의 경고가 있었지만, 자본주의는 그 위세를 계속 떨칠 것 같이 보였다.

(다) 1950년대에는 중산층의 신화가 이루어지면서 수정자본주의 체제는 영원할 것 같이 보였지만, 오일 쇼크 등으로 인해서 수정자본주의 또한 그 한계를 보이게 되었고, 빈 학파로부터 파생된 신자유주의 이론이 가미되기 시작하였다.

(라) 자본주의의 시작이라 하면 대부분 애덤 스미스의 『국부론』을 떠올리겠지만, 역사학자인 페르낭 브로델에 의하면 자본주의는 16세기 이탈리아에서부터 시작된 것이라고 한다. 이를 학문적으로 정립한 최초의 저작이 『국부론』이다.

① (나) – (라) – (다) – (가)
② (나) – (라) – (가) – (다)
③ (라) – (나) – (다) – (가)
④ (라) – (나) – (가) – (다)

승진 ▶ 키워드

※ 부산교통공사 인사팀에 근무하고 있는 E대리는 다른 부서의 D대리와 B과장의 승진심사를 위해 다음과 같이 표를 작성하였다. 이어지는 질문에 답하시오. [17~18]

〈승진심사 점수〉

(단위 : 점)

구분	기획력	업무실적	조직 성과업적	청렴도	승진심사 평점
B과장	80	72	78	70	
D대리	60	70	48		63.6

※ 승진심사 평점은 기획력 30%, 업무실적 30%, 조직 성과업적 25%, 청렴도 15%를 반영하여 합산한다.
※ 부문별 만점 기준점수는 100점이다.

17 다음 중 D대리의 청렴도 점수로 옳은 것은?

① 81점
② 82점
③ 83점
④ 84점

인천교통공사

글의 주제 ▶ 유형

08 다음은 삼계탕을 소개하는 기사이다. (가) ~ (마) 문단의 핵심 주제로 적절하지 않은 것은?

(가) 사육한 닭에 대한 기록은 청동기 시대부터이지만, 삼계탕에 대한 기록은 조선 시대 문헌에서조차 찾기 힘들다. 조선 시대의 닭 요리는 닭백숙이 일반적이었으며, 일제강점기에 들어서면서 부잣집에서 닭백숙, 닭국에 가루 형태의 인삼을 넣는 삼계탕이 만들어졌다. 지금의 삼계탕 형태는 1960년대 이후부터 시작되었으며, 대중화된 것은 1970년대 이후부터이다. 삼계탕은 주재료가 닭이고 부재료가 인삼이었기에 본래 '계삼탕'으로 불렸다. 그러다가 닭보다 인삼이 귀하다는 인식이 생기면서부터 지금의 이름인 '삼계탕'으로 불리기 시작했다.

(나) 삼계탕은 보통 삼복에 즐겨 먹는데 삼복은 일 년 중 가장 더운 기간으로, 땀을 많이 흘리고 체력 소모가 큰 여름에 몸 밖이 덥고 안이 차가우면 위장 기능이 약해져 기력을 잃고 병을 얻기 쉽다. 이러한 여름철에 닭과 인삼은 열을 내는 음식으로 따뜻한 기운을 내장 안으로 불어넣고 더위에 지친 몸을 회복하는 효과가 있다.

(다) 삼계탕과 닭백숙은 조리법에 큰 차이는 없지만, 사용되는 닭이 다르다. 백숙은 육계(고기용 닭)나 10주령 이상의 2kg 정도인 토종닭을 사용한다. 반면, 삼계탕용 닭은 28 ~ 30일 키운 800g 정도의 영계(어린 닭)를 사용한다.

(라) 삼계탕에 대한 속설 중 잘못 알려진 속설에는 '대추는 삼계탕 재료의 독을 빨아들이기 때문에 먹으면 안 된다.'는 것이 있는데, 대추는 삼계탕 재료의 독이 아닌 국물을 빨아들이는 것에 불과하므로 대추를 피할 필요는 없다.

(마) 이처럼 삼계탕에 들어가는 닭과 인삼은 따뜻한 성질을 가진 식품이지만 체질적으로 몸에 열이 많은 사람은 인삼보다 황기를 넣거나 차가운 성질인 녹두를 더해 몸 속의 열을 다스리는 것도 좋다. 또한 여성의 경우 수족냉증, 생리불순, 빈혈, 변비에 효과가 있는 당귀를 삼계탕에 넣는 것도 좋은 방법이다.

① (가) : 삼계탕의 유래
② (나) : 삼계탕과 삼복의 의미
③ (다) : 삼계탕과 닭백숙의 차이
④ (라) : 삼계탕의 잘못된 속설
⑤ (마) : 삼계탕과 어울리는 재료

요금 계산 ▶ 유형

04 A공사에서 워크숍을 위해 강당 대여요금을 알아보고 있다. 강당의 대여요금은 기본요금의 경우 30분까지 동일하며, 그 후에는 1분마다 추가요금이 발생한다. 1시간 대여료는 50,000원, 2시간 대여료는 110,000원일 때, 3시간 동안 대여 시 요금은 얼마인가?

① 170,000원
② 180,000원
③ 190,000원
④ 200,000원
⑤ 210,000원

코레일 한국철도공사

이산화탄소 ▸ 키워드

13 다음은 온실가스 총 배출량에 대한 자료이다. 이에 대한 설명으로 옳지 않은 것은?

〈온실가스 총 배출량〉

(단위 : CO_2 eq.)

구분	2016년	2017년	2018년	2019년	2020년	2021년	2022년
총 배출량	592.1	596.5	681.8	685.9	695.2	689.1	690.2
에너지	505.3	512.2	593.4	596.1	605.1	597.7	601.0
산업공정	50.1	47.2	51.7	52.6	52.8	55.2	52.2
농업	21.2	21.7	21.2	21.5	21.4	20.8	20.6
폐기물	15.5	15.4	15.5	15.7	15.9	15.4	16.4
LULUCF	−57.3	−54.5	−48.5	−44.7	−42.7	−42.4	−44.4
순 배출량	534.8	542.0	633.3	641.2	652.5	646.7	645.8
총 배출량 증감률(%)	2.3	0.7	14.3	0.6	1.4	−0.9	0.2

※ CO_2 eq. : 이산화탄소 등가를 뜻하는 단위로, 온실가스 종류별 지구온난화 기여도를 수치로 표현한 지구온난화지수(GWP; Global Warming Potential)를 곱한 이산화탄소 환산량

※ LULUCF(Land Use, Land Use Change, Forestry) : 인간이 토지 이용에 따라 변화하게 되는 온실가스의 증감

※ (순 배출량)=(총 배출량)+(LULUCF)

① 온실가스 순 배출량은 2020년까지 지속해서 증가하다가 2021년부터 감소한다.

② 2022년 농업 온실가스 배출량은 2016년 대비 3%p 이상 감소하였다.

③ 2017～2022년 중 온실가스 총 배출량이 전년 대비 감소한 해에는 다른 해에 비해 산업공정 온실가스

국민건강보험공단

문단 나열 ▸ 유형

※ 다음 내용을 논리적 순서대로 바르게 나열한 것을 고르시오. **[1~2]**

01

어떤 문화의 변동은 결코 외래문화의 압도적 영향이나 이식에 의해 일방적으로 이루어지는 것이 아니라 수용 주체의 창조적·능동적 측면과 관련되어 이루어지는 매우 복합적인 성격의 것이다.

(가) 그리하여 외래문화 중에서 이러한 결핍 부분의 충족에 유용한 부분만을 선별해서 선택적으로 수용하게 된다.

(나) 이러한 수용 주체의 창조적·능동적 측면은 문화 수용과 변동에서 무엇보다도 우선하는 것인데, 이것이 외래문화 요소의 수용을 결정짓는다.

(다) 즉, 어떤 문화의 내부에 결핍 요인이 있을 때 그 문화의 창조적·능동적 측면은 이를 자체적으로 극복하려 노력하지만, 이러한 극복이 내부에서 성취될 수 없을 때 그것은 외래 요소의 수용을 통해 이를 이루고자 한다.

다시 말해 외래문화는 수용 주체의 내부 요인에 따라 수용 또는 거부되는 것이다.

① (가) – (나) – (다)
② (가) – (다) – (나)
③ (나) – (가) – (다)
④ (나) – (다) – (가)

도서 200% 활용하기 STRUCTURES

1 최종모의고사 + OMR을 활용한 실전 연습

서울교통공사 9호선 운영부문 고객안전직 필기시험

제1회 모의고사

문항 수 : 80문항
시험시간 : 90분

01 다음 글의 내용으로 적절하지 않은 것은?

프랑스의 과학기술자인 브루노 라투르는 아파트 단지 등에서 흔히 보이는 과속방지용 둔덕을 통해 기술이 인간에게 어떤 역할을 수행하는지를 흥미롭게 설명한다. 운전자들은 둔덕 앞에서 자연스럽게 속도를 줄인다. 그런데 운전자가 이렇게 하는 이유는 이웃을 생각해서가 아니라, 빠른 속도로 둔덕을 넘었다가는 차에 무리가 가기 때문이다. 즉, 둔덕은 "타인을 위해 과속을 하면 안 된다."는 사람들이 잘 지키지 않는 도덕적 심성을 "과속을 하면 내 차에 고장이 날 수 있다."는 사람들이 잘 지키는 이기적 태도로 바꾸는 역할을 한다. 라투르는 과속방지용 둔덕을 '잠자는 경찰'이라고 부르면서, 이것이 교통경찰의 역할을 대신한다고 보았다. 이렇게 라투르는 인간이 했던 역할을 기술이 대신 수행함으로써 우리 사회의 훌륭한 행위자가 된다고 하였다.
라투르는 총기의 예도 즐겨 사용한다. 총기 사용 규제를 주장하는 사람들은 총이 없으면 일어나지 않을 살인 사건이 총 때문에 발생한다고 주장한다. 반면에 총기 사용 규제에 반대하는 그룹은 살인은 사람이 저지르는 것이며, 총은 중립적인 도구일 뿐이라고 주장한다. 라투르는 전자를 기술결정론, 후자를 사회결정론으로 분류하면서 이 두 가지 입장을 모두 비판한다. 그의 주장은 사람이 총을 가짐으로써 사람도 바뀌고 총도 바뀐다는 것이다. 즉, 총과 사람의 합체라는 잡종이 새로운 행위자로 등장하며, 이 잡종 행위자는 이전에 가졌던 목표와는 다른 목표를 가지게 된다. 예를 들어 원래는 다른 사람에게 겁만 주려 했는데, 총이 손에 쥐어져 있어 살인을 저지르게 되는 식이다.
라투르는 서양의 학문이 자연, 사회, 인간만을 다루어 왔다고 강하게 비판한다. 라투르에 따르면 서양의 학문은 기술과 같은 '비인간'을 학문의 대상에서 제외했다. 과학이 자연을 탐구하려면 기술이 바탕이 되는 실험기기에 의존해야 하지만, 과학은 기술을 학문 대상이 아닌 도구로 취급했다. 사회 구성 요소 중에 가장 중요한

2 서울

서울교통공사 9호선 운영부문 고객안전직 답안카드

성 명

지원 분야

문제지 형별기재란
( )형 Ⓐ Ⓑ

수 험 번 호

⓪	⓪	⓪	⓪	⓪	⓪	⓪
①	①	①	①	①	①	①
②	②	②	②	②	②	②
③	③	③	③	③	③	③
④	④	④	④	④	④	④
⑤	⑤	⑤	⑤	⑤	⑤	⑤
⑥	⑥	⑥	⑥	⑥	⑥	⑥
⑦	⑦	⑦	⑦	⑦	⑦	⑦
⑧	⑧	⑧	⑧	⑧	⑧	⑧
⑨	⑨	⑨	⑨	⑨	⑨	⑨

감독위원 확인

(인)

1	① ② ③ ④ ⑤	21	① ② ③ ④ ⑤	41	① ② ③ ④ ⑤	61	① ② ③ ④ ⑤
2	① ② ③ ④ ⑤	22	① ② ③ ④ ⑤	42	① ② ③ ④ ⑤	62	① ② ③ ④ ⑤
3	① ② ③ ④ ⑤	23	① ② ③ ④ ⑤	43	① ② ③ ④ ⑤	63	① ② ③ ④ ⑤
4	① ② ③ ④ ⑤	24	① ② ③ ④ ⑤	44	① ② ③ ④ ⑤	64	① ② ③ ④ ⑤
5	① ② ③ ④ ⑤	25	① ② ③ ④ ⑤	45	① ② ③ ④ ⑤	65	① ② ③ ④ ⑤
6	① ② ③ ④ ⑤	26	① ② ③ ④ ⑤	46	① ② ③ ④ ⑤	66	① ② ③ ④ ⑤
7	① ② ③ ④ ⑤	27	① ② ③ ④ ⑤	47	① ② ③ ④ ⑤	67	① ② ③ ④ ⑤
8	① ② ③ ④ ⑤	28	① ② ③ ④ ⑤	48	① ② ③ ④ ⑤	68	① ② ③ ④ ⑤
9	① ② ③ ④ ⑤	29	① ② ③ ④ ⑤	49	① ② ③ ④ ⑤	69	① ② ③ ④ ⑤
10	① ② ③ ④ ⑤	30	① ② ③ ④ ⑤	50	① ② ③ ④ ⑤	70	① ② ③ ④ ⑤
11	① ② ③ ④ ⑤	31	① ② ③ ④ ⑤	51	① ② ③ ④ ⑤	71	① ② ③ ④ ⑤
12	① ② ③ ④ ⑤	32	① ② ③ ④ ⑤	52	① ② ③ ④ ⑤	72	① ② ③ ④ ⑤
13	① ② ③ ④ ⑤	33	① ② ③ ④ ⑤	53	① ② ③ ④ ⑤	73	① ② ③ ④ ⑤
14	① ② ③ ④ ⑤	34	① ② ③ ④ ⑤	54	① ② ③ ④ ⑤	74	① ② ③ ④ ⑤
15	① ② ③ ④ ⑤	35	① ② ③ ④ ⑤	55	① ② ③ ④ ⑤	75	① ② ③ ④ ⑤
16	① ② ③ ④ ⑤	36	① ② ③ ④ ⑤	56	① ② ③ ④ ⑤	76	① ② ③ ④ ⑤
17	① ② ③ ④ ⑤	37	① ② ③ ④ ⑤	57	① ② ③ ④ ⑤	77	① ② ③ ④ ⑤
18	① ② ③ ④ ⑤	38	① ② ③ ④ ⑤	58	① ② ③ ④ ⑤	78	① ② ③ ④ ⑤
19	① ② ③ ④ ⑤	39	① ② ③ ④ ⑤	59	① ② ③ ④ ⑤	79	① ② ③ ④ ⑤
20	① ② ③ ④ ⑤	40	① ② ③ ④ ⑤	60	① ② ③ ④ ⑤	80	① ② ③ ④ ⑤

※ 본 답안지는 마킹연습용 모의 답안지입니다.

- NCS 최종모의고사와 OMR 답안카드를 수록하여 실제로 시험을 보는 것처럼 최종 마무리 연습을 할 수 있도록 하였다.
- 모바일 OMR 답안채점/성적분석 서비스를 통해 필기시험에 대비할 수 있도록 하였다.

2 상세한 해설로 정답과 오답을 완벽하게 이해

서울교통공사 9호선 운영부문 고객안전직 필기시험

제1회 모의고사 정답 및 해설

01	02	03	04	05	06	07	08	09	10
⑤	⑤	③	②	①	③	③	④	①	⑤
11	12	13	14	15	16	17	18	19	20
③	③	②	③	④	②	③	②		
21	22	23	24	25	26	27	28		
①	②	①	⑤	⑤	①	①	⑤		
31	32	33	34	35	36	37	38		
①	③	⑤	③	②	①	①	④		
41	42	43	44	45	46	47	48		
④	③	⑤	②	②	④	④	①		
51	52	53	54	55	56	57	58		
③	④	③	⑤	③	②	③	③		
61	62	63	64	65	66	67	68		
③	②	⑤	⑤	①	④	③	①		
71	72	73	74	75	76	77	78		
②	③	②	①	②	⑤	①	③		

01

두 번째 문단의 여섯 번째 문장 '즉, 총과 사람의 ~
에서 잡종 행위자가 만들어졌다는 표현은 있으나, 총
에 대한 내용은 없다. 또한, 라투르는 총기 사용 규제
사람과 반대하는 사람을 모두 비판하며 어느 한 쪽의
하지 않았다.

오답분석

① 첫 번째 문단의 마지막 문장 '이렇게 라투르는 ~
다.'에서 기술이 우리 사회의 훌륭한 행위자 역할
현했다.

② 첫 번째 문단에서 '과속방지 둔덕'이 교통경찰의
한다고 표현했고, 세 번째 문단의 마지막 문장에
이 능동적 역할을 했다고 표현했으므로 옳은 내

③ 세 번째 문단의 마지막 문장 '결국 라투르는 ~ 극복
다.'에서 라투르는 기술의 능동적 역할에 주목하면서
주체 / 객체의 이분법을 극복하려 했음을 알 수

④ 세 번째 문단의 첫 번째 문장 '라투르는 ~ 비판한
할 수 있는 내용이다.

02 정답 ⑤

단순히 젊은 세대의 문화만을 존중하거나 기존 세대의 문화만을
따르는 것이 아닌, 두 문화가 어우러질 수 있도록 기업 차원에서

서울교통공사 9호선 운영부문 고객안전직 필기시험

제4회 모의고사 정답 및 해설

01	02	03	04	05	06	07	08	09	10
④	③	②	②	③	④	①	③	①	③
11	12	13	14	15	16	17	18	19	20
③	②	②	②	②	⑤	③	⑤	③	②
21	22	23	24	25	26	27	28	29	30
⑤	①	③	④	①	②	③	⑤	②	①
31	32	33	34	35	36	37	38	39	40
③	⑤	⑤	④	①	②	⑤	②	②	③
41	42	43	44	45	46	47	48	49	50
②	⑤	③	④	②	④	④	②	④	④
51	52	53	54	55	56	57	58	59	60
③	②	③	①	①	③	④	①	③	③
61	62	63	64	65	66	67	68	69	70
①	③	③	④	①	④	②	④	③	③
71	72	73	74	75	76	77	78	79	80
④	④	③	①	①	④	④	②	②	①

01 정답 ④

마이크로비드는 잔류성 유기 오염물질을 흡착한다.

02 정답 ③

㉠의 앞부분에서는 S공사가 마닐라 신공항 사업에 참여하여 얻게 되는 이점에 대해 설명하고 있으며, 바로 앞 문장에서는 필리핀이 한국인들이 즐겨 찾는 대표적인 관광지임을 언급하고 있다. 따라서 ㉠에 들어갈 내용으로는 필리핀을 찾는 한국인 관광객들이 얻게 되는 이점과 관련된 ③이 가장 적절하다.

오답분석

①·②·⑤ 필리핀을 찾는 한국인 관광객과 관련이 없다.

④ S공사의 신공항 사업 참여로 인한 이점으로 보기 어렵다.

03 정답 ②

일그러진 달항아리, 휘어진 대들보, 삐뚜름한 대접에서 나타나는 미의식은 '형'의 어눌함을 수반하는 '상'의 세련됨이다.

04 정답 ②

수건이나 휴지 등을 덧댄 후 마스크를 사용하면 밀착력이 감소해 미세입자 차단 효과가 떨어질 수 있다.

05 정답 ③

사람은 한쪽 눈으로 얻을 수 있는 단안 단서만으로도 이전의 경험으로부터 추론에 의하여 세계를 3차원으로 인식할 수 있다. 즉, 사고로 한쪽 눈의 시력을 잃어도 남은 한쪽 눈에 맺히는 2차원의 상들은 다양한 실마리를 통해 입체 지각이 가능하다.

06 정답 ④

(라)는 기존의 문제 해결 방안이 지니는 문제점을 지적하고 있다.

07 정답 ①

미를 도덕이나 목적론과 연관시킨 톨스토이나 마르크스와 달리 칸트는 미에 대한 자율적 견해를 지녔다. 즉, 미적 가치를 도덕 등 다른 가치들과 관계없는 독자적인 것으로 본 것이다. 따라서 문학 작품을 감상할 때 다른 외부적 요소들은 고려하지 않고 작품 자체에만 주목하여 감상해야 한다는 절대주의적 관점이 이러한 칸트의 견해와 유사함을 추론할 수 있다.

08 정답 ③

제시문의 맥락상 '뒤섞이어 있음'을 의미하는 '혼재(混在)'가 적절하다.

• 잠재(潛在) : 겉으로 드러나지 않고 속에 잠겨 있거나 숨어 있음

09 정답 ①

2021년 3개 기관의 전반적 만족도의 합은 $6.9+6.7+7.6=21.2$이고, 2022년 3개 기관의 임금과 수입 만족도의 합은 $5.1+4.8+4.8=14.7$이다. 따라서 2021년 3개 기관의 전반적 만족도의 합은 2022년 3개 기관의 임금과 수입 만족도의 합의 $\frac{21.2}{14.7} \fallingdotseq 1.4$배이다.

▸ 정답과 오답에 대한 상세한 해설을 수록하여 혼자서도 학습할 수 있도록 하였다.

2024.01.11.(목)

서울 지하철 초미세먼지 30% 이상 줄인다… 터널 · 승강장 등 맞춤형 대책

하루 평균 7백만 명의 시민이 이용하는 서울 지하철이 앞으로는 보이지 않는 불안까지도 촘촘히 챙긴다. '지하철 공기 질'을 획기적으로 개선하기 위해 구형 자갈 선로를 분진이 발생하지 않는 '콘크리트'로 개량하고, 승강장 하부에는 국내 최초로 '강제 배기시설'을 도입한다.

또 하루에도 수많은 승객이 드나드는 게이트 입구 바닥면에 '미세먼지 흡입 매트'를 설치하고, 승객이 역사 내 공기 질을 직접 확인해 안심하고 이용할 수 있도록 '실내 공기 질 관리 종합 정보망'을 통해 승강장 · 대합실의 초미세먼지 농도도 투명하게 공개한다.

서울교통공사는 이러한 내용을 골자로 하는 지하철 초미세먼지 종합 대책을 수립했다고 밝혔다. 터널, 승강장, 대합실, 지점별 초미세먼지 발생 원인에 따른 '맞춤형 개선'이 핵심이다. 이번 대책은 그동안 부분적 설비 보강에 그쳐왔던 지하철 공기 질 관리를 앞으로는 역사 내 공기 질에 관여하는 모든 시설물을 포괄적으로 개선, 터널~승강장~대합실을 아우르는 공기 순환 전 과정을 개량하고 고도화하는 데 주안점을 뒀다.

Keyword

- 초미세먼지 : 지름이 2.5μm 이하인 먼지로, 미세먼지보다 훨씬 작기 때문에 기도에서 걸러지지 못하고 대부분 폐포까지 침투해 심장질환과 호흡기 질병 등을 일으킨다.

예상 면접 질문

- 현재 서울 지하철의 대기 상황에 대해 아는 대로 설명해 보시오.
- 서울교통공사 및 개개인이 미세먼지를 줄이기 위해 할 수 있는 노력에 대해 말해 보시오.

2024.01.09.(화)

출근 시간 서울 지하철 4호선, 객실 의자 없는 열차 시범 운행

10일부터 4호선에 객실 의자가 없는 열차가 다닌다. 서울교통공사는 10일 출근길부터 4호선에서 혼잡도 완화를 위한 전동차 객실 의자 개량 시범사업 1개 편성이 준비를 마치고 운행을 개시한다고 밝혔다.

이번 시범사업 시행으로 4호선 1개 편성 1개 칸의 객실 의자가 제거된다. 4호선은 2023년 3분기 기준 최고 혼잡도가 193.4%로, 1~8호선 중 가장 높은 혼잡도를 기록하고 있다. 혼잡도가 높은 4호선을 시범사업 대상 호선으로 선정해 혼잡도 개선 효과를 검증한다.

이번 지하철 4호선 혼잡도 완화를 위한 객실 의자 제거 시범열차 운행은 전동차에 적용된 최초 사례이다. 객실 의자 제거 시 지하철 혼잡도는 최대 40%까지 개선되고, 칸당 12.6m^2 탑승 공간을 확보하여 승객 편의 증진에 기여할 것으로 보고 있다. 객실 의자 제거로 발생할 수 있는 넘어짐 등 안전사고를 예방할 수 있도록 스텐션 폴, 손잡이, 범시트 등 안전 보완 작업을 거쳐 시민 안전 · 편의성을 확보했다. 또한, 열차 이용에 불편이 없도록 시범 운행 자동 안내 방송, 기관사 육성 방송, 출입문 안내 스티커 부착 등 사전 대비를 마쳤다. 향후 서울교통공사는 시범 열차 운행 모니터링과 혼잡도 개선에 대한 효과성 검증을 마친 후 확대 여부를 검토할 예정이다.

Keyword

▸ 스텐션 : 가드레일 시스템에서 기둥으로 사용하는 지지대이다.

예상 면접 질문

▸ 출퇴근 시간 지하철 이용 시 불편했던 점이 있다면 말해 보시오.
▸ 서울교통공사가 출퇴근 시간 지하철 혼잡도를 개선하기 위해 할 수 있는 노력에 대해 말해 보시오.

2023.12.22.(금)

버튼을 누르지 않아도 자동 호출…
서울 지하철 엘리베이터의 변신

서울교통공사는 지하철을 이용하는 교통약자의 편의 향상을 위해 2024년 8월부터 8개 역 11개소 엘리베이터에 'AI 영상분석 자동 호출 시스템'을 도입한다고 밝혔다.

시작은 교통약자의 민원이었다. 약수역을 자주 이용하는 한 장애인 단체가 약수역 3번 출구 뒤쪽에 있는 외부 엘리베이터 경사로가 비좁아 휠체어를 탄 채로 호출 버튼을 누르기 어려우니, 호출 버튼을 경사로 하단으로 옮겨 달라고 요청한 것이다.

서울교통공사는 민원 내용대로 호출 버튼을 경사로 하단에 설치하는 방안을 검토하였으나, 호출 버튼만 옮겨 설치하면 유지관리가 어려울 뿐만 아니라 장애 상태나 정도에 따라 자칫 안전사고가 발생할 수도 있겠다는 우려에 곧바로 개선에 나서지 못했다. 그러나 이내 최신 기술 도입을 통한 해결책을 찾았다. 엘리베이터 앞에 설치된 CCTV 카메라에 'AI 영상분석 자동 호출 시스템'을 새롭게 도입하기로 한 것이다.

서울교통공사는 올해 초 자동 호출 시스템을 적용하고, 6월 말 민원을 제기한 장애인 단체를 역으로 초청하여 시설물 개선에 대한 의견을 청취했다. 단체는 기술 도입에 만족하며, 추가로 엘리베이터 앞 경사로 자체를 확장한다면 더욱 이용이 편리하겠다는 의견을 제시하였다. 서울교통공사는 기술 도입을 통해 안전사고와 교통약자 민원이 감소할 것으로 보고, 확대 적용하기 위해 티머니 복지 재단의 '장애인 대중교통 이용 배려 문화 사업'에 지원하여 2024년 사업으로 채택했다.

Keyword

▸ AI 영상분석 자동 호출 시스템 : 휠체어나 전동스쿠터 등을 탄 교통약자가 엘리베이터 이용 시 버튼을 누르지 않더라도 CCTV 카메라가 AI 영상분석을 통해 자동으로 엘레베이터를 호출하는 시스템이다.

예상 면접 질문

▸ 서울교통공사가 AI 기술을 활용할 수 있는 여러 방안에 대해 말해 보시오.
▸ 서울교통공사가 새로운 기술을 활용하고자 할 때, 가장 주의해야 할 점은 무엇인지 말해 보시오.

2023.12.04.(월)

언어장벽 없는 지하철…
외국어 동시 대화 시스템 시범 개시

서울교통공사가 외국인 관광객에게 편리한 지하철 이용 환경을 제공하기 위해 AI 기술을 활용한 '외국어 동시 대화 시스템'을 구축하여 오는 12월 4일(월)부터 4호선 명동역에서 시범 운영을 시행한다고 밝혔다.

시스템은 터치스크린과 유 · 무선 마이크를 활용하여 외국인의 이용 편의성과 역 직원의 현장 응대성을 높이며, 이용자가 지하철 이용정보를 신속하고 정확하게 안내받을 수 있도록 했다.

또한, 화면을 통해 지하철 노선도 기반의 경로 검색 및 요금 안내와 T-Lcoker(물품 보관함) · T-Luggage(유인 보관소) 현황 정보 등 부가 서비스도 제공한다.

서울교통공사는 약 1개월간 외국인 대상 현장 테스트를 진행하여 높은 이용자 만족도를 확인하고, 보완 작업을 병행하며 서비스의 완성도를 높였다. 역명 등 고유명사 음성인식을 개선하고 역사 내 소음으로 인한 인식 및 번역 장애를 해결하기 위해 지향성 마이크와 노이즈 제거 기술을 적용하며 시스템의 신뢰도를 높였다.

Keyword

▶ 외국어 동시 대화 시스템 : 양면 현시가 가능한 투명 OLED 디스플레이를 통해 외국인과 역 직원이 디스플레이를 함께 바라보며 자국의 언어로 장벽 없이 원활한 동시 대화가 가능하게 한 시스템으로, 한국어를 포함한 13개 언어를 지원하며, 이용자는 시스템 시작 화면에서 사용 언어를 선택하여 서비스를 이용할 수 있다.

예상 면접 질문

▶ 서울교통공사가 외국어 동시 대화 시스템을 통해 얻을 수 있는 효과에 대해 말해 보시오.
▶ 서울교통공사가 승객 모두의 안전하고 편리한 지하철 이용을 위해 할 수 있는 노력에 대해 말해 보시오.

이 책의 차례 CONTENTS

제1회 서울교통공사 9호선 운영부문 고객안전직

NCS 직업기초능력평가

www.sdedu.co.kr

〈문항 및 시험시간〉

평가영역	문항 수	시험시간	모바일 OMR 답안분석
의사소통능력+수리능력+문제해결능력+조직이해능력+정보능력+자원관리능력+기술능력+자기개발능력+대인관계능력+직업윤리	80문항	90분	

서울교통공사 9호선 운영부문 고객안전직 필기시험

제1회 모의고사

문항 수 : 80문항
시험시간 : 90분

01 다음 글의 내용으로 적절하지 않은 것은?

프랑스의 과학기술자인 브루노 라투르는 아파트 단지 등에서 흔히 보이는 과속방지용 둔덕을 통해 기술이 인간에게 어떤 역할을 수행하는지를 흥미롭게 설명한다. 운전자들은 둔덕 앞에서 자연스럽게 속도를 줄인다. 그런데 운전자가 이렇게 하는 이유는 이웃을 생각해서가 아니라, 빠른 속도로 둔덕을 넘었다가는 차에 무리가 가기 때문이다. 즉, 둔덕은 "타인을 위해 과속을 하면 안 된다."는 사람들이 잘 지키지 않는 도덕적 심성을 "과속을 하면 내 차에 고장이 날 수 있다."는 사람들이 잘 지키는 이기적 태도로 바꾸는 역할을 한다. 라투르는 과속방지용 둔덕을 '잠자는 경찰'이라고 부르면서, 이것이 교통경찰의 역할을 대신한다고 보았다. 이렇게 라투르는 인간이 했던 역할을 기술이 대신 수행함으로써 우리 사회의 훌륭한 행위자가 된다고 하였다.

라투르는 총기의 예도 즐겨 사용한다. 총기 사용 규제를 주장하는 사람들은 총이 없으면 일어나지 않을 살인 사건이 총 때문에 발생한다고 주장한다. 반면에 총기 사용 규제에 반대하는 그룹은 살인은 사람이 저지르는 것이며, 총은 중립적인 도구일 뿐이라고 주장한다. 라투르는 전자를 기술결정론, 후자를 사회결정론으로 분류하면서 이 두 가지 입장을 모두 비판한다. 그의 주장은 사람이 총을 가짐으로써 사람도 바뀌고 총도 바뀐다는 것이다. 즉, 총과 사람의 합체라는 잡종이 새로운 행위자로 등장하며, 이 잡종 행위자는 이전에 가졌던 목표와는 다른 목표를 가지게 된다. 예를 들어 원래는 다른 사람에게 겁만 주려 했는데, 총이 손에 쥐어져 있어 살인을 저지르게 되는 식이다.

라투르는 서양의 학문이 자연, 사회, 인간만을 다루어 왔다고 강하게 비판한다. 라투르에 따르면 서양의 학문은 기술과 같은 '비인간'을 학문의 대상에서 제외했다. 과학이 자연을 탐구하려면 기술이 바탕이 되는 실험기기에 의존해야 하지만, 과학은 기술을 학문 대상이 아닌 도구로 취급했다. 사회 구성 요소 중에 가장 중요한 것은 기술이지만, 사회과학자들은 기술에는 관심이 거의 없었다. 철학자들은 인간을 주체 / 객체로 나누면서, 기술을 저급하고 수동적인 대상으로만 취급했다. 그 결과 기술과 같은 비인간이 제외된 자연과 사회가 근대성의 핵심이 되었다. 결국 라투르는 행위자로서 기술의 능동적 역할에 주목하면서 이를 통해 서구의 근대적 과학과 철학이 범했던 자연 / 사회, 주체 / 객체의 이분법을 극복하고자 하였다.

① 라투르는 인간이 맡았던 역할을 기술이 대신 수행하는 것을 인정했다.
② 라투르는 과속방지용 둔덕이 행위자로서의 능동적 역할을 한다고 주장했다.
③ 라투르는 행위자로서의 기술의 능동적 역할에 주목하여 자연과 사회의 이분법을 극복하고자 하였다.
④ 라투르는 서양의 학문이 자연, 사회, 인간만을 다루고 학문의 대상에서 기술을 제외했다고 비판했다.
⑤ 라투르는 총과 사람의 합체로 탄생되는 잡종 행위자를 막기 위해서는 총기 사용을 규제해야 한다고 주장했다.

02 다음 글의 빈칸에 들어갈 내용으로 가장 적절한 것은?

MZ세대 직장인을 중심으로 '조용한 사직'이 유행하고 있다. '조용한 사직'이라는 신조어는 2022년 7월 한 미국인이 SNS에 소개하면서 큰 호응을 얻은 것으로, 실제로 퇴사하진 않지만 최소한의 일만 하는 업무 태도를 말한다. 실제로 MZ세대 직장인은 '적당히 하자'라는 생각으로 주어진 업무는 하되 더 찾아서 하거나 스트레스 받을 수준으로 많은 일을 맡지 않고, 사내 행사도 꼭 필요할 때만 참여해 일과 삶을 철저히 분리하고 있다.

한 채용플랫폼의 설문조사 결과에 따르면 직장인 10명 중 7명이 '월급 받는 만큼만 일하면 끝'이라고 답했고, 20대 응답자 중 78.5%, 30대 응답자 중 77.1%가 '받은 만큼만 일한다.'라고 답했다.

설문조사 결과 연령대가 높아질수록 그 비율은 감소해 젊은 층을 중심으로 이 같은 인식이 확산하고 있음을 짐작할 수 있다.

이러한 인식이 확산하는 데는 인플레이션으로 인한 임금 감소, '돈을 많이 모아도 집 한 채를 살 수 있을까?' 등 전반적인 경제적 불만이 기저에 있다고 전문가들은 말했다. 또 MZ세대가 '노력에 상응하는 보상을 받고 있는지'에 민감하게 반응하는 특성을 가지고 있는 것도 한 몫 하고 있다.

문제점은 이러한 '조용한 사직' 분위기가 기업의 전반적인 생산성 저하로 이어지고 있는 것이다. 이에 맞서 기업도 '조용한 사직'으로 대응해 게으른 직원에게 업무를 주지 않는 '조용한 해고'를 하는 상황이 발생하고 있다. 이에 전문가들은 MZ세대 직장인을 나태하다고 구분 짓는 사고방식은 잘못되었다고 지적하며, 기업 차원에서는 "____________________"이, 개인 차원에서는 "스스로 일과 삶을 잘 조율하는 현명함을 만드는 것"이 필요하다고 언급했다.

① 직원이 일한 만큼 급여를 올려주는 것
② 직원이 스트레스를 받지 않게 적당량의 업무를 배당하는 것
③ 젊은 세대의 채용을 신중히 하는 것
④ 젊은 세대의 특성을 이해하고 온전히 받아들이는 것
⑤ 젊은 세대가 함께할 수 있도록 분위기를 만드는 것

03 다음 글을 읽고 추론할 수 있는 내용으로 가장 적절한 것은?

> 10월 9일은 오늘의 한글을 창제해서 세상에 펴낸 것을 기념하고, 한글의 우수성을 기리기 위한 국경일이다. 한글은 인류가 사용하는 문자 중에서 창제자와 창제연도가 명확히 밝혀진 문자임은 물론, 세계적이고 과학적인 원리로 어린아이도 배우기 쉬운 문자이다. 한글의 우수성은 한자나 영어와 비교해 봐도 쉽게 알 수 있다. 기본적인 생활을 하기 위해서 3,000자에서 5,000자 정도의 수많은 문자의 모양과 의미를 외워야 하는 표의문자인 한자와는 달리, 한글은 소리를 나타내는 표음문자이기 때문에 24개의 문자만 익히면 쉽게 조합하여 학습할 수 있다.
>
> 한글의 이러한 과학적인 부분은 실제로 세계 학자들 사이에서도 찬탄을 받는다. 한글이 세계 언어학계에 본격적으로 알려진 것은 1960년대이다. 영국의 저명한 언어학자인 샘프슨(G. Sampson) 교수는 "한글은 세계에서 과학적인 원리로 창제된 가장 훌륭한 글자"라고 평가한다. 그는 특히 "발성 기관이 소리를 내는 모습을 따라 체계적으로 창제된 점이 과학적이며 문자 자체가 소리의 특징을 반영했다는 점이 놀랍다."라고 평가한다. 동아시아 역사가 라이샤워(O. Reichaurer)도 "한글은 전적으로 독창적이고 놀라운 음소문자로, 세계의 어떤 나라의 일상 문자에서도 볼 수 없는 가장 과학적인 표기 체계이다."라고 찬탄하고 있으며, 미국의 다이아몬드(J. Diamond) 교수 역시 "세종이 만든 28자는 세계에서 가장 훌륭한 알파벳이자 가장 과학적인 표기법 체계"라고 평가한다.
>
> 이러한 점을 반영하여 유네스코에서는 한글을 문화유산으로 등록함은 물론, 세계적으로 문맹 퇴치에 이바지한 사람에게 '세종대왕'의 이름을 붙인 상을 주고 있다. 이처럼 세계적으로 인정받는 우리의 독창적이고 고유한 글자인 '한글'에 대해 우리는 더욱더 큰 자긍심을 느껴야 할 것이다.

① 한글을 배우기 위해서는 문자의 모양과 의미를 외워야 한다.

② 한글은 소리를 나타내는 표음문자이기 때문에 한자와 달리 문자를 따로 익힐 필요는 없다.

③ 한글 창제에 담긴 세종대왕의 정신을 기리기 위해 유네스코에서는 세계적으로 문맹 퇴치에 이바지한 사람에게 '세종대왕상'을 수여한다.

④ 영국의 저명한 언어학자인 샘프슨(G. Sampson) 교수는 '세종이 만든 28자는 세계에서 가장 훌륭한 알파벳'이라고 평가했다.

⑤ 한글이 세계 언어학계에 본격적으로 알려진 것은 1970년대로, 언어학자 샘프슨(G.Sampson) 교수, 동아시아 역사가 라이샤워(O. Reichaurer) 등의 저명한 학자들로부터 찬탄을 받았다.

04 다음 글을 읽고 '한국인의 수면 시간'과 관련된 글을 쓴다고 할 때, 글의 주제로 적절하지 않은 것은?

> 인간은 평생 3분의 1 정도를 잠으로 보낸다. 잠은 낮에 사용한 에너지를 보충하고, 피로를 회복하는 중요한 과정이다. 하지만 한국인은 잠이 부족하다. 한국인의 수면 시간은 7시간 41분밖에 되지 않으며, 2016년 기준 경제협력개발기구(OECD) 회원국 가운데 꼴찌를 차지했다. 한 조사에 따르면, 전 국민의 17% 정도가 주 3회 이상 불면 증상을 갖고 있으며, 이는 연령이 높아짐에 따라 늘어났다. 이에 따라 불면증, 기면증, 수면무호흡증 등 수면장애로 병원을 찾는 사람은 2016년 기준 291만 8,976명으로 5년 새 13% 증가했다. 수면장애를 방치하면 삶의 질 저하는 물론 만성 두통, 심혈관계질환 등이 발생할 수 있다. 불면증은 수면 질환의 대명사로, 가장 흔하고 복합적인 질환이다. 불면증은 면역기능 저하, 인지감퇴뿐만 아니라 일상생활에 장애를 초래할 수 있으며, 우울증, 인지장애 등을 유발할 수 있다. 코를 골며 자다가 몇 초에서 몇 분 동안 호흡을 멈추는 수면무호흡증도 있다. 이 역시 인지기능 저하와 심혈관계질환 등 합병증을 일으킨다. 특히 수면무호흡증은 비만과 관계가 깊고, 졸음운전의 원인이 되기도 한다.
>
> 최근 고령 인구 증가로 뇌 퇴행성 질환인 렘수면 행동장애(RBD; Rem Sleep Behavior Disorder)도 늘고 있다. 이 병은 잠자는 동안 악몽을 꾸면서 소리를 지르고, 팔다리를 움직이고, 벽을 치고, 침대에서 뛰어내리는 등 난폭한 행동을 한다. 이 병을 앓는 상당수는 파킨슨병, 치매 환자로 이어진다. 또한, 잠들기 전에 다리에 이상 감각이나 통증이 생기는 하지불안증후군도 수면의 질을 떨어뜨리는 병이다. 낮 동안 졸리는 기면증(嗜眠症) 역시 일상생활에 심각한 장애를 초래한다. 한 정신건강의학과 교수는 "수면 문제는 결국 심혈관계질환, 치매와 파킨슨병 등의 퇴행성 질환, 우울증, 졸음운전의 원인이 되므로 전문적인 치료를 받아야 한다."고 했다.

① 한국인의 부족한 수면 시간
② 수면 마취제의 부작용
③ 수면장애의 종류
④ 수면장애의 심각성
⑤ 전문 치료가 필요한 수면장애

05 다음 제시된 문단을 읽고, 이어질 내용을 논리적 순서대로 바르게 나열한 것은?

연금 제도의 금융 논리와 관련하여 결정적으로 중요한 원리는 중세에서 비롯된 신탁 원리다. 12세기 영국에서는 미성년 유족(遺族)에게 토지에 대한 권리를 합법적으로 이전할 수 없었다. 그럼에도 불구하고 영국인들은 유언을 통해 자식에게 토지 재산을 물려주고 싶어 했다.

(가) 이런 상황에서 귀족들이 자신의 재산을 미성년 유족이 아닌, 친구나 지인 등 제3자에게 맡기기 시작하면서 신탁 제도가 형성되기 시작했다. 여기서 재산을 맡긴 성인 귀족, 재산을 물려받은 미성년 유족, 그리고 미성년 유족을 대신해 그 재산을 관리・운용하는 제3자로 구성되는 관계, 즉 위탁자, 수익자, 그리고 수탁자로 구성되는 관계가 등장했다.

(나) 연금 제도가 이 신탁 원리에 기초해 있는 이상, 연금 가입자는 연기금 재산의 운용에 대해 영향력을 행사하기 어렵게 된다. 왜냐하면 신탁의 본질상 공・사 연금을 막론하고 신탁 원리에 기반을 둔 연금 제도에서는 수익자인 연금 가입자의 적극적인 권리 행사가 허용되지 않기 때문이다.

(다) 이 관계에서 주목해야 할 것은 미성년 유족은 성인이 될 때까지 재산권을 온전히 인정받지는 못했다는 점이다. 즉, 신탁 원리에서 수익자는 재산에 대한 운용 권리를 모두 수탁자인 제3자에게 맡기도록 되어 있었기 때문에 수익자의 지위는 불안정했다.

(라) 결국 신탁 원리는 수익자의 연금 운용 권리를 현저히 약화시키는 것을 기본으로 한다. 그 대신 연금 운용을 수탁자에게 맡기면서 '수탁자 책임'이라는, 논란이 분분하고 불분명한 책임이 부과된다. 수탁자 책임 이행의 적절성을 어떻게 판단할 수 있는가에 대해 많은 논의가 있었지만, 수탁자 책임의 내용에 대해서 실질적인 합의가 이루어지지는 못했다.

① (가) – (다) – (나) – (라)
② (가) – (라) – (나) – (다)
③ (나) – (가) – (다) – (라)
④ (나) – (라) – (가) – (다)
⑤ (다) – (가) – (나) – (라)

06 S회사는 채용절차 중 토론면접을 진행하고 있다. 토론 주제는 '공공 자전거 서비스 제도를 실시해야 하는가.'이며, 다음은 토론면접의 일부이다. 이에 대한 추론으로 적절하지 않은 것은?

> 사회자 : 최근 사람들의 교통 편의를 위해 공공 자전거 서비스를 제공하는 지방 자치 단체가 늘고 있습니다. 공공 자전거 서비스 제도는 지방 자치 단체에서 사람들에게 자전거를 무상으로 빌려주어 일상생활에서 이용하게 하는 제도입니다. 이에 대해 '공공 자전거 서비스 제도를 시행해야 한다.'라는 논제로 토론을 하고자 합니다. 먼저 찬성 측 입론해 주십시오.
>
> A씨 : 최근 회사나 학교 주변의 교통 체증이 심각한 상황입니다. 특히, 출퇴근 시간이나 등하교 시간에는 많은 자동차가 한꺼번에 쏟아져 나와 교통 혼잡이 더욱 가중되고 있습니다. 공공 자전거 서비스 제도를 도입하여 많은 사람이 자전거를 이용하여 출퇴근하게 되면 출퇴근이나 등하교 시의 교통 체증 문제를 완화할 수 있을 것입니다. 또한 공공 자전거 서비스 제도를 시행하면 자동차의 배기가스로 인한 대기 오염을 줄일 수 있고, 경제적으로도 교통비가 절감되어 가계에 도움이 될 것입니다.
>
> 사회자 : 반대 측에서 반대 질의해 주십시오.
>
> B씨 : 공공 자전거 서비스 제도를 실시하면 교통 체증 문제를 완화할 수 있다고 하셨는데, 그럴 경우 도로에 자전거와 자동차가 섞이게 되어 오히려 교통 혼잡 문제가 발생하지 않을까요?
>
> A씨 : 자전거 전용 도로를 만들면 자전거와 자동차가 뒤섞여 빚는 교통 혼잡을 막을 수 있어서 말씀하신 문제점을 해결할 수 있습니다.
>
> 사회자 : 이번에는 반대 측에서 입론해 주십시오.
>
> B씨 : 공공 자전거 서비스 제도가 도입되면 자전거를 구입하거나 유지하는 데 드는 비용, 자전거 대여소를 설치하고 운영하는 데 드는 경비 등을 모두 지방 자치 단체에서 충당해야 합니다. 그런데 이 비용들은 모두 사람들의 세금으로 마련되는 것입니다. 따라서 자전거를 이용하지 않는 사람들도 공공 자전거 서비스에 필요한 비용을 지불해야 하기 때문에 형평성의 문제가 발생할 수 있습니다. 자신의 세금 사용에 대해 문제를 제기할 수 있는 사람들의 요구를 고려하여 신중한 접근이 필요하다고 봅니다.
>
> 사회자 : 그러면 이번에는 찬성 측에서 반대 질의해 주십시오.
>
> A씨 : 공공 자전거 서비스 제도의 운용 경비를 모두 지방 자치 단체에서 충당해야 한다고 하셨는데, 통계 자료에 따르면 공공 자전거 서비스 제도를 시행하고 있는 지방 자치 단체 열 곳 중 여덟 곳이 공공 자전거 대여소를 무인으로 운영하고 있으며, 운영 경비의 70%를 정부로부터 지원받고 있다고 합니다. 이런 점에서 지방 자치 단체가 운영 경비를 모두 부담한다고 보기 어렵지 않나요? 그리고 공공 자전거 서비스는 사람들 모두가 이용할 수 있는 혜택이므로 세금 사용의 형평성 문제가 발생한다고 보기 어렵다고 생각합니다.
>
> B씨 : 물론 그렇게 볼 수도 있습니다만, 정부의 예산도 국민의 세금에서 지출되는 것입니다. 공공 자전거 무인 대여소 설치에 들어가는 비용은 얼마나 되는지, 우리 구에 정부 예산이 얼마나 지원될 수 있는지 등을 더 자세하게 살펴봐야 합니다.

① 반대 측은 형평성을 근거로 공공 자전거 서비스 제도에 대해 문제를 제기하고 있다.

② 반대 측은 찬성 측의 주장을 일부 인정하고 있다.

③ 찬성 측은 공공 자전거 서비스 제도의 효과에 대해 구체적인 근거를 제시하고 있다.

④ 반대 측은 예상되는 상황을 제시해서 찬성 측의 주장에 대해 의문을 제기하고 있다.

⑤ 찬성 측과 반대 측은 공공 자전거 서비스 시행 시 발생할 수 있는 교통 체증 문제에 대립하는 논점을 가지고 있다.

※ 다음 글을 읽고 이어지는 질문에 답하시오. [7~8]

인지부조화는 한 개인이 가지는 둘 이상의 사고, 태도, 신념, 의견 등이 서로 일치하지 않거나 상반될 때 생겨나는 심리적인 긴장상태를 의미한다. 인지부조화는 불편함을 유발하기 때문에 사람들은 이것을 감소시키려고 한다. 인지부조화를 감소시키는 방법은 서로 모순관계에 있어서 양립할 수 없는 인지들 가운데 하나 이상의 인지가 갖는 내용을 바꾸어 양립할 수 있게 만들거나, 서로 모순되는 인지들 간의 차이를 좁힐 수 있는 새로운 인지를 추가하여 부조화된 인지상태를 조화된 상태로 전환하는 것이다.
그런데 실제로 부조화를 감소시키는 행동은 비합리적인 면이 있다. 그 이유는 그러한 행동들이 사람들로 하여금 중요한 사실을 배우지 못하게 하고 자신들의 문제에 대해서 실제적인 해결책을 찾지 못하도록 할 수 있기 때문이다. 부조화를 감소시키려는 행동은 자기방어적인 행동이고, 부조화를 감소시킴으로써 우리는 자신의 긍정적인 이미지, 즉 자신이 선하고 현명하며 상당히 가치 있는 인물이라는 긍정적인 측면의 이미지를 유지하게 된다. 비록 자기방어적인 행동이 유용한 것으로 생각될 수 있지만, 이러한 행동은 부정적인 결과를 초래할 수 있다.
한 실험에서 연구자는 인종차별 문제에 대해서 확고한 입장을 보이는 사람들을 선정하였다. 일부는 차별에 찬성하였고, 다른 일부는 차별에 반대하였다. 선정된 사람들에게 인종차별에 대한 찬성과 반대 의견이 실린 글을 모두 읽게 하였는데, 어떤 글은 지극히 논리적이고 그럴듯하였고, 다른 글은 터무니없고 억지스러운 것이었다. 실험에서는 참여자들이 과연 어느 글을 기억할 것인지에 관심이 있었다. 인지부조화 이론에 따르면, 사람들은 현명한 사람을 자기편, 우매한 사람을 다른 편이라 생각할 때 마음이 편안해질 것이다. 그렇다면 이 실험에서 인지부조화 이론은 다음과 같은 ㉠ 결과를 예측할 것이다.

07 다음 중 윗글의 내용으로 가장 적절한 것은?

① 사람들은 인지부조화가 일어날 경우 이것을 무시하고 방치하려는 경향이 있다.
② 부조화를 감소시키는 행동은 합리적인 면과 비합리적인 면이 함께 나타난다.
③ 부조화를 감소시키는 행동의 비합리적인 면 때문에 문제에 대한 본질적인 해결책을 찾지 못할 수 있다.
④ 부조화의 감소는 사람들로 하여금 자신의 긍정적인 이미지를 유지할 수 있게 하고, 부정적인 이미지를 감소시킨다.
⑤ 부조화를 감소시키는 자기방어적인 행동은 사람들에게 긍정적인 결과를 가져온다.

08 다음 중 밑줄 친 ㉠에 해당하는 내용으로 가장 적절한 것은?

① 참여자들은 자신의 의견과 동일한 주장을 하는 모든 글과 자신의 의견과 반대되는 주장을 하는 모든 글을 기억한다.
② 참여자들은 자신의 의견과 동일한 주장을 하는 모든 글과 자신의 의견과 반대되는 주장을 하는 모든 글을 기억하지 못한다.
③ 참여자들은 자신의 의견과 동일한 주장을 하는 형편없는 글과 자신의 의견과 반대되는 주장을 하는 형편없는 글을 기억한다.
④ 참여자들은 자신의 의견과 동일한 주장을 하는 논리적인 글과 자신의 의견과 반대되는 주장을 하는 형편없는 글을 기억한다.
⑤ 참여자들은 자신의 의견과 동일한 주장을 하는 형편없는 글과 자신의 의견과 반대되는 주장을 하는 논리적인 글을 기억한다.

※ 다음은 S국 중학교 졸업자의 그 해 진로에 대한 조사 결과이다. 이어지는 질문에 답하시오. **[9~10]**

(단위 : 명)

구분	성별		중학교 종류		
	남	여	국립	공립	사립
중학교 졸업자	908,388	865,323	11,733	1,695,431	66,547
고등학교 진학자	861,517	838,650	11,538	1,622,438	66,146
진학 후 취업자	6,126	3,408	1	9,532	1
직업학교 진학자	17,594	11,646	106	29,025	109
진학 후 취업자	133	313	0	445	1
취업자(진학자 제외)	21,639	8,913	7	30,511	34
실업자	7,523	6,004	82	13,190	255
사망, 실종	155	110	0	222	3

09 다음 중 남자와 여자의 고등학교 진학률은 각각 얼마인가?

	남자	여자
①	약 94.8%	약 96.9%
②	약 94.8%	약 94.9%
③	약 95.9%	약 96.9%
④	약 95.9%	약 94.9%
⑤	약 96.8%	약 96.9%

10 다음 중 공립 중학교를 졸업한 남자 중 취업자는 몇 %인가?

① 50%
② 60%
③ 70%
④ 80%
⑤ 알 수 없음

※ 다음은 S사에서 제품별 밀 소비량을 조사한 그래프이다. 이어지는 질문에 답하시오. **[11~12]**

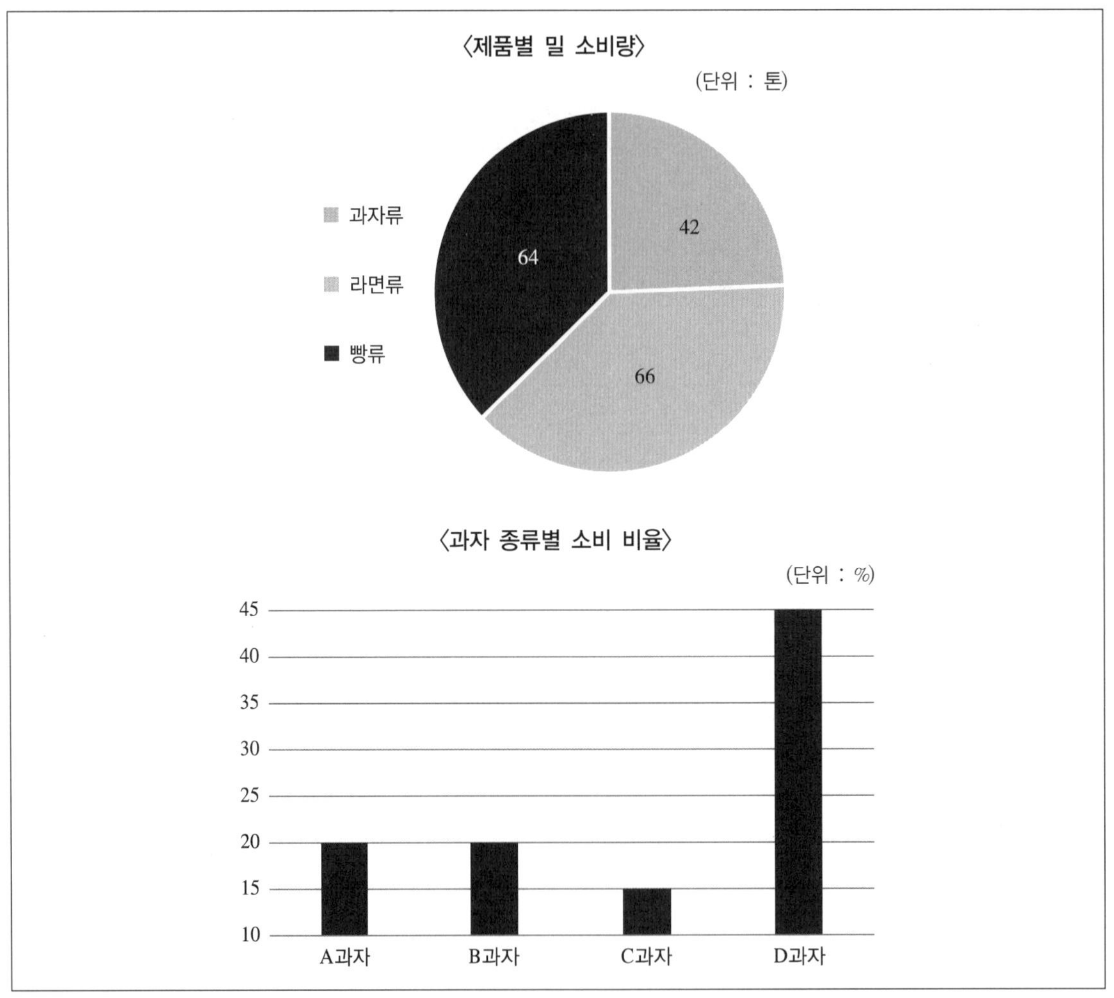

11 S사가 과자류에 밀 사용량을 늘리기로 결정하였다. 라면류와 빵류에 소비되는 밀 소비량의 각각 10%씩을 과자류에 사용한다면, 과자류에는 총 몇 톤의 밀을 사용하게 되는가?

① 45톤
② 50톤
③ 55톤
④ 60톤
⑤ 65톤

12 A～D과자 중 밀을 가장 많이 소비하는 과자와 가장 적게 소비하는 과자의 밀 소비량 차이는 몇 톤인가?(단, 제품별 밀 소비량 그래프의 과자류 밀 소비량 기준이다)

① 10.2톤
② 11.5톤
③ 12.6톤
④ 13톤
⑤ 14.4톤

13 다음은 2019 ~ 2022년 행정기관들의 고충민원 접수처리 현황 자료이다. 〈보기〉 중 이에 대한 설명으로 옳은 것을 모두 고르면?(단, 소수점 셋째 자리에서 반올림한다)

〈고충민원 접수처리 현황〉

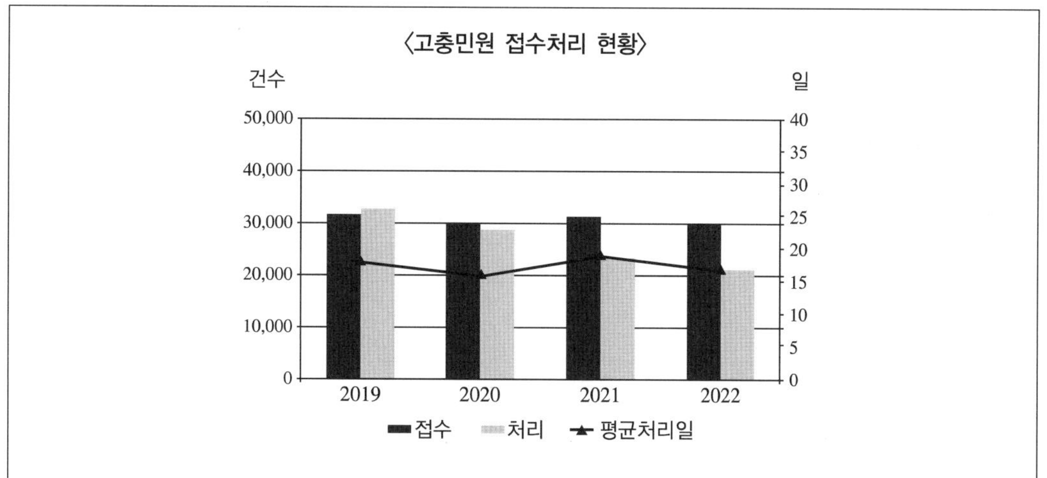

〈고충민원 접수처리 항목별 세부현황〉

(단위 : 건)

구분		2019년	2020년	2021년	2022년
접수		31,681	30,038	31,308	30,252
처리		32,737	28,744	23,573	21,080
인용	시정권고	277	257	205	212
	제도개선	–	–	–	–
	의견표명	467	474	346	252
	조정합의	2,923	2,764	2,644	2,567
	소계	3,667	3,495	3,195	3,031
단순안내		12,396	12,378	10,212	9,845
기타처리		16,674	12,871	10,166	8,204
평균처리일		18일	16일	19일	17일

〈보기〉

ㄱ. 기타처리 건수의 전년 대비 감소율은 매년 증가하였다.
ㄴ. 처리 건수 중 인용 건수 비율은 2022년이 2019년에 비해 3%p 이상 높다.
ㄷ. 조정합의 건수의 처리 건수 대비 비율은 2020년이 2021년보다 높다.
ㄹ. 평균처리일이 짧은 해일수록 조정합의 건수 대비 의견표명 건수 비율이 높다.

① ㄱ
② ㄴ
③ ㄱ, ㄷ
④ ㄴ, ㄹ
⑤ ㄴ, ㄷ, ㄹ

※ 다음은 국내기업의 업종별 현재 수출 국가와 업종별 향후 진출 희망 국가에 대한 자료이다. 이어지는 질문에 답하시오. **[14~15]**

〈업종별 현재 수출 국가〉

(단위 : 개)

구분	일본	중국	미국	동남아	독일	유럽 (독일 제외)	기타	무응답	합계
주조	24	15	20	18	20	13	15	0	125
금형	183	149	108	133	83	83	91	0	830
소성가공	106	100	94	87	56	69	94	19	625
용접	96	96	84	78	120	49	77	0	600
표면처리	48	63	63	45	0	24	57	0	300
열처리	8	13	11	9	5	6	8	0	60
합계	465	436	380	370	284	244	342	19	2,540

〈업종별 향후 진출 희망 국가〉

(단위 : 개)

구분	일본	중국	미국	동남아	독일	유럽 (독일 제외)	기타	합계
주조	24	16	29	25	1	8	3	106
금형	16	7	23	16	24	25	0	111
소성가공	96	129	140	129	8	28	58	588
용접	16	295	92	162	13	119	48	745
표면처리	5	32	7	19	0	13	10	86
열처리	0	16	2	7	0	0	2	27
합계	157	495	293	358	46	193	121	1,663

※ 모든 업종의 기업은 하나의 국가에만 수출한다.

14 다음 중 업종별 현재 수출 국가에 대한 설명으로 옳지 않은 것은?

① 열처리 분야 기업 중 중국에 수출하는 기업의 비율은 20% 이상이다.

② 금형 분야 기업의 수는 전체 기업 수의 40% 미만이다.

③ 일본에 수출하는 용접 분야 기업의 수는 중국에 수출하는 주조 분야 기업의 수의 7배 이상이다.

④ 소성가공 분야 기업 중 미국에 수출하는 기업의 수가 동남아에 수출하는 기업의 수보다 많다.

⑤ 주조 분야 기업 중 가장 많은 기업이 수출하는 국가는 일본이다.

15 다음 중 자료에 대해 옳은 설명을 한 사람을 모두 고르면?

> 지현 : 가장 많은 수의 금형 분야 기업들이 진출하고 싶어 하는 국가는 독일이야.
> 준엽 : 국내 열처리 분야 기업들이 가장 많이 수출하는 국가는 가장 많은 열처리 분야 기업들이 진출하고 싶어 하는 국가와 같아.
> 찬영 : 표면처리 분야 기업 중 유럽(독일 제외)에 진출하고 싶어 하는 기업은 미국에 진출하고 싶어 하는 기업의 2배 이상이야.
> 진경 : 용접 분야 기업 중 기타 국가에 수출하는 기업의 수는 용접 분야 기업 중 독일을 제외한 유럽에 진출하고 싶어 하는 기업의 수보다 많아.

① 지현, 준엽
② 지현, 찬영
③ 준엽, 찬영
④ 준엽, 진경
⑤ 찬영, 진경

16 다음은 S공장에서 근무하는 근로자들의 임금수준 분포를 나타낸 자료이다. 근로자 전체에게 지급된 임금(월 급여)의 총액이 2억 원일 때, 〈보기〉 중 옳은 것을 모두 고르면?

〈공장 근로자의 임금수준 분포〉

임금수준(만 원)	근로자 수(명)
월 300 이상	4
월 270 이상 300 미만	8
월 240 이상 270 미만	12
월 210 이상 240 미만	26
월 180 이상 210 미만	30
월 150 이상 180 미만	6
월 150 미만	4
합계	90

〈보기〉

㉠ 근로자들의 월 평균 급여액은 230만 원 이하이다.
㉡ 절반 이상의 근로자들이 월 210만 원 이상의 급여를 받고 있다.
㉢ 월 180만 원 미만의 급여를 받는 근로자의 비율은 약 14%이다.
㉣ 적어도 15명 이상의 근로자가 월 250만 원 이상의 급여를 받고 있다.

① ㉠
② ㉠, ㉡
③ ㉠, ㉡, ㉣
④ ㉡, ㉢, ㉣
⑤ ㉠, ㉡, ㉢, ㉣

17 다음 글과 〈조건〉을 바탕으로 바르게 추론한 것을 〈보기〉에서 모두 고르면?

(가)～(마)팀이 현재 수행하고 있는 과제의 수는 다음과 같다.
- (가)팀 : 0
- (나)팀 : 1
- (다)팀 : 2
- (라)팀 : 2
- (마)팀 : 3

이 과제에 추가하여 8개의 새로운 과제 a, b, c, d, e, f, g, h를 다음 〈조건〉에 따라 (가)～(마)팀에 배정한다.

〈조건〉

- 어느 팀이든 새로운 과제를 적어도 하나는 맡아야 한다.
- 기존에 수행하던 과제를 포함해서 한 팀이 맡을 수 있는 과제는 최대 4개이다.
- 기존에 수행하던 과제를 포함해서 과제 4개를 맡는 팀은 둘이다.
- a, b는 한 팀이 맡아야 한다.
- c, d, e는 한 팀이 맡아야 한다.

〈보기〉

ㄱ. a를 (나)팀이 맡을 수 없다.
ㄴ. f를 (가)팀이 맡을 수 있다.
ㄷ. 기존에 수행하던 과제를 포함해서 과제 2개를 맡는 팀이 반드시 있다.

① ㄱ
② ㄴ
③ ㄱ, ㄷ
④ ㄴ, ㄷ
⑤ ㄱ, ㄴ, ㄷ

※ **하반기에 연수를 마친 A ~ E 5명은 다음 〈조건〉에 따라 세계 각국에 있는 해외사업본부로 배치될 예정이다. 이어지는 질문에 답하시오. [18~19]**

〈조건〉

- A ~ E는 인도네시아, 미국 서부, 미국 남부, 칠레, 노르웨이에 있는 서로 다른 해외사업본부로 배치된다.
- C와 D 중 한 명은 미국 서부에 배치된다.
- B는 칠레에 배치되지 않는다.
- E는 노르웨이로 배치된다.
- 미국 서부에는 회계직이 배치된다.
- C가 인도네시아에 배치되면 A는 칠레에 배치된다.
- A가 미국 남부에 배치되면 B는 인도네시아에 배치된다.
- A, D, E는 회계직이고, B, C는 기술직이다.

18 **다음 중 D가 배치될 해외사업본부는 어디인가?**

① 인도네시아
② 미국 서부
③ 미국 남부
④ 칠레
⑤ 노르웨이

19 **다음 〈보기〉 중 옳은 것을 모두 고르면?**

〈보기〉

㉠ C가 인도네시아에 배치되면 B는 미국 남부에 배치된다.
㉡ A가 미국 남부에 배치되면 C는 인도네시아에 배치된다.
㉢ A는 반드시 칠레에 배치된다.
㉣ 노르웨이에는 회계직이 배치된다.

① ㉠, ㉡
② ㉠, ㉣
③ ㉡, ㉢
④ ㉡, ㉣
⑤ ㉢, ㉣

※ 다음은 A ~ D사원의 5월 근태 현황 중 일부를 나타낸 자료이다. 이어지는 질문에 답하시오. **[20~21]**

〈5월 근태 현황〉

(단위 : 회)

구분	A사원	B사원	C사원	D사원
지각	1			1
결근				
야근				2
근태 총 점수(점)	0	−4	−2	0

〈5월 근태 정보〉

- 근태는 지각(−1), 결근(−1), 야근(+1)으로 이루어져 있다.
- A, B, C, D사원의 근태 총 점수는 각각 0점, −4점, −2점이다.
- A, B, C사원은 지각, 결근, 야근을 각각 최소 1회, 최대 3회 하였고 각 근태 횟수는 모두 달랐다.
- A사원은 지각을 1회 하였다.
- 야근은 A사원이 가장 많이 했다.
- 지각은 B사원이 C사원보다 적게 했다.

20 다음 중 항상 옳은 것은?

① 지각을 제일 많이 한 사람은 C사원이다.
② B사원은 결근을 2회 했다.
③ C사원은 야근을 1회 했다.
④ A사원은 결근을 3회 했다.
⑤ 야근은 가장 적게 한 사람은 A사원이다.

21 다음 중 지각보다 결근을 많이 한 사람은?

① A사원, B사원
② A사원, C사원
③ B사원, C사원
④ B사원, D사원
⑤ C사원, D사원

22 다음 SWOT 분석 결과를 바탕으로 섬유 산업이 발전할 수 있는 방안으로 적절한 것을 〈보기〉에서 모두 고르면?

S 강점	W 약점
• 빠른 제품 개발 시스템	• 기능 인력 부족 심화 • 인건비 상승
O 기회	**T 위협**
• 한류의 영향으로 한국 제품 선호 • 국내 기업의 첨단 소재 개발 성공	• 외국산 저가 제품 공세 강화 • 선진국의 기술 보호주의

〈보기〉

ㄱ. 한류 배우를 모델로 브랜드 홍보 전략을 추진한다.
ㄴ. 단순 노동 집약적인 소품종 대량 생산 체제를 갖춘다.
ㄷ. 소비자 기호를 빠르게 분석하여 제품 생산에 반영한다.
ㄹ. 선진국의 원천 기술을 이용한 기능성 섬유를 생산한다.

① ㄱ, ㄴ
② ㄱ, ㄷ
③ ㄱ, ㄹ
④ ㄴ, ㄷ
⑤ ㄴ, ㄹ

23 철수는 장미에게 "43 41 54"의 문자를 전송하였다. 장미는 문자가 16진법으로 표현된 것을 발견하고 아래의 아스키 코드표를 이용하여 해독을 진행하려고 한다. 철수가 장미에게 보낸 문자의 의미는 무엇인가?

문자	아스키	문자	아스키	문자	아스키	문자	아스키
A	65	H	72	O	79	V	86
B	66	I	73	P	80	W	87
C	67	J	74	Q	81	X	88
D	68	K	75	R	82	Y	89
E	69	L	76	S	83	Z	90
F	70	M	77	T	84	−	−
G	71	N	78	U	85	−	−

① CAT
② SIX
③ BEE
④ CUP
⑤ SUN

24 S고등학교는 부정행위 방지를 위해 1 ~ 3학년이 한 교실에서 같이 시험을 본다. 다음 〈조건〉을 참고할 때, 항상 거짓인 것은?

〈조건〉

- 교실에는 책상이 여섯 줄로 되어 있다.
- 같은 학년은 바로 옆줄에 앉지 못한다.
- 첫 번째 줄과 다섯 번째 줄에는 3학년이 앉는다.
- 3학년이 앉은 줄의 수는 1학년과 2학년이 앉은 줄의 합과 같다.

① 2학년은 네 번째 줄에 앉는다.
② 첫 번째 줄과 세 번째 줄의 책상 수는 같다.
③ 3학년의 학생 수가 1학년의 학생 수보다 많다.
④ 여섯 번째 줄에는 1학년이 앉는다.
⑤ 1학년이 두 번째 줄에 앉으면 2학년은 세 번째 줄에 앉는다.

25 다음은 S공사 조직도의 일부이다. S공사의 각 부서와 업무 간 연결이 적절하지 않은 것은?

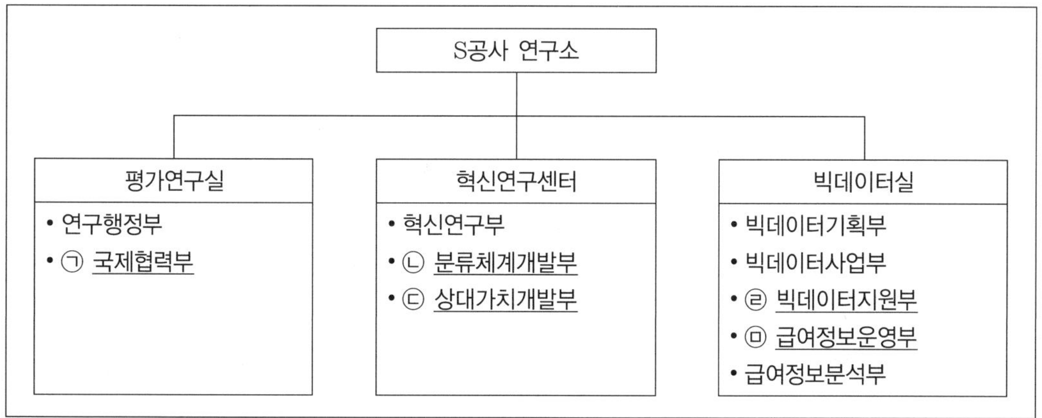

① ㉠ : 국제연수사업 및 외국인 방문단 운영에 관한 사항
② ㉡ : 재활환자분류체계(KRPG) 개발 및 관리
③ ㉢ : 상대가치 연구 및 산출
④ ㉣ : 빅데이터를 활용한 창업 지원에 관한 사항
⑤ ㉤ : 직원의 포상, 징계 및 복무관리에 관한 사항

26 다음은 S화장품(주)의 신제품 판매 동향 보고서이다. 이 기업이 가장 중점을 두어야 할 전략으로 옳은 것은?

• 대상 제품 : 새로 개발한 상황버섯 로션
• 영업 활동 : 발매와 동시에 대규모 광고 시행
• 판매 실적 : 예상판매 목표의 50% 미만으로 매우 부진
• 원인 분석 : 소비자들이 자사 브랜드를 잘 알고 있지만 상황버섯의 독특한 향이 싫어서 판매 실적이 부진한 것으로 보임

① 제품 특성을 개선한다.
② 판매 가격을 인하한다.
③ 판매 점포를 확대한다.
④ 홍보 자료를 배포한다.
⑤ 점포 인원을 확대한다.

27 다음은 카메론(Cameron)과 퀸(Quinn)이 개발한 조직문화 진단 척도 중 일부이다. 빈칸 (가)에 들어갈 내용으로 가장 적절한 것은?

(가)	기준	점수
①	우리 회사는 인적자원개발을 중요시하며, 높은 신뢰도, 개방성, 참여도를 강조한다.	
②	우리 회사는 새로운 자원을 발굴하고, 도전하는 것을 중시하여 새로운 시도와 기회창조를 높이 평가한다.	
③	우리 회사는 경쟁과 성과를 중시하여 시장에서 목표달성과 경쟁에서 이기는 것을 강조한다.	
④	우리 회사는 영속성과 안정성을 강조하며, 효율성, 통제, 원활한 운영이 중요하다.	
총점		100

① 전략적 강조점
② 조직의 응집력
③ 성공의 기준
④ 조직의 리더십
⑤ 조직의 관리

28 다음 중 밑줄 친 ㉠, ㉡에 대한 설명으로 옳은 것은?

조직구조는 조직마다 다양하게 이루어지며, 조직목표의 효과적 달성에 영향을 미친다. 조직구조에 대한 많은 연구를 통해 조직구조에 영향을 미치는 요인으로는 조직의 전략, 규모, 기술, 환경 등이 있음을 확인할 수 있으며, 이에 따라 ㉠ 기계적 조직 혹은 ㉡ 유기적 조직으로 설계된다.

① ㉠은 의사결정 권한이 조직의 하부구성원들에게 많이 위임되어 있다.
② ㉡은 상하 간 의사소통이 공식적인 경로를 통해 이루어진다.
③ ㉠은 규제나 통제의 정도가 낮아, 의사소통 결정이 쉽게 변할 수 있다.
④ ㉡은 구성원들의 업무가 분명하게 정의된다.
⑤ 안정적이고 확실한 환경에서는 ㉠이, 급변하는 환경에서는 ㉡이 적합하다.

※ 다음은 S공항공사 운항시설처의 업무분장표이다. 이어지는 질문에 답하시오. **[29~30]**

〈운항시설처 업무분장표〉

구분		업무분장
운항시설처	운항안전팀	• 이동지역 안전관리 및 지상안전사고 예방 안전 활동 • 항공기 이착륙시설 및 계류장 안전점검, 정치장 배정 및 관리 • 이동지역 차량 / 장비 등록, 말소 및 계류장 사용료 산정 • 야생동물 위험관리(용역관리 포함) • 공항안전관리시스템(SMS)운영계획 수립 · 시행 및 자체검사 시행 · 관리
	항공등화팀	• 항공등화시설 운영계획 수립 및 시행 • 항공등화시스템(A-SMGCS) 운영 및 유지관리 • 시각주기안내시스템(VDGS) 운영 및 유지관리 • 계류장조명등 및 외곽보안등 시설 운영 및 유지관리 • 에어사이드지역 전력시설 운영 및 유지관리 • 항공등화시설 개량계획 수립 및 시행
	기반시설팀	• 활주로 등 운항기반시설 유지관리 • 지하구조물(지하차도, 공동구, 터널, 배수시설) 유지관리 • 운항기반시설 녹지 및 계측관리 • 운항기반시설 제설작업 및 장비관리 • 운항기반시설 공항운영증명 기준관리 • 전시목표(활주로 긴급 복구) 및 보안시설 관리

29 다음은 S공항공사와 관련된 보도 자료의 제목일 때, 운항시설처의 업무로 적절하지 않은 것은?

① S공항, 관계기관 합동 종합제설훈련 실시

② S공항, 전시대비 활주로 긴급 복구훈련 실시

③ S공항공사, 항공등화 핵심장비 국산화 성공

④ 골든타임을 사수하라! S공항 항공기 화재진압훈련 실시

⑤ S공항공사, 관계기관 합동 '야생동물통제관리 협의회' 발족

30 S공항공사의 운항안전팀에서는 안전회보를 발간한다. 다음 달에 발간하는 안전회보 제작을 맡게 된 A사원은 회보에 실을 내용을 고민하고 있다. 안전회보에 실릴 내용으로 적절하지 않은 것은?

① 대테러 종합훈련 실시 – 여객터미널 출국장에서 폭발물 연쇄테러를 가정하여 이에 대응하는 훈련 진행

② 안전관리시스템 위원회 개최 – 이동지역 안전 증진을 위해 매년 안전관리시스템 위원회 개최

③ 우수 운항안전 지킴이 선정 현황 – 이동지역 내 사고 예방에 공로가 큰 안전 신고 / 제안자 선정 및 포상

④ 이동지역 운전교육용 시뮬레이터 운영개시 – 이동지역 지형 · 지물에 대한 가상체험 공간 제공으로 운전교육 효과 극대화

⑤ S공항 항공안전 캠페인 시행 – 이동지역 안전문화를 효과적으로 정착시키기 위한 분기별 캠페인 및 합동 점검 실시

31 다음은 조직의 부서별 업무를 나타낸 자료이다. 빈칸 (가) ~ (마)에 들어갈 부서명을 순서대로 바르게 나열한 것은?

부서	업무
(가)	주주총회 및 이사회 개최 관련 업무, 의전 및 비서 업무, 집기비품 및 소모품의 구입과 관리, 사무실 임차 및 관리, 차량 및 통신시설의 운영, 국내외 출장 업무 협조, 복리후생 업무, 법률자문과 소송관리, 사내외 홍보 광고 업무
(나)	조직기구의 개편 및 조정, 업무분장 및 조정, 인력수급계획 및 관리, 직무 및 정원의 조정 종합, 노사관리, 평가관리, 상벌관리, 인사발령, 교육체계 수립 및 관리, 임금제도, 복리후생제도 및 지원업무, 복무관리, 퇴직관리
(다)	경영계획 및 전략 수립, 전사기획업무 종합 및 조정, 중장기 사업계획의 종합 및 조정, 경영정보 조사 및 기획보고, 경영진단 업무, 종합예산수립 및 실적관리, 단기사업계획 종합 및 조정, 사업계획, 손익추정, 실적관리 및 분석
(라)	재무상태 및 경영실적 보고, 결산 관련 업무, 재무제표 분석 및 보고, 법인세, 부가가치세, 국세 지방세 업무자문 및 지원, 보험가입 및 보상 업무, 고정자산 관련 업무
(마)	판매 계획, 판매예산의 편성, 시장조사, 광고 선전, 견적 및 계약, 제조지시서의 발행, 외상매출금의 청구 및 회수, 제품의 재고 조절, 거래처로부터의 불만처리, 제품의 애프터서비스, 판매원가 및 판매가격의 조사 검토

	(가)	(나)	(다)	(라)	(마)
①	총무부	인사부	기획부	회계부	영업부
②	총무부	기획부	인사부	영업부	회계부
③	총무부	인사부	회계부	기획부	영업부
④	기획부	총무부	영업부	인사부	회계부
⑤	기획부	인사부	회계부	영업부	총무부

32 다음 글에서 알 수 있는 조직의 사례로 적절하지 않은 것은?

> 조직은 두 사람 이상이 공동의 목표를 달성하기 위해 의식적으로 구성된 상호작용과 조정을 행하는 행동의 집합체이다. 그러나 단순히 사람들이 모였다고 해서 조직이라고 하지는 않는다. 조직은 목적을 가지고 있고, 구조가 있으며, 목적을 달성하기 위해 구성원들은 서로 협동적인 노력을 하고, 외부 환경과도 긴밀한 관계를 가지고 있다. 조직은 일반적으로 재화나 서비스의 생산이라는 경제적 기능과 조직구성원들에게 만족감을 주고 협동을 지속시키는 사회적 기능을 갖는다.

① 병원에서 일하고 있는 의사와 간호사
② 유기견을 구조하고 보호하는 시민단체
③ 백화점에 모여 있는 직원과 고객
④ 편의점을 운영 중인 가족
⑤ 다문화 가정을 돕고 있는 종교단체

※ 귀하는 지점별 매출 및 매입 현황을 정리하고 있다. 이어지는 질문에 답하시오. **[33~34]**

	A	B	C	D	E	F
1	지점명	매출	매입			
2	주안점	2,500,000	1,700,000			
3	동암점	3,500,000	2,500,000		최대 매출액	
4	간석점	7,500,000	5,700,000		최소 매출액	
5	구로점	3,000,000	1,900,000			
6	강남점	4,700,000	3,100,000			
7	압구정점	3,000,000	1,500,000			
8	선학점	2,500,000	1,200,000			
9	선릉점	2,700,000	2,100,000			
10	교대점	5,000,000	3,900,000			
11	서초점	3,000,000	1,900,000			
12	합계					

33 다음 중 [F3] 셀을 구하는 함수식으로 옳은 것은?

① =MIN(B2:B11)

② =MAX(B2:C11)

③ =MIN(C2:C11)

④ =MAX(C2:C11)

⑤ =MAX(B2:B11)

34 다음 중 매출과 매입의 합계를 구할 때 사용할 함수는?

① REPT

② CHOOSE

③ SUM

④ AVERAGE

⑤ DSUM

35 다음 프로그램의 실행 결과로 옳은 것은?

```
#include <stdio.h>

int main(){
        int i = 4;
        int k = 2;
        switch(i) {
                case 0:
                case 1:
                case 2:
                case 3: k = 0;
                case 4: k += 5;
                case 5: k -= 20;
                default: k++;
        }
        printf("%d", k);
}
```

① 12
② −12
③ 10
④ −10
⑤ 8

36 다음 중 파일 삭제 시 파일이 [휴지통]에 임시 보관되어 복원이 가능한 경우는?

① 바탕 화면에 있는 파일을 [휴지통]으로 드래그 앤 드롭하여 삭제한 경우
② USB 메모리에 저장되어 있는 파일을 〈Delete〉로 삭제한 경우
③ 네트워크 드라이브의 파일을 바로 가기 메뉴의 [삭제]를 클릭하여 삭제한 경우
④ [휴지통]의 크기를 0%로 설정한 후 [내 문서] 폴더 안의 파일을 삭제한 경우
⑤ 〈Shift〉+〈Delete〉로 삭제한 경우

※ 다음 글을 읽고 이어지는 질문에 답하시오. **[37~38]**

S사 마케팅팀의 김사원은 자신의 팀 홍보영상을 간단하게 편집하여 뮤직비디오 형태로 만들고자 한다. 그래서 정보를 검색한 결과, 다양한 프로그램이 나와 어떤 프로그램을 사용할지에 대해 고민하고 있다. 특히 자신은 편집에 대해서 경험이 없기 때문에 간단하게 앞, 뒤를 자르고 음악을 입히는 것, 화면에 글자가 나오도록 하는 기능만 사용할 수 있으면 좋겠다고 생각하고 있다.

37 다음 〈보기〉 중 김사원이 원하는 방향에 맞춰 활용하기에 적합한 프로그램을 모두 고르면?

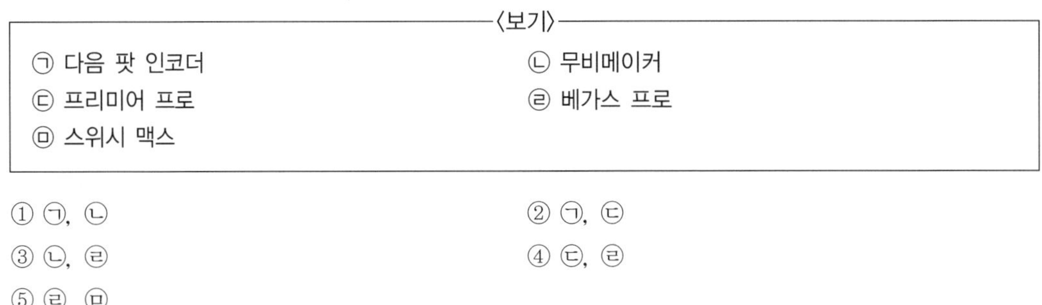

〈보기〉

㉠ 다음 팟 인코더
㉡ 무비메이커
㉢ 프리미어 프로
㉣ 베가스 프로
㉤ 스위시 맥스

① ㉠, ㉡
② ㉠, ㉢
③ ㉡, ㉣
④ ㉢, ㉣
⑤ ㉣, ㉤

38 다음 중 윗글에서 밑줄 친 비디오 데이터에 대한 설명으로 옳지 않은 것은?

① MS Window의 표준 동영상 파일 형식은 AVI 파일이다.
② 인텔이 개발한 동영상 압축 기술로 멀티미디어 분야의 동영상 기술로 발전한 것은 DVI이다.
③ MPEG-4와 Mp3를 재조합한 비표준 동영상 파일 형식은 DivX이다.
④ 애플사가 개발한 동영상 압축 기술로 JPEG 방식을 사용하여 Windows에서도 재생이 가능한 것은 MPEG 파일이다.
⑤ Microsoft사에서 개발한 ASF는 인터넷 방송을 위해 사용하는 통합 영상 형식이다.

39 S씨는 이번에 새로 산 노트북의 사양을 알아보기 위해 다음과 같이 [제어판]의 [시스템]을 열어보았다. 다음 중 S씨의 노트북 사양에 대한 내용으로 옳지 않은 것은?

① 그래픽카드는 i7 – 7700HQ 모델이 설치되어 있다.
② OS는 Windows 10 Home이 설치되어 있다.
③ 설치된 RAM의 용량은 16GB이다.
④ Window 운영체제는 64비트 시스템이 설치되어 있다.
⑤ 컴퓨터의 이름은 DESKTOP – M9INL3K로 설정되어 있다.

40 다음 중 워크시트의 [머리글 / 바닥글] 설정에 대한 설명으로 옳지 않은 것은?

① 페이지 레이아웃 보기 상태에서는 워크시트 페이지 위쪽이나 아래쪽을 클릭하여 머리글 / 바닥글을 추가할 수 있다.
② 첫 페이지, 홀수 페이지, 짝수 페이지의 머리글 / 바닥글 내용을 다르게 지정할 수 있다.
③ 머리글 / 바닥글에 그림을 삽입하고, 그림 서식을 지정할 수 있다.
④ 페이지 나누기 미리보기 상태에서는 미리 정의된 머리글이나 바닥글을 선택하여 쉽게 추가할 수 있다.
⑤ 숨기기 취소 대화상자에서 숨기기 기능에 체크하면 워크시트가 숨겨진다.

41 S기업은 창고업체를 통해 아래 세 제품군을 보관하고 있다. 다음 〈조건〉에 따라 보관료로 지급해야 할 총금액은 얼마인가?

구분	매출액(억 원)	용량	
		용적(CUBIC)	무게(톤)
A제품군	300	3,000	200
B제품군	200	2,000	300
C제품군	100	5,000	500

〈조건〉

- A제품군은 매출액의 1%를 보관료로 지급한다.
- B제품군은 1CUBIC당 20,000원의 보관료를 지급한다.
- C제품군은 1톤당 80,000원의 보관료를 지급한다.

① 3억 2천만 원
② 3억 4천만 원
③ 3억 6천만 원
④ 3억 8천만 원
⑤ 4억 원

42 수인이는 베트남 여행을 위해 인천국제공항에서 환전하기로 하였다. 다음은 S환전소의 당일 환율 및 수수료를 나타낸 자료이다. 수인이가 한국 돈으로 베트남 현금 1,670만 동을 환전한다고 할 때, 수수료까지 포함하여 필요한 돈은 얼마인가?(단, 모든 계산과정에서 구한 값은 일의 자리에서 버림한다)

〈S환전소 환율 및 수수료〉

- 베트남 환율 : 483원/만 동
- 수수료 : 0.5%
- 우대사항 : 50만 원 이상 환전 시 70만 원까지 수수료 0.4%로 인하 적용
  100만 원 이상 환전 시 총 금액 수수료 0.4%로 인하 적용

① 806,840원
② 808,940원
③ 809,940원
④ 810,040원
⑤ 812,040원

43 다음은 S공사 직원들의 10월 연차 계획표이다. 하루에 3명 이상 연차를 쓸 수 없고, 직원들은 각자 연속하여 4일 이상 연차를 신청할 수 없다. 연차 일정을 한 명만 수정한다고 할 때, 수정해야 하는 사람은 누구인가?

〈연차 계획표〉

성명	연차 일정	성명	연차일정
임미리	10월 2일 목요일 ~ 10월 7일 화요일	조유라	10월 7일 화요일
정지수	10월 6일 월요일	최한결	10월 8일 수요일 ~ 10월 13일 화요일
김창은	10월 1일 수요일 ~ 10월 2일 목요일	유라희	10월 10일 금요일
유소정	10월 6일 월요일 ~ 10월 7일 화요일	최하람	10월 1일 수요일, 10월 8일 수요일

※ 개천절 : 10월 3일 금요일
※ 한글날 : 10월 9일 목요일

① 조유라
② 정지수
③ 최한결
④ 김창은
⑤ 유소정

44 과장인 귀하는 올해 입사한 A ~ C사원을 업무 능력, 리더십, 인화력의 세 영역에서 평가해야 한다. 평가는 절대 평가 방식에 따라 −1(부족), 0(보통), 1(우수)로 이루어지고, 세 영역의 점수를 합산하여 개인별로 총점을 낸다. 〈조건〉을 만족할 때 가능한 평가 결과표의 개수는?

〈평가 결과표〉

사원 \ 영역	업무 능력	리더십	인화력
A			
B			
C			

〈조건〉

- 각자의 총점은 0이다.
- 각 영역의 점수 합은 0이다.
- 인화력 점수는 A가 제일 높고, 그다음은 B, C 순이다.

① 3개
② 4개
③ 5개
④ 6개
⑤ 7개

45 S의류회사는 제품의 판매촉진을 위해 TV광고를 기획하고 있는데, 다음은 광고모델 후보 5명에 대한 자료이다. 이를 토대로 향후 1년 동안 광고효과가 가장 클 것으로 예상되는 모델은 누구인가?

〈광고모델별 1년 계약금 및 광고 1회당 광고효과〉

(단위 : 천 원)

모델	1년 계약금	1회당 광고비	1회당 광고효과(예상)	
			수익 증대 효과	브랜드 가치 증대 효과
A	120,000	2,500	140,000	130,000
B	80,000		80,000	110,000
C	100,000		100,000	120,000
D	90,000		80,000	90,000
E	70,000		60,000	80,000
비고	• (총 광고효과)=(1회당 광고효과)×(1년 광고횟수) • (1회당 광고효과)=(1회당 수익 증대 효과)+(1회당 브랜드 가치 증대 효과) • (1년 광고횟수)=(1년 광고비)÷(1회당 광고비) • (1년 광고비)=1억 8천만 원−(1년 계약금)			

① A
② B
③ C
④ D
⑤ E

46 S공사에서는 3월 셋째 주에 연속 이틀에 걸쳐 본사에 있는 B강당에서 인문학 특강을 진행하려고 한다. 강당을 이용할 수 있는 날과 강사의 스케줄을 고려할 때 섭외 가능한 강사는?

〈B강당 이용 가능 날짜〉

구분	월요일	화요일	수요일	목요일	금요일
오전(9 ~ 12시)	×	○	×	○	○
오후(13 ~ 14시)	×	×	○	○	×

※ 가능 : ○, 불가능 : ×

〈섭외 강사 후보 스케줄〉

A강사	매주 수 ~ 목요일 10 ~ 14시 문화센터 강의
B강사	첫째 주, 셋째 주 화요일, 목요일 10 ~ 14시 대학교 강의
C강사	매월 첫째 ~ 셋째 주 월요일, 수요일 오후 12 ~ 14시 면접 강의
D강사	매주 수요일 오후 13시 ~ 16시, 금요일 오전 9 ~ 12시 도서관 강좌
E강사	매월 첫째, 셋째 주 화 ~ 목요일 오전 9 ~ 11시 강의

※ S공사 본사까지의 이동거리와 시간은 고려하지 않는다.
※ 강의는 연속 이틀로 진행되며 강사는 동일해야 한다.

① A, B강사
② B, C강사
③ C, D강사
④ C, E강사
⑤ D, E강사

※ 다음은 S공사의 이번 달 업무일정에 대한 자료이다. 이어지는 질문에 답하시오. **[47~48]**

〈업무일정 기간 및 순서〉

구분	업무별 소요 기간	선결업무
A업무	3일	-
B업무	1일	A
C업무	6일	-
D업무	7일	B
E업무	5일	A
F업무	3일	B, C

47 다음 중 모든 업무를 끝마치는 데 걸리는 최소 소요 기간은?

① 8일
② 9일
③ 10일
④ 11일
⑤ 12일

48 다음 〈보기〉 중 옳지 않은 것을 모두 고르면?

〈보기〉

㉠ B업무의 소요 기간이 4일로 연장된다면 D업무를 마칠 때까지 11일이 소요된다.
㉡ D업무의 선결업무가 없다면 모든 업무를 마치는 데 최소 8일이 소요된다.
㉢ E업무의 선결업무에 C업무가 추가된다면 최소 소요 기간은 11일이 된다.
㉣ C업무의 소요 기간이 2일 연장되더라도 최소 소요 기간은 변하지 않는다.

① ㉠, ㉡
② ㉠, ㉢
③ ㉡, ㉢
④ ㉡, ㉣
⑤ ㉢, ㉣

49 다음 중 기술선택을 위한 우선순위 결정요인으로 옳지 않은 것은?

① 쉽게 구할 수 있는 기술
② 기업 간에 모방이 어려운 기술
③ 최신 기술로 진부화될 가능성이 적은 기술
④ 제품의 성능이나 원가에 미치는 영향력이 큰 기술
⑤ 기업이 생산하는 제품 및 서비스에 보다 광범위하게 활용할 수 있는 기술

50 다음은 기술선택을 위한 절차를 나타낸 것이다. 밑줄 친 (A)~(E)에 대한 행동으로 옳은 것은?

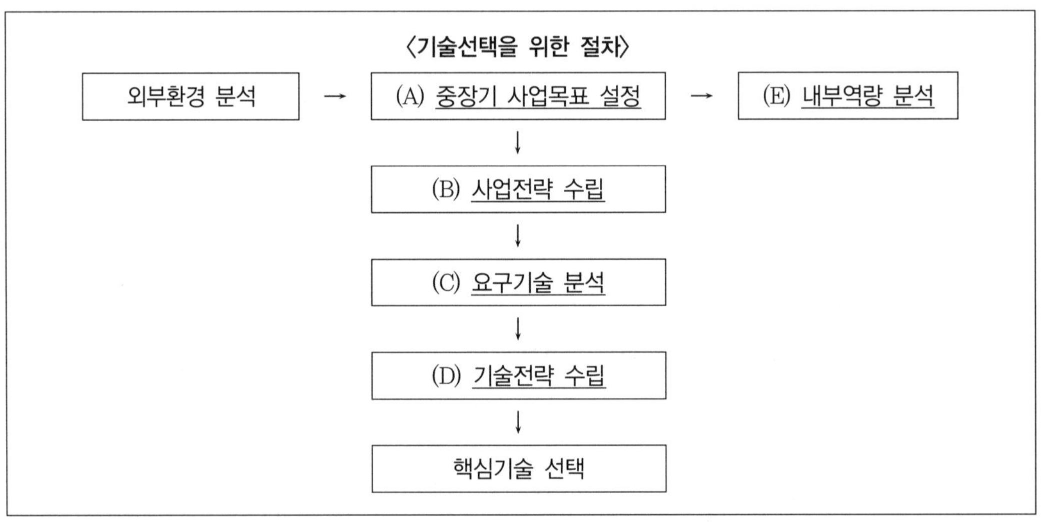

① (A) : 기술획득 방법 결정
② (B) : 사업 영역 결정, 경쟁 우위 확보 방안 수립
③ (C) : 기업의 장기비전, 매출목표 및 이익목표 설정
④ (D) : 기술능력, 생산능력, 마케팅/영업능력, 재무능력 등 분석
⑤ (E) : 제품 설계/디자인 기술, 제품 생산 공정, 원재료/부품 제조기술 분석

51 다음은 LPG 차량의 동절기 관리 요령에 대한 자료이다. 이를 이해한 내용으로 적절하지 않은 것은?

〈LPG 차량의 동절기 관리 요령〉

LPG 차량은 가솔린이나 경유에 비해 비등점이 낮은 특징을 갖고 있기 때문에 대기온도가 낮은 겨울철에 시동성이 용이하지 못한 결점이 있습니다. 동절기 시동성 향상을 위해 다음 사항을 준수하시기 바랍니다.

▶ LPG 충전
- 동절기에 상시 운행지역을 벗어나 추운지방을 이동할 경우에는 도착지 LPG 충전소에서 연료를 완전 충전하시면 다음날 시동이 보다 용이합니다. 이는 지역별로 외기온도에 따라 시동성 향상을 위해 LPG 내에 포함된 프로판 비율이 다르며, 추운 지역의 LPG는 프로판 비율이 높습니다(동절기에는 반드시 프로판 비율이 15 ~ 35%를 유지하도록 관련 법규에 명문화되어 있습니다).

▶ 주차 시 요령
- 가급적 건물 내 또는 주차장에 주차하는 것이 좋으나, 부득이 옥외에 주차할 경우에는 엔진 위치가 건물벽 쪽을 향하도록 주차하거나, 차량 앞쪽을 해가 뜨는 방향으로 주차함으로써 태양열의 도움을 받을 수 있도록 하는 것이 좋습니다.

▶ 시동 요령
- 엔진 시동 전에 반드시 안전벨트를 착용하여 주십시오.
- 주차 브레이크 레버를 당겨 주십시오.
- 모든 전기장치는 OFF하여 주십시오.
- 점화스위치를 'ON' 위치로 하여 주십시오.
- 저온(혹한기) 조건에서는 계기판에 PTC 작동 지시등이 점등됩니다.
  - PTC 작동 지시등의 점등은 차량 시동성 향상을 위한 것으로 부품의 성능에는 영향이 없습니다.
  - 주행 후 단시간 시동 시에는 점등되지 않을 수 있습니다.
- PTC 작동 지시등이 소등되었는지 확인 후, 엔진 시동을 걸어 주십시오.

▶ 시동 시 주의 사항
- 시동이 잘 안 걸리면 엔진 시동을 1회에 10초 이내로만 실시하십시오. 계속해서 엔진 시동을 걸면 배터리가 방전될 수 있습니다.

▶ 시동 직후 주의 사항
- 저온 시 엔진 시동 후 계기판에 가속방지 지시등이 점등됩니다.
- 가속방지 지시등의 점등은 주행성 향상을 위한 것으로 부품의 성능에는 영향이 없습니다.
- 가속방지 지시등 점등 시 고속 주행을 삼가십시오.
- 가속방지 지시등 점등 시 급가속, 고속주행은 연비 및 엔진꺼짐 등의 문제가 발생할 수 있습니다.
- 가급적 가속방지 지시등 소등 후에 주행하여 주시길 바랍니다.

① 옥외에 주차할 경우 차량 앞쪽을 해가 뜨는 방향에 주차하는 것이 좋다.
② 동절기에 LPG 충전소에서 연료를 완전 충전하면 다음날 시동이 용이하다.
③ 추운 지역의 LPG는 따뜻한 지역보다 프로판 비율이 낮다.
④ 가속방지 지시등 점등 시 고속 주행을 삼가도록 한다.
⑤ 시동이 잘 안 걸릴 경우에는 엔진 시동을 1회에 10초 이내로 하는 것이 좋다.

※ 기획전략팀에서는 사무실을 간편히 청소할 수 있는 새로운 청소기를 구매하였다. 기획전략팀의 S대리는 새 청소기를 사용하기 전에 제품 설명서를 참고하였다. 이어지는 질문에 답하시오. **[52~54]**

〈제품 설명서〉

1. 충전
- 충전 시 작동 스위치 2곳을 반드시 꺼 주십시오.
- 타 제품의 충전기를 사용할 경우 고장의 원인이 되오니 반드시 전용 충전기를 사용하십시오.
- 충전 시 충전기에 열이 느껴지는 것은 고장이 아닙니다.
- 본 제품에는 배터리 보호를 위하여 과충전 보호회로가 내장되어 있어 적정 충전시간을 초과하여도 배터리는 심한 손상이 없습니다.
- 충전기의 줄을 잡고 뽑을 경우 감전, 쇼트, 발화 및 고장의 원인이 됩니다.
- 충전하지 않을 때는 전원 콘센트에서 충전기를 뽑아 주십시오. 절연 열화에 따른 화재, 감전 및 고장의 원인이 됩니다.

2. 이상발생 시 점검 방법

증상	확인사항	해결 방법
스위치를 켜도 청소기가 작동하지 않는다면?	• 청소기가 충전잭에 꽂혀 있는지 확인하세요. • 충전이 되어 있는지 확인하세요. • 본체에 핸디 청소기가 정확히 결합되었는지 확인하세요. • 접점부(핸디, 본체)를 부드러운 면으로 깨끗이 닦아 주세요.	• 청소기에서 충전잭을 뽑아 주세요.
사용 중 갑자기 흡입력이 떨어진다면?	• 흡입구를 커다란 이물질이 막고 있는지 확인하세요. • 먼지 필터가 막혀 있는지 확인하세요. • 먼지통 내에 오물이 가득 차 있는지 확인하세요.	• 이물질을 없애고 다시 사용하세요.
청소기가 멈추지 않는다면?	• 스틱 손잡이 / 핸디 손잡이 스위치 2곳 모두 꺼져 있는지 확인하세요. • 청소기 본체에서 핸디 청소기를 분리하세요.	
사용시간이 짧다고 느껴진다면?	• 10시간 이상 충전하신 후 사용하세요.	
라이트 불이 켜지지 않는다면?	• 청소기 작동 스위치를 ON으로 하셨는지 확인하세요. • 라이트 스위치를 ON으로 하셨는지 확인하세요.	
파워브러시가 작동하지 않는다면?	• 머리카락이나 실 등 이물질이 감겨 있는지 확인하세요.	• 청소기 전원을 끄고 이물질 제거 후 전원을 켜면 파워브러시가 재작동하며 평상시에도 파워브러시가 멈추었을 때는 전원 스위치를 껐다 켜시면 브러시가 재작동합니다.

52 사용 중 충전으로 인한 고장이 발생한 경우, 다음 중 원인으로 적절하지 않은 것은?

① 충전 시 작동 스위치 2곳을 모두 끄지 않은 경우
② 충전기를 뽑을 때 줄을 잡고 뽑은 경우
③ 충전하지 않을 때 충전기를 계속 꽂아 둔 경우
④ 적정 충전시간을 초과하여 충전한 경우
⑤ 타 제품의 충전기를 사용한 경우

53 S대리는 청소기의 전원을 껐다 켬으로써 청소기의 작동 불량을 해결하였다. 다음 중 어떤 작동 불량이 발생하였는가?

① 청소기가 멈추지 않았다.
② 사용시간이 짧게 느껴졌다.
③ 파워브러시가 작동하지 않았다.
④ 사용 중 흡입력이 떨어졌다.
⑤ 라이트 불이 켜지지 않았다.

54 다음 중 청소기에 이물질이 많이 들어있을 때 나타날 수 있는 증상으로 옳은 것은?

① 사용시간이 짧아진다.
② 라이트 불이 켜지지 않는다.
③ 스위치를 켜도 청소기가 작동하지 않는다.
④ 충전 시 충전기에서 열이 난다.
⑤ 사용 중 갑자기 흡입력이 떨어진다.

55 다음은 기술선택을 위한 절차를 나타낸 것이다. 빈칸 (ㄱ) ~ (ㄹ)에 들어갈 내용을 순서대로 바르게 나열한 것은?

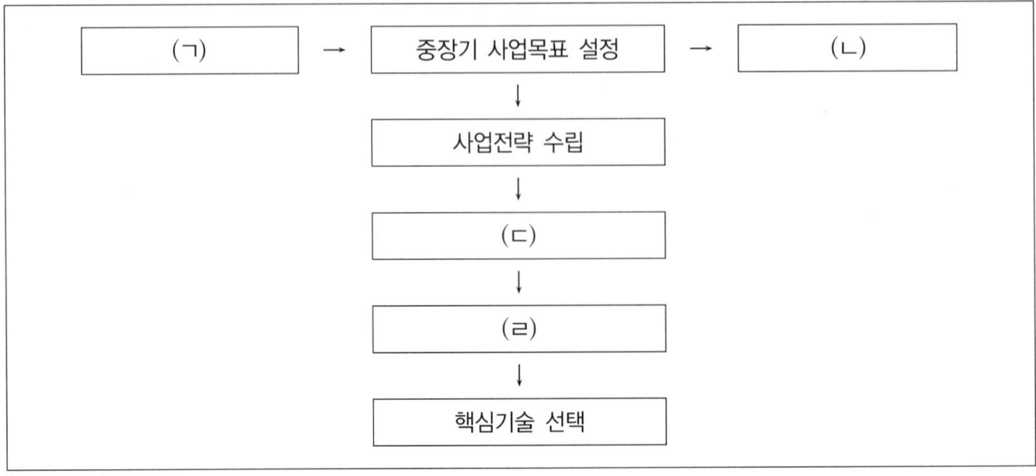

	(ㄱ)	(ㄴ)	(ㄷ)	(ㄹ)
①	내부역량 분석	외부환경 분석	요구기술 분석	기술전략 수립
②	내부역량 분석	외부환경 분석	기술전략 수립	요구기술 분석
③	외부환경 분석	내부역량 분석	요구기술 분석	기술전략 수립
④	외부환경 분석	내부역량 분석	기술전략 수립	요구기술 분석
⑤	외부환경 분석	기술전략 수립	내부역량 분석	요구기술 분석

56 다음 글을 읽고 노와이(Know - why)의 사례로 가장 적절한 것은?

> 기술은 노하우(Know - how)와 노와이(Know - why)로 구분할 수 있다. 노하우는 특허권을 수반하지 않는 과학자, 엔지니어 등이 가지고 있는 체화된 기술을 의미하며, 노와이는 어떻게 기술이 성립하고 작용하는가에 관한 원리적 측면에 중심을 둔 개념이다.
>
> 이 두 가지는 획득과 전수방법에 차이가 있다. 노하우는 경험적이고 반복적인 행위에 의해 얻어지는 것이며, 이러한 성격의 지식을 흔히 Technique 혹은 Art라고 부른다. 반면, 노와이는 이론적인 지식으로서 과학적인 탐구에 의해 얻어진다.
>
> 오늘날 모든 기술과 경험이 공유되는 시대에서 노하우는 점점 경쟁력을 잃어가고 있으며, 노와이가 점차 각광받고 있다. 즉, 노하우가 구성하고 있는 환경, 행동, 능력을 벗어나 신념과 정체성, 영성 부분도 관심받기 시작한 것이다. 과거에는 기술에 대한 공급이 부족하고 공유가 잘 되지 않았기 때문에 노하우가 각광받았지만, 현재는 기술에 대한 원인과 결과에 대한 관계를 파악하고, 그것을 통해 목적과 동기를 새로 설정하는 노와이의 가치가 높아졌다. 노와이가 말하고자 하는 핵심은 왜 이 기술이 필요한지를 알아야 기술의 가치가 무너지지 않는다는 것이다.

① 요식업에 종사 중인 S씨는 영업시간 후 자신의 초밥 만드는 비법을 아들인 B군에게 전수하고 있다.

② 자판기 사업을 운영하고 있는 K씨는 이용자들의 화상을 염려하여 화상 방지 시스템을 개발하였다.

③ S사에 근무 중인 C씨는 은퇴 후 중장비학원에서 중장비 운영 기술을 열심히 공부하고 있다.

④ Z병원에서 근무 중인 의사인 G씨는 방글라데시의 의료진에게 자신이 가지고 있는 선진의술을 전수하기 위해 다음 주에 출국할 예정이다.

⑤ D사는 최근에 제조 관련 분야에서 최소 20년 이상 근무해 제조 기술에 있어 장인 수준의 숙련도를 가진 직원 4명을 D사 명장으로 선정하여 수상하였다.

57 다음 중 C사원이 계획 수행에 성공하지 못한 이유로 적절하지 않은 것은?

> S회사 신입사원 C는 회사 일도 잘하고 싶고 업무 외의 자기개발에도 욕심이 많다. 그래서 업무와 관련한 자격증을 따기 위해서 3개의 인터넷 강의도 등록하였고, 체력관리를 위해 피트니스 센터에도 등록하였으며, 친목을 다지기 위해 본인이 동호회도 만들었다. 그러나 의욕에 비해 첫 주부터 자격증 강의도 반밖에 듣지 못했고, 피트니스 센터에는 2번밖에 가지 못했다. 동호회는 자신이 만들었기 때문에 빠질 수가 없어서 참석했지만 C사원은 수행하지 못한 다른 일 때문에 기분이 좋지 않다. 단순히 귀찮아서가 아니라 회사 회식도 빠지기 난감했고, 감기에 걸려 몸도 좋지 않았기 때문인데 계획이 문제인지 본인이 문제인지 C사원은 고민이 많아졌다.

① 자기실현에 대한 욕구보다 다른 욕구가 더 강하기 때문에
② 자기합리화를 하려는 인간의 제한적인 사고 때문에
③ 자기개발에 대한 구체적인 방법을 모르기 때문에
④ 내・외부 요인 때문에
⑤ 투자할 수 있는 시간에 비해 계획이 과하기 때문에

58 신입사원인 S사원은 자신이 하고 있는 일에 적응하기 위하여 흥미를 높이고 자신의 재능을 개발하려고 한다. 다음 〈보기〉 중 S사원이 흥미나 적성을 개발하기 위해 취할 수 있는 방법으로 옳지 않은 것을 모두 고르면?

〈보기〉

> ㉠ '내게 지금 주어진 일이 적성에 맞는다.'라고 마인드컨트롤을 한다.
> ㉡ 업무를 수행할 때 작은 단위로 나누어 수행한다.
> ㉢ 기업의 문화나 풍토를 파악하는 것보다는 흥미나 적성검사를 수행한다.
> ㉣ 커다란 업무를 도전적으로 수행하여 성취를 높인다.

① ㉠, ㉡
② ㉠, ㉢
③ ㉢, ㉣
④ ㉠, ㉡, ㉢
⑤ ㉠, ㉡, ㉣

59 다음 중 자신을 PR하는 방법으로 옳지 않은 것은?

① 소셜 네트워크를 활용한다.
② 인적 네트워크를 활용한다.
③ 자신만의 명함을 만든다.
④ 업무를 더욱 성실하게 수행한다.
⑤ 경력 포트폴리오를 만든다.

60 다음 사례에서 S사원이 가장 먼저 해야 할 일로 옳은 것은?

> 현재 직장에 근무한 지 3년 차인 S사원은 그동안 단순 반복되는 업무를 맡아왔다. 얼마 전 새로 입사한 신입사원을 보면서 자신이 신입사원으로 들어왔을 때를 떠올렸다. 그때는 나름 힘찬 포부와 커다란 목표를 가지고 있었는데, 지금은 업무에 시달리다 보니 아무런 목표 의식 없이 주어진 일을 끝내기에만 바빴다. 신입사원보다 자신의 능력이 부족하다는 것을 느끼게 되었고, 마침내 자신의 자기개발을 통해 전문성을 신장시켜야겠다고 결심했다.

① 반성 및 피드백을 한다.
② 일정을 수립한다.
③ 수행해야 할 과제를 발견한다.
④ 비전과 목표를 수립한다.
⑤ 자신의 흥미·적성 등을 파악한다.

※ 다음 글을 읽고 이어지는 질문에 답하시오. [61~62]

입사 1년 차인 박사원은 얼마 전 경력개발에 대한 사내교육에 참여하게 되었다. 경력개발이라는 말을 들어 본 적은 있는데 막연하기도 했고 사내에서 이야기해 주는 선배들도 없어서 '나도 그런 게 필요한가?'라는 생각을 하고 있던 찰나에 회사에서 진행하는 강의에 참여하게 된 것이다.
강의에서는 4차 산업혁명과 일자리 변화에 따라 경력개발은 누구에게나 중요하다는 것을 강조했다. 원격근무 등 사회 환경의 변화, 급변하는 경제 상황에 따른 기업의 전략 변경 주기의 단축, 업무 성과평가 구체화로 인한 능력주의 문화의 확대에 따라 조직 내 요구, 개인의 요구에 따라 경력개발 계획을 세우고 이를 관리해 나가야 한다고 이야기했다. 오랜 시간을 일하면 일에 대한 전문성도 생기고 승진도 어느 정도까지는 하게 될 것이라는 막연한 생각을 가지고 있었는데 강연을 계기로 내가 일을 하는 경력에도 계획을 세워서 실천해 나가야 한다는 것을 느꼈다. 또한, 생애주기 관점에서 직업과 현실의 여러 측면을 고려해 경력관리를 해야 한다는 생각도 갖게 되었다.

61 다음 중 박사원이 강연을 듣고 경력개발에 대해 생각한 내용으로 적절하지 않은 것은?

① 경력은 직위, 직무와 관련된 역할이나 활동뿐만 아니라 여기에 영향을 주고받는 환경적 요소도 포함한다.
② 누구든지 일과 관련된 활동을 하고 있으면 경력을 추구하는 것이다.
③ 경력은 전문적인 일이나 특정 직업에만 한정된 개념이며, 승진을 추구하는 것이다.
④ 모든 사람은 각자 독특한 직무, 지위, 경험을 쌓기 때문에 각자 나름대로 독특한 경력을 추구하게 된다.
⑤ 사회적, 경제적 환경의 변화에 따라 개인의 경력개발 관리가 더욱 중요시되고 있다.

62 다음 중 박사원이 경력개발 계획을 세울 때 반영해야 할 조직 요구사항에 해당하지 않는 것은?

① 직무 환경의 변화
② 중견사원의 이직 증가
③ 경영전략의 변화
④ 능력주의 문화의 확대
⑤ 사회 환경의 변화

63 다음은 신입사원을 대상으로 실시하는 교육에서 S대리가 신입사원들에게 해 줄 조언을 적은 메모이다. 자아 인식 단계에서의 성찰에 대한 조언으로 적절하지 않은 것은?

〈업무상 실수를 했다면 반드시 그 실수에 대해 성찰하는 시간을 가져야 한다〉

• 성찰의 필요성
  – 노하우 축적
  – 지속적 성장 기회 제공
  – 신뢰감 형성
  – 창의적 사고 개발
• 성찰 연습 방법
  – 성찰노트 작성
  – 성찰과 관련된 질문

① 앞으로 다른 일을 해결해 나가는 노하우를 축적할 수 있게 된다.
② 세운 목표에 따라 매일 노력하게 된다면 지속적으로 성장할 수 있는 기회가 된다.
③ 같은 실수를 반복하지 않음으로써 다른 사람에게 신뢰감을 줄 수 있다.
④ 성찰을 통해 창의적인 사고 개발이 가능하다.
⑤ 성찰노트 작성은 한 번의 성찰을 통해 같은 실수를 반복하지 않도록 도와준다.

64 다음 중 자기개발의 의미와 필요성에 대한 설명으로 옳지 않은 것은?

① 자기개발능력이란 직업인으로서 자신의 능력, 적성, 특성 등을 이해하고 목표성취를 위해 자신을 관리하며 개발해 나가는 능력을 가리킨다.
② 환경변화에 적응하려는 목적에서 자기개발이 이루어지기도 한다.
③ 자기개발은 효과적으로 업무를 처리하는 데 도움이 된다.
④ 자기개발이라는 말은 20세기 후반부터 사용되기 시작했다.
⑤ 자기개발에는 자신의 비전과 장단기 목표를 설정하는 일이 반드시 뒤따라야 한다.

65 A대리는 평소에 입사 후배인 B사원과 점심을 자주 먹곤 한다. B사원은 A대리를 잘 따르며 업무 성과도 높아서, A대리는 B사원에게 자주 점심을 사준다. 그러나 이러한 상황이 반복되자 매번 점심을 먹을 때마다 B사원은 절대 돈을 낼 생각이 없어 보인다. A대리는 후배에게 밥을 사주는 것이 싫은 것은 아니지만 매일 B사원의 몫까지 점심값을 내려니 곤란한 것은 사실이다. 귀하가 A대리라면 어떻게 하겠는가?

① B사원에게 솔직한 심정을 말하여 문제를 해결해 보고자 한다.
② 선배가 후배에게 밥을 얻어먹기는 부끄러우므로 앞으로도 계속해서 밥을 산다.
③ 앞으로는 입사 선배이자 상사인 G과장에게 밥을 얻어먹기로 한다.
④ B사원을 개인적으로 불러 혼을 내고 다시는 밥을 같이 먹지 않는다.
⑤ B사원에게 지금까지 사준 밥을 다 얻어먹겠다는 생각으로 한 턱 쏘라고 이야기한다.

66 신입사원 S씨는 갈등관리에 대한 책을 읽고 그 내용에 대해 정리해 보았다. 다음 중 이에 대한 설명으로 옳지 않은 것은?

① 대화에 적극적으로 참여하고 있음을 드러내기 위해 상대방과 눈을 자주 마주친다.
② 어려운 문제여도 피하지 말고 맞서야 한다.
③ 자신의 의견을 명확하게 밝히고 지속적으로 강화한다.
④ 갈등이 인지되자마자 접근할 것이 아니라 가만히 두면 자연히 가라앉는 경우도 있기 때문에 시간을 두고 지켜보는 것이 좋다.
⑤ 모두에게 좋은 최선의 해결책을 찾는 것이 목표이기 때문에 타협하려고 애써야 한다.

67 다음 상황에 대하여 S부장에게 조언할 수 있는 말로 가장 적절한 것은?

> S부장은 얼마 전에 자신의 부서에 들어온 두 명의 신입사원 때문에 고민 중이다. 신입사원 A씨는 꼼꼼하고 차분하지만 대인관계가 서투르며, 신입사원 B씨는 사람들과 금방 친해지는 친화력을 가졌으나, 업무에 세심하지 못한 모습을 보여주고 있다. 이러한 성격으로 인해 A씨는 현재 영업 업무를 맡아 자신에게 어려운 대인관계로 인해 스트레스를 받고 있으며, B씨는 재고 관리 업무에 대해 재고 기록을 누락시키는 등의 실수를 반복하고 있다.

① 조직 구조를 이해시켜야 한다.
② 의견의 불일치를 해결해야 한다.
③ 개인의 강점을 활용해야 한다.
④ 주관적인 결정을 내려야 한다.
⑤ 팀의 풍토를 발전시켜야 한다.

※ 다음 글을 읽고 이어지는 질문에 답하시오. [68~70]

나는 S산업에 입사한 지 석 달 정도 된 신입사원 A이다. 우리 팀에는 타 팀원들과 교류가 거의 없는 선임이 한 명 있다. 다른 상사나 주변 동료들이 그 선임에 대해 주로 좋지 않은 이야기들을 많이 한다. 나는 그냥 그런 사람인가보다 하고는 특별히 그 선임과 가까워지려는 노력을 하지 않았다.
그러던 어느 날 그 선임과 함께 일을 할 기회가 생겼다. 사실 주변에서 들어온 이야기들 때문에 같이 일을 하는 것이 싫었지만 입사 석 달 차인 내가 그 일을 거절할 수는 없었다. 그런데 일을 하면서 대화를 나누게 된 선임은 내가 생각했던 사람과는 너무나 달랐다. 그 선임은 주어진 일도 정확하게 처리했고, 마감기한도 철저히 지켰다. 그리고 내가 어려워하는 듯한 모습을 보이면 무엇이 문제인지 지켜보다가 조용히 조언을 해주었다. 그 이후로 나는 그 선임에게 적극적으로 다가갔고 이전보다 훨씬 가까운 사이가 되었다.
오늘은 팀 전체 주간회의가 있었던 날이었다. 회의가 끝난 후 동료들 몇 명이 나를 불렀다. 그리고는 그 선임과 가깝게 지내지 않는 것이 좋을 것이라고 일러주며, 주변에서 나를 이상하게 보는 사람들이 생기기 시작했다는 말도 들려주었다. 내가 경험한 그 선임은 그렇게 나쁜 사람이 아니었는데, 주변 사람들은 내가 그 선임과 함께 어울리는 것을 바라지 않는 눈치였다. 나는 이런 상황이 한 개인의 문제로 끝나는 것이 아니라 우리 팀에도 그다지 좋지 않은 영향을 미칠 것이라는 생각이 들었다.

68 다음 중 윗글에서 신입사원 A가 선임과 가까워지게 된 핵심적인 계기는?

① 상대방에 대한 이해
② 사소한 일에 대한 관심
③ 진지한 사과
④ 언행일치
⑤ 칭찬하고 감사하는 마음

69 다음 중 윗글에서 신입사원 A가 지금의 상황이 팀의 효과성을 창출하는 데 좋지 않은 영향을 미칠 수 있다고 판단하게 된 근거는?

① 팀원들이 일의 결과에는 초점을 맞추지 않고 과정에만 초점을 맞추는 모습을 보였기 때문이다.
② 팀 내 규약이나 방침이 명확하지 않으며, 일의 프로세스도 조직화되어 있지 않기 때문이다.
③ 개방적으로 의사소통하거나 의견 불일치를 건설적으로 해결하려는 모습을 보이지 않기 때문이다.
④ 팀이 더 효과적으로 기능할 수 있도록 팀의 운영 방식을 점검하려는 모습을 보이지 않기 때문이다.
⑤ 팀의 리더의 역할이 부족한 상황에서 리더가 역량을 공유하고 구성원 상호 간 지원을 아끼지 않는 상황을 만들려고 하지 않기 때문이다.

70 다음 중 윗글과 같은 상황에서 팀워크를 개발하기 위해 가장 먼저 실행해볼 수 있는 팀워크 향상 방법은?

① 동료 피드백 장려하기
② 갈등을 해결하기
③ 창의력 조성을 위해 협력하기
④ 참여적으로 의사결정하기
⑤ 리더십 발휘하기

71 **다음은 자신의 소속 부서에 대한 최주임의 생각이다. 이를 바탕으로 멤버십 유형을 판단할 때 옳지 않은 것은?**

조직은 항상 나에게 규정을 준수할 것을 강조한다. 리더와 조직구성원 간의 인간관계에는 비인간적 풍토가 자리 잡고 있으며, 조직의 계획과 리더의 명령은 빈번하게 변경된다.

① 동료들은 최주임에 대하여 평범한 수완으로 업무를 수행한다고 평가할 것이다.
② 리더는 최주임에게 업무를 맡길 경우 감독이 필수적이라고 생각할 것이다.
③ 최주임은 조직의 운영방침에 매우 민감할 것이다.
④ 리더는 최주임이 자기 이익을 극대화하기 위한 흥정에 능하다고 볼 것이다.
⑤ 최주임은 다른 유형의 직원에 비해 균형적 시각에서 사건을 판단할 것이다.

72 **귀하는 S공사에서 고객 상담 업무를 담당하고 있다. 고객이 찾아와 화를 내며 불만을 말할 때, 귀하가 대응해야 할 방법으로 가장 적절한 것은?**

① 회사 규정을 말하며 변명을 한다.
② 고객의 불만을 먼저 들은 후에 사과를 한다.
③ 어떠한 비난도 하지 않고 문제를 해결한다.
④ 일단 당장 화를 가라앉히기 위해 터무니없는 약속을 해 둔다.
⑤ 내 잘못이 아니라는 것을 확인시켜 주고 문제를 해결한다.

73 다음은 기업의 사회적 책임에 대한 자료이다. 빈칸 (A) ~ (D)에 들어갈 말을 순서대로 바르게 나열한 것은?

〈기업의 사회적 책임〉

현대사회에서 기업이 지속적으로 유지·발전하기 위해서는 사회구성원과의 상생을 위한 기업의 노력이 필요하다. 기업의 사회적 책임이란 기업이 이윤 추구 활동 이외에 법령과 윤리를 준수하고, 기업 이해관계자의 요구에 적절히 대응함으로써 사회에 긍정적 영향을 미치는 책임 있는 활동을 의미한다. 이러한 기업의 사회적 책임에는 기본적으로 다음과 같은 4가지 책임이 따른다.

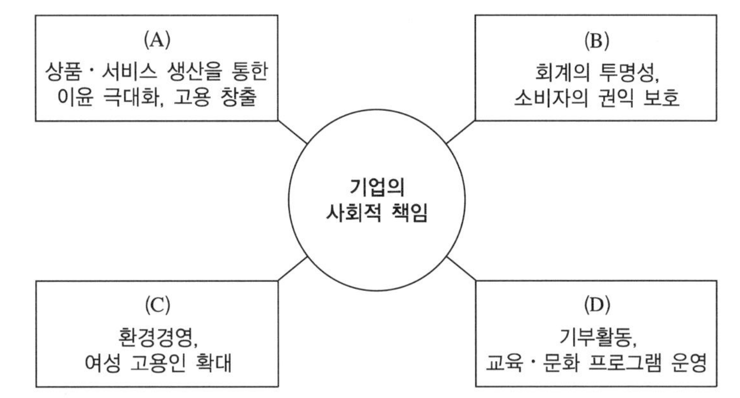

	(A)	(B)	(C)	(D)
①	경제적 책임	윤리적 책임	법적 책임	자선적 책임
②	경제적 책임	법적 책임	윤리적 책임	자선적 책임
③	자선적 책임	법적 책임	윤리적 책임	경제적 책임
④	자선적 책임	윤리적 책임	법적 책임	경제적 책임
⑤	법적 책임	자선적 책임	윤리적 책임	경제적 책임

※ 다음 글을 읽고 이어지는 질문에 답하시오. [74~75]

구매팀 김차장의 별명은 뱀장어이다. 스리슬쩍 빠져 나가는 데는 도가 텄기 때문이다. 그의 뻔뻔함을 보여주는 사례는 수도 없이 많았다. 업체별 세부 거래 조건이 저장되어 있는 파일은 매우 예민한 자료라 부서원들 개인 컴퓨터에 저장하는 것은 물론 프린트도 금지되어 있었다. 오직 팀장과 김차장 그리고 담당자인 최과장에게만 접근 권한이 있었는데, 어느 날 김차장이 파일을 잘못 저장해서 내용이 모두 삭제된 사건이 발생했다.
김차장은 팀원들 모두를 불러놓고는 "왜 니들은 그 중요한 파일을 따로 저장도 안 해놨냐?", "나처럼 컴퓨터를 잘 사용하지 못하는 사람도 안전하게 수정할 수 있게 설정을 잘 해놨어야지! 아니면 니들이 사전에 귀띔을 해줘야 하는 거 아니냐고!"라고 하면서 한 시간이 넘게 잔소리를 퍼부었다. 그걸로도 화가 안 풀렸는지 담당자인 최과장을 불러놓고는 일이 꼼꼼하지 못하네, 관리를 제대로 못하네, 담당자가 기술적 이해도가 떨어지네 등 잔소리가 30분 넘게 이어졌다.

74 다음 중 구매팀 김차장에게 필요한 것은?

① 책임 의식
② 준법 의식
③ 근면 의식
④ 직분 의식
⑤ 소명 의식

75 다음 중 구매팀 김차장에게 필요한 직장생활의 자세로 가장 적절한 것은?

① 나 자신의 일은 내 책임이지만, 나의 부서의 일은 내 책임이 아니라고 생각한다.
② 본인이 잘못을 저질렀을 때는 스스로 책임지려고 한다.
③ 나쁜 상황이 나에게 일어났을 때, '왜 이런 일이 나에게 일어났어?'라고 생각한다.
④ 미리 계획하여 책임질 수 있는 범위의 일을 맡는다.
⑤ 자신이 세운 목표를 달성하기 위해 부지런한 생활을 유지한다.

76 **다음 중 직장 내에서 스마트폰 사용에 대한 유의사항으로 적절하지 않은 것은?**

① 사무실에서 벨소리, 메시지와 같은 알림 기능은 무음으로 설정하는 것이 좋다.
② 중요한 대화일 경우 문자보다는 음성 통화를 이용하도록 한다.
③ SNS 사용은 휴식시간에 이용하도록 한다.
④ 타인과 면전에서 대화할 경우 스마트폰 사용을 자제한다.
⑤ 외근으로 인해 운전할 때 스마트폰은 한 손으로 조심히 사용한다.

77 **최근 직장에서는 성희롱과 같은 문제가 이슈화되고 있다. 다음 중 성 예절을 지키기 위한 자세로 적절하지 않은 것은?**

① 성희롱 문제는 개인적인 일이기 때문에 당사자들끼리 해결해야 한다.
② 직장 내에서 여성이 남성과 동등한 지위를 보장받기 위해서 그만한 책임과 역할을 다해야 하며, 조직은 그에 상응하는 여건을 조성해야 한다.
③ 우리 사회에는 뿌리 깊은 남성 위주의 가부장적 문화와 성역할에 대한 과거의 잘못된 인식이 아직도 남아 있기 때문에 남녀 공존의 직장문화를 정착하는 데 남다른 노력을 기울여야 한다.
④ 실정법을 준수하여 회사의 명예와 본인의 품위를 지켜야 하며, 사회적 또는 윤리적으로 비난받을 행위를 하지 않아야 한다.
⑤ 여성의 직업참가율이 비약적으로 높아졌기 때문에 남성이 대등한 동반자 관계로 동등한 역할과 능력 발휘를 한다는 인식을 가질 필요가 있다.

78 **다음 중 전화응대의 기본예절로 적절하지 않은 것은?**

① 인사나 필요한 농담이라도 길어지지 않도록 한다.
② 상대가 누구이건 차별하지 말고 높임말을 쓰도록 한다.
③ 업무에 방해되지 않도록 출근 직후나 퇴근 직전에 전화한다.
④ 상대가 이해하지 못할 전문용어나 틀리기 쉬운 단어는 사용하지 않는다.
⑤ 전화하기 전 상대의 전화번호, 소속, 성명 등을 다시 한번 확인한다.

※ 다음 글을 읽고 이어지는 질문에 답하시오. [79~80]

S회사 A과장은 성격이 활달하고 사교적이다. 회사 일뿐만 아니라 사회 활동에도 무척 적극적이다. 그래서 가끔 지인들이 회사 앞으로 찾아오곤 하는데, 이때 A과장은 인근 식당에서 지인들에게 식사를 대접하며 본인 이름으로 결제를 하고는 했다.
그러던 어느 날 A과장은 경영지원팀 C팀장에게 한 가지 지적을 받게 되었다. 회사 인근 식당에서 지나치게 많은 식대가 A과장 이름으로 결제가 되었는데, 도대체 회사 직원 몇 명과 같이 저녁 식사를 했기에 그렇게 많은 비용이 나왔냐는 것이었다. A과장은 본부원 30명에 가까운 인원이 그날 야근을 해서 식대가 많이 나온 거라며 거짓으로 둘러댔다.
그리고 얼마 후 회사 감사팀에서 출퇴근 명부와 식대를 비교해 보니 A과장의 말이 거짓임이 밝혀졌다. A과장은 징계를 면할 수 없었고, 결국 견책의 징계를 받게 되었다.

79 다음 중 징계를 피하기 위해 A과장에게 요구됐던 태도로 가장 적절한 것은?

① 매사에 심사숙고하려는 태도
② 늘 정직하게 임하려는 태도
③ 단호하게 의사결정을 내리는 태도
④ 공사 구분을 명확히 하는 태도
⑤ 항상 최선을 다하는 태도

80 A과장에게 요구됐던 규범 중 정직에 대한 설명으로 적절하지 않은 것은?

① 사람은 혼자서는 살아갈 수 없으므로, 다른 사람과의 신뢰가 필요하다.
② 정직한 것은 성공을 이루게 되는 기본 조건이 된다.
③ 말이나 행동이 사실과 부합된다는 신뢰가 없어도 사회생활을 하는 데 별로 지장이 없다.
④ 신뢰를 형성하기 위해 필요한 규범이 정직이다.
⑤ 바른 사회생활은 정직에 기반을 둔 신뢰가 있어야 한다.

제2회
서울교통공사
9호선 운영부문 고객안전직
NCS
직업기초능력평가

www.sdedu.co.kr

〈문항 및 시험시간〉

평가영역	문항 수	시험시간	모바일 OMR 답안분석
의사소통능력+수리능력+문제해결능력+조직이해능력+정보능력+자원관리능력+기술능력+자기개발능력+대인관계능력+직업윤리	80문항	90분	

서울교통공사 9호선 운영부문 고객안전직 필기시험

제2회 모의고사

문항 수 : 80문항
시험시간 : 90분

01 다음 글의 내용으로 가장 적절한 것은?

> 미국 대통령 후보 선거제도 중 '코커스'는 정당 조직의 가장 하위 단위인 기초선거구의 당원들이 모여 상위의 전당대회에 참석할 대의원을 선출하는 당원회의이다. 대의원 후보들은 자신이 대통령 후보로 누구를 지지하는지 먼저 밝힌다. 상위 전당대회에 참석할 대의원들은 각 대통령 후보에 대한 당원들의 지지율에 비례해서 선출된다. 코커스에서 선출된 대의원들은 카운티 전당대회에서 투표권을 행사하여 다시 다음 수준인 의회선거구 전당대회에 보낼 대의원들을 선출한다. 여기서도 비슷한 과정을 거쳐 주(州) 전당대회 대의원들을 선출해내고, 거기서 다시 마지막 단계인 전국 전당대회 대의원들을 선출한다. 주에 따라 의회선거구 전당대회는 건너뛰기도 한다.
>
> 1971년까지는 선거법에 따라 민주당과 공화당 모두 5월 둘째 월요일까지 코커스를 개최해야 했다. 그런데 민주당 전국위원회가 1972년부터는 대선후보 선출을 위한 전국 전당대회를 7월 말에 개최하도록 결정하면서 1972년 아이오와주 민주당의 코커스는 그 해 1월에 열렸다. 아이오와주 민주당 규칙에 코커스, 카운티 전당대회, 의회선거구 전당대회, 주 전당대회, 전국 전당대회 순서로 진행되는 각급 선거 간에 최소 30일의 시간적 간격을 두어야 한다는 규정이 있었기 때문이다. 이후 아이오와주에서 공화당이 1976년부터 코커스 개최 시기를 1월로 옮기면서, 아이오와주는 미국의 대선후보 선출 과정에서 민주당과 공화당 모두 가장 먼저 코커스를 실시하는 주가 되었다.
>
> 아이오와주의 선거 운영 방식은 민주당과 공화당 간에 차이가 있었다. 공화당의 경우 코커스를 포함한 하위 전당대회에서 특정 대선후보를 지지하여 당선된 대의원이 상위 전당대회에서 반드시 같은 후보를 지지해야 하는 것은 아니었다. 반면, 민주당의 경우 그러한 구속력을 부여하였다. 그러나 2016년부터 공화당 역시 상위 전당대회에 참여하는 대의원에게 같은 구속력을 부여함으로써 기층 당원의 대통령 후보에 대한 지지도가 전국 전당대회에 참여할 주(州) 대의원 선출에 반영되도록 했다.

① 주 전당대회에 참석할 대의원은 모두 의회선거구 전당대회에서 선출되었다.
② 1971년까지 아이오와주보다 이른 시기에 코커스를 실시하는 주는 없었다.
③ 1972년 아이오와주 민주당의 주 전당대회 선거는 같은 해 2월 중에 실시되었다.
④ 1972년 아이오와주에서 민주당 코커스와 공화당 코커스는 같은 달에 실시되었다.
⑤ 1976년 아이오와주 공화당 코커스에서 특정 후보를 지지한 대의원은 카운티 전당대회에서 다른 후보를 지지할 수 있었다.

02 다음 문단을 논리적 순서대로 바르게 나열한 것은?

(가) 개별 서비스를 살펴보면, 112센터 긴급영상 지원은 납치·강도·폭행 등 112센터에 신고 접수 시 도시통합운영센터에서 해당 위치의 CCTV 영상을 현장 경찰관에게 실시간 제공하여 현장 대응을 지원하는 서비스다. 112센터 긴급출동 지원은 도시통합운영센터에서 경찰관에게 현장 사진 및 범인 도주경로 등에 대한 정보를 제공하여 현장 도착 전 사전 정보 취득 및 신속한 현장 조치를 가능케 하는 서비스이다. 119센터 긴급출동 지원은 화재·구조·구급 등 상황발생 시 소방관들이 현장에 대한 실시간 영상, 소방차량 진입 관련 교통정보 등을 제공받아 골든타임 확보를 가능케 하는 서비스이다.

(나) 특히, 오산시는 안전 마을 가꾸기, 안전한 어린이 등하굣길 조성 등 시민안전 제고를 위한 다양한 정책을 추진 중이며, 이번 '5대 안전서비스 제공을 통한 스마트도시 시민안전망 구축'으로 시민이 마음 놓고 살 수 있는 안전한 도시 조성에 앞장서고 있다. S공사가 오산시에 구축예정인 시민안전망 서비스는 112센터 긴급영상 지원, 112센터 긴급출동 지원, 119센터 긴급출동 지원, 사회적 약자 지원 및 재난안전상황 긴급대응 지원 총 5가지 서비스로 구성된다.

(다) S공사는 지난해 7월 20일 국토부 주관으로 국토부 및 지자체 등 6개 기관과 사회적 약자의 긴급 구호를 위해 필요한 정보시스템 구축에 대해 상호 협력을 위한 업무협약을 체결했다. 업무협약의 후속조치로 작년 11월 오산시, 화성동부경찰서, 오산소방서 및 SK텔레콤(주)과 별도의 업무협약을 체결하여 시민안전망 도입을 추진해왔다.

(라) S공사는 오산세교2지구 스마트도시 정보통신 인프라 구축 설계용역을 통해 5대 안전서비스 시민안전망 구축을 위한 설계를 완료하고 스마트시티 통합플랫폼 입찰을 시행하고 있다. 시민안전망 구축을 통해 도시통합운영센터 및 유관기관에 스마트도시 통합플랫폼 등 관련 인프라를 설치하고, 오산시, 112, 119 등 유관기관과의 연계를 통해 시민안전망 서비스 인프라 기반을 마련할 예정이다. S공사 스마트도시개발처장은 "시범사업 결과분석 및 피드백을 통한 제도 개선, 지자체와의 상호협의를 통해 향후 S공사가 추진하는 스마트도시를 대상으로 5대 안전서비스 시민안전망 구축을 계속 확대하겠다."고 말했다.

(마) 사회적 약자 지원은 아동·여성·치매환자 등 위급상황 발생 시 도시통합운영센터에서 통신사로부터 위치정보 등을 제공받아 해당 현장 주변 CCTV 영상을 경찰서·소방서에 제공하여 대응케 하는 서비스다. 재난안전상황 긴급대응 지원은 국가 대형 재난·재해 발생 시 도시통합운영센터에서 재난상황실에 실시간 현장 CCTV 영상 등을 제공하여 신속한 상황 파악, 상황 전파 및 피해복구에 대응하는 서비스이다.

① (가) – (마) – (라) – (다) – (나)
② (나) – (다) – (가) – (마) – (라)
③ (나) – (라) – (가) – (다) – (마)
④ (다) – (나) – (가) – (마) – (라)
⑤ (다) – (나) – (마) – (라) – (가)

03 S부장은 신입사원을 대상으로 OJT를 진행하고 있다. 이번 주에는 문서 종류에 따른 작성법에 대해 교육하려고 자료를 준비하였다. 다음 중 수정해야 할 내용으로 옳은 것은?

구분	작성법
공문서	• 회사 외부로 전달되는 문서이기 때문에 누가, 언제, 어디서, 무엇을, 어떻게(혹은 왜)가 드러나도록 작성함 • 날짜는 연도와 월일을 반드시 함께 기입함 • 한 장에 담아내는 것이 원칙임 … ① • 마지막엔 반드시 '끝.'자로 마무리함 • 내용이 복잡할 경우 '–다음–' 또는 '–아래–'와 같은 항목을 만들어 구분함 • 장기간 보관되므로 정확하게 기술함
설명서	• 명령문보다 평서문으로 작성함 • 상품이나 제품에 대해 설명하는 글이므로 정확하게 기술함 • 정확한 내용 전달을 위해 간결하게 작성함 … ② • 전문용어는 이해하기 어렵기 때문에 가급적 사용하지 않음 … ③ • 복잡한 내용은 도표를 통해 시각화함 • 동일한 문장 반복을 피하고 다양한 표현을 이용함 … ④
기획서	• 기획서의 목적을 달성할 수 있는 핵심 사항이 정확하게 기입되었는지 확인함 • 상대가 채택하게끔 설득력을 갖춰야 하므로, 상대가 요구하는 것이 무엇인지 고려하여 작성함 • 내용이 한눈에 파악되도록 체계적으로 목차를 구성함 • 핵심 내용의 표현에 신경을 써야 함 • 효과적인 내용 전달을 위해 내용에 적합한 표나 그래프를 활용하여 시각화함 • 충분히 검토를 한 후 제출함 • 인용한 자료의 출처가 정확한지 확인함
보고서	• 업무 진행 과정에서 쓰는 보고서인 경우, 진행 과정에 대한 핵심 내용을 구체적으로 제시함 • 내용의 중복을 피하고, 핵심 사항만을 산뜻하고 간결하게 작성함 • 복잡한 내용일 때는 도표나 그림을 활용함 • 개인의 능력을 평가하는 기본 요소이므로 제출하기 전에 반드시 최종 점검함 • 참고자료는 정확하게 제시함 • 마지막엔 반드시 '끝.'자로 마무리함 … ⑤ • 내용에 대한 예상 질문을 사전에 추출해 보고 그에 대한 답을 미리 준비함

04 다음 중 밑줄 친 ㉠의 내용을 약화하는 진술로 가장 적절한 것은?

> 침팬지, 오랑우탄, 피그미 침팬지 등 유인원도 자신이 다른 개체의 입장이 됐을 때 어떤 생각을 할지 미루어 짐작해 보는 능력이 있다는 연구 결과가 나왔다. 그동안 다른 개체의 입장에서 생각을 미루어 짐작해 보는 능력은 사람에게만 있는 것으로 여겨져 왔다. 연구팀은 오랑우탄 40마리에게 심리테스트를 위해 제작한 영상을 보여 주었다. 그들은 '시선 추적기'라는 특수 장치를 이용하여 오랑우탄들의 시선이 어디를 주목하는지 조사하였다. 영상에는 유인원의 의상을 입은 두 사람 A와 B가 싸우는 장면이 보인다. A와 싸우던 B가 건초더미 뒤로 도망친다. 화가 난 A가 문으로 나가자 B는 이 틈을 이용해 옆에 있는 상자 뒤에 숨는다. 연구팀은 몽둥이를 든 A가 다시 등장하는 장면에서 피험자 오랑우탄들의 시선이 어디로 향하는지를 분석하였다. 이 장면에서 오랑우탄 40마리 중 20마리는 건초더미 쪽을 주목했다. B가 숨은 상자를 주목한 오랑우탄은 10마리였다. 이 결과를 토대로 연구팀은 피험자 오랑우탄 20마리는 B가 상자 뒤에 숨었다는 사실을 모르는 A의 입장이 되어 건초더미를 주목했다는 ㉠ <u>해석</u>을 제시하였다. 이 실험으로 오랑우탄에게도 다른 개체의 생각을 미루어 짐작하는 능력이 있는 것으로 볼 수 있으며, 이러한 점은 사람과 유인원의 심리 진화 과정을 밝히는 실마리가 될 것으로 보인다.

① 상자를 주목한 오랑우탄들은 A보다 B와 외모가 유사한 개체들임이 밝혀졌다.
② 사람 40명을 피험자로 삼아 같은 실험을 하였더니 A의 등장 장면에서 30명이 건초더미를 주목하였다.
③ 새로운 오랑우탄 40마리를 피험자로 삼고 같은 실험을 하였더니 A의 등장 장면에서 21마리가 건초더미를 주목하였다.
④ 오랑우탄 20마리는 단지 건초더미가 상자보다 자신들에게 가까운 곳에 있었기 때문에 건초더미를 주목한 것임이 밝혀졌다.
⑤ 건초더미와 상자 중 어느 쪽도 주목하지 않은 나머지 오랑우탄 10마리는 영상 속의 유인원이 가짜라는 것을 알고 있었다.

※ 다음 글을 읽고 이어지는 질문에 답하시오. [5~6]

카셰어링이란 차를 빌려 쓰는 방법의 하나로, 기존의 방식과는 다르게 시간 또는 분 단위로 필요한 만큼만 자동차를 빌려 사용할 수 있다. 이러한 카셰어링은 비용 절감 효과와 더불어 환경적·사회적 측면에서 현재 세계적으로 주목받고 있는 사업 모델이다. 호주 멜버른시의 조사 자료에 따르면, 카셰어링 차 한 대당 도로상의 개인 소유 차량 9대를 줄이는 효과가 있으며, 실제 카셰어링을 이용하는 사람은 해당 서비스 가입 이후 자동차 사용을 50%까지 줄였다고 한다. 또한 자동차 이용량이 줄어들면 주차 문제를 해결할 수 있으며, 카셰어링 업체에서 제공하는 친환경 차량을 통해 온실가스의 배출을 감소시키는 효과도 기대할 수 있다. 호주 카셰어링 업체 차량의 60% 정도는 경차 또는 하이브리드 차량인 것으로 조사되었다.
호주의 카셰어링 시장규모는 8,360만 호주 달러로, 지난 5년간 연평균 21.7%의 급격한 성장률을 보이고 있다. 전문가들은 호주의 카셰어링 시장이 앞으로도 가파르게 성장해 5년 후에는 현재보다 약 2.5배 증가한 2억 1,920만 호주 달러에 이를 것이며, 이용자 수도 10년 안에 150만 명까지 폭발적으로 늘어날 것이라고 예측하고 있다.
이처럼 호주에서 카셰어링 서비스가 많은 회원을 확보하며 급격한 성장세를 나타내는 데는 비용 측면의 이유가 가장 크다고 볼 수 있다. 호주에서 차량을 소유할 경우 주유비, 서비스비, 보험료, 주차비 등의 부담이 크기 때문이다. 발표 자료에 의하면 차량 2대를 소유한 가족이 구매 금액을 비롯하여 차량 유지비에 쓰는 비용만 연간 12,000호주 달러에서 18,000호주 달러에 이른다고 한다. 호주 자동차 산업에서 경제적·환경적·사회적인 변화에 따라 호주 카셰어링 시장이 폭발적인 성장세를 보이는 것에 주목할 필요가 있다. 전문가들은 카셰어링으로 인해 자동차 산업에 나타나는 변화의 정도를 '위험한 속도'로까지 비유하기도 한다. 카셰어링 차량의 주차공간을 마련하기 위해서 정부의 역할이 매우 중요한 만큼 호주는 정부 차원에서도 카셰어링 서비스를 지원하는 데 적극적으로 움직이고 있다. 호주는 카셰어링 서비스가 발달한 미국, 캐나다, 유럽 대도시에 비하면 아직 뒤처져 있지만, 성장 가능성이 높아 국내기업에서도 차별화된 서비스와 플랫폼을 개발한다면 진출을 시도해 볼 수 있다.

05 다음 중 윗글의 제목으로 가장 적절한 것은?

① 호주의 카셰어링 성장 배경과 전망
② 호주 카셰어링 서비스의 장·단점
③ 카셰어링 사업의 세계적 성장 가능성
④ 카셰어링 사업의 성공을 위한 호주 정부의 노력
⑤ 호주에서 카셰어링 서비스가 성공하기 어려운 이유

06 다음 중 윗글의 내용으로 적절하지 않은 것은?

① 호주에서 카셰어링 서비스를 이용하는 사람의 경우 가입 이후 자동차 사용률이 50% 감소하였다.
② 호주의 카셰어링 업체가 소유한 차량의 약 60%는 경차 또는 하이브리드 자동차이다.
③ 호주의 카셰어링 시장은 지난 5년간 급격하게 성장하여 현재 8,360만 호주 달러의 규모를 이루고 있다.
④ 호주의 한 가족이 1년간 카셰어링 서비스를 이용할 경우 최대 18,000호주 달러가 사용된다.
⑤ 미국, 캐나다, 유럽 대도시에는 이미 카셰어링 서비스가 발달해 있다.

07 다음 글의 서술상 특징으로 가장 적절한 것은?

현대의 도시에서는 정말 다양한 형태를 가진 건축물들을 볼 수 있다. 형태뿐만 아니라 건물 외벽에 주로 사용된 소재 또한 유리나 콘크리트 등 다양하다. 이렇듯 현대에는 몇 가지로 규정하는 것이 아예 불가능할 만큼 다양한 건축양식이 존재한다. 그러나 다양하고 복잡한 현대의 건축양식에 비해 고대의 건축양식은 매우 제한적이었다.
그리스 시기에는 주주식, 주열식, 원형식 신전을 중심으로 몇 가지의 공통된 건축양식을 보인다. 이러한 신전 중심의 그리스 건축양식은 시기가 지나면서 다른 건축물에 영향을 주었다. 신전에만 쓰이던 건축양식이 점차 다른 건물들의 건축에도 사용이 되며 확대되었던 것이다. 대표적으로 그리스 연못은 신전에 쓰이던 기둥의 양식들을 바탕으로 회랑을 구성하기도 하였다.
헬레니즘 시기를 맞이하면서 건축양식을 포함하여 예술 분야가 더욱 발전하며 고대 그리스 시기에 비해 다양한 건축양식이 생겨났다. 뿐만 아니라 건축 기술이 발달하면서 조금 더 다양한 형태의 건축이 가능해졌다. 다층구조나 창문이 있는 벽을 포함한 건축양식 등 필요에 따라 실용적이고 실측적인 건축양식이 나오기 시작한 것이다. 또한 연극의 유행으로 극장이나 무대 등의 건축양식도 등장하기 시작하였다.
로마 시대에 이르러서는 원형 경기장이나 온천, 목욕탕 등 특수한 목적을 가진 건축물들에도 아름다운 건축양식이 적용되었다. 현재에도 많은 사람들이 관광지로서 찾을 만큼, 로마시민들의 위락시설들에는 다양하고 아름다운 건축양식들이 적용되었다.

① 역사적 순서대로 주제의 변천에 대해서 서술하고 있다.
② 전문가의 말을 인용하여 신뢰도를 높이고 있다.
③ 비유적인 표현 방법을 사용하여 문학적인 느낌을 주고 있다.
④ 현대에서 찾을 수 있는 건축물의 예시를 들어 독자의 이해를 돕고 있다.
⑤ 시대별 건축양식의 장단점을 분석하고 있다.

08 다음은 문제중심학습(PBL)에 대한 글이다. 제시된 문단에 이어질 내용을 논리적 순서대로 바르게 나열한 것은?

> 개인의 일상생활은 물론 사회생활에서도 의사소통능력은 매우 중요하지만, 과거에는 이러한 중요성에도 불구하고 의사소통능력에 대해 단순 암기 위주의 수업으로 진행해 왔다.

> ㉠ 이러한 문제중심학습(PBL)은 학생들로 하여금 학습에 더 능동적이게 참여하도록 할 뿐만 아니라 자기주도적으로 문제를 해결할 수 있는 문제해결능력도 기를 수 있도록 돕는다.
> ㉡ 따라서 의사소통능력에 관한 지식은 교수자가 단순히 기존에 확립되어 있는 지식을 학습자들에게 이해시키는 강의 교수법이 아니라, 실제 현장에서 일어나는 사례를 예로 들어 실제 현장에서 학습자들이 적용할 수 있는 문제중심학습이 더 적절할 것이다.
> ㉢ 하지만 의사소통은 단순히 암기 위주로 배울 수 있는 특정한 장소와 시간에 관한 단편적인 지식이 아니다. 의사소통은 본래 실제 상황에서 발생하는 현상을 잘 관찰하고 이해를 해야만 얻을 수 있는 고차원적인 지식이기 때문이다.
> ㉣ 단, 이때 교수자는 학생들이 다양한 문제해결능력을 기를 수 있도록 자신의 생각이나 행동들을 객관적 기준으로 생각하지 않게 하는 것이 중요하다.

① ㉠ – ㉡ – ㉢ – ㉣
② ㉠ – ㉣ – ㉢ – ㉡
③ ㉡ – ㉢ – ㉠ – ㉣
④ ㉢ – ㉠ – ㉣ – ㉡
⑤ ㉢ – ㉡ – ㉠ – ㉣

※ S사 인사팀에 근무하고 있는 E대리는 다른 부서의 D대리와 B과장의 승진심사를 위해 다음 표를 작성하였다. 이어지는 질문에 답하시오. **[9~10]**

〈승진심사 점수〉

(단위 : 점)

구분	기획력	업무실적	조직 성과업적	청렴도	승진심사 평점
B과장	80	72	78	70	
D대리	60	70	48		63.6

※ 승진심사 평점은 기획력 30%, 업무실적 30%, 조직 성과업적 25%, 청렴도 15%로 계산한다.
※ 부문별 만점 기준점수는 100점이다.

09 다음 중 D대리의 청렴도 점수로 옳은 것은?

① 80점
② 81점
③ 82점
④ 83점
⑤ 84점

10 S사에서 과장이 승진후보에 오르기 위해서는 승진심사 평점이 80점 이상이어야 한다. B과장이 승진후보가 되려면 몇 점이 더 필요한가?

① 4.2점
② 4.4점
③ 4.6점
④ 4.8점
⑤ 5.0점

※ 다음은 S개발공사의 직원 평균보수 현황이다. 이어지는 질문에 답하시오. **[11~12]**

〈직원 평균보수 현황〉

(단위 : 천 원, 명, 월)

구분	2018년 결산	2019년 결산	2020년 결산	2021년 결산	2022년 결산	2023년 결산
월 급여(A+B+C+D+E+F)	71,740	74,182	73,499	70,575	71,386	69,663
기본급(A)	53,197	53,694	53,881	53,006	53,596	53,603
고정수당(B)	859	824	760	696	776	789
실적수당(C)	6,620	7,575	7,216	5,777	5,712	6,459
급여성 복리후생비(D)	866	963	967	1,094	1,118	1,291
경영평과 성과급(E)	1,508	1,828	1,638	1,462	1,566	0
기타 성과상여금(F)	8,690	9,298	9,037	8,540	8,618	7,521
1인당 평균 보수액	70,232	72,354	71,861	69,113	69,821	69,665
(남성)	0	0	79,351	76,332	77,142	69,665
(여성)	0	0	56,802	55,671	57,250	69,665
상시 종업원 수	505.66	500.13	522.06	554.40	560.92	580.00
(남성)	0	0	348.66	360.67	354.49	367.00
(여성)	0	0	173.40	193.73	206.43	213.00
평균근속연수	205.32	202.68	196.08	191.76	189.95	188.80
(남성)	0	0	220.68	221.64	224.72	230.67
(여성)	0	0	135.72	139.32	132.55	143.32

※ 경영평가 성과급의 경우 당해 연도 예산은 경영평가 결과 미확정으로 0으로 기재한다.
※ 현재는 2024년이다.

11 다음 중 자료에 대한 설명으로 옳은 것은?

① 5천만 원이 넘는 기본급이 2018년 이후 지속적으로 증가하고 있다.
② 1인당 평균 보수액은 남성 직원이 여성 직원보다 매년 많다.
③ 기본급의 1.5배를 뛰어넘는 1인당 평균 보수액이 2018년 이후 지속적으로 증가하고 있다.
④ 상시 종업원 수가 2018년 이후 지속적으로 늘고 있으며, 여성 직원의 비율은 아직까지 32%대에 머물고 있다.
⑤ 평균근속연수가 2018년 이후 지속적으로 감소하고 있으며, 남성 직원이 여성 직원보다 재직기간이 긴 편이다.

12 월 급여에서 A ~ F 각 항목이 각각 차지하는 구성비를 나타내는 차트를 작성하려고 한다. 활용하기에 가장 적절한 그래프의 형태는 무엇인가?

① 점 그래프
② 방사형 그래프
③ 원 그래프
④ 막대 그래프
⑤ 선 그래프

13 다음은 수도권 지역의 기상실황표이다. 이에 대한 설명으로 옳지 않은 것은?

〈기상실황표〉

구분	시정 (km)	현재기온 (℃)	이슬점 온도 (℃)	불쾌지수	습도 (%)	풍향	풍속 (m/s)	기압 (hPa)
서울	6.9	23.4	14.6	70	58	동	1.8	1012.7
백령도	0.4	16.1	15.2	61	95	동남동	4.4	1012.6
인천	10	21.3	15.3	68	69	서남서	3.8	1012.9
수원	7.7	23.8	16.8	72	65	남서	1.8	1012.9
동두천	10.1	23.6	14.5	71	57	남남서	1.5	1012.6
파주	20	20.9	14.7	68	68	남남서	1.5	1013.1
강화	4.2	20.7	14.8	67	67	남동	1.7	1013.3
양평	6.6	22.7	14.5	70	60	동남동	1.4	1013
이천	8.4	23.7	13.8	70	54	동북동	1.4	1012.8

① 시정이 가장 좋은 곳은 파주이다.
② 이슬점 온도가 가장 높은 지역은 불쾌지수 또한 가장 높다.
③ 불쾌지수가 70을 초과한 지역은 2곳이다.
④ 현재기온이 가장 높은 지역은 이슬점 온도와 습도 또한 가장 높다.
⑤ 시정이 가장 좋지 않은 지역은 풍속이 가장 강하다.

14 S기업은 B복사기 업체에서 복사지를 구입하고 있다. S기업은 복사지 20,000장을 구매하면 10개월 동안 사용하고, B복사기 업체는 복사지 16,000장을 사용한 후에 미리 연락을 달라고 하였다. 현재 S기업이 지난 10개월보다 두 배의 복사지를 사용해야 할 때, 지금부터 몇 개월 후에 연락해야 하는가?(단, 매달 사용하는 복사지 수는 같다)

① 2개월
② 3개월
③ 4개월
④ 5개월
⑤ 6개월

15 다음은 S기업의 재화 생산량에 따른 총 생산비용의 변화를 나타낸 자료이다. 〈보기〉 중 기업의 생산 활동에 대한 설명으로 옳은 것을 모두 고르면?(단, 재화 1개당 가격은 7만 원이다)

생산량(개)	0	1	2	3	4	5
총 생산비용(만 원)	5	9	12	17	24	33

〈보기〉

ㄱ. 2개와 5개를 생산할 때의 이윤은 동일하다.
ㄴ. 이윤을 극대화하면서 가능한 최대 생산량은 4개이다.
ㄷ. 4개에서 5개로 생산량을 증가시킬 때 이윤은 증가한다.
ㄹ. 1개를 생산하는 것보다 생산을 하지 않는 것이 손해가 적다.

① ㄱ, ㄴ
② ㄱ, ㄷ
③ ㄴ, ㄷ
④ ㄴ, ㄹ
⑤ ㄷ, ㄹ

16 다음은 A국과 B국의 축구 대결을 앞두고 양국의 골키퍼, 수비(중앙 수비, 측면 수비), 미드필드, 공격(중앙 공격, 측면 공격) 능력을 영역별로 평가한 결과이다. 이에 대한 설명으로 옳지 않은 것은?(단, 원 중심에서 멀어질수록 점수가 높아진다)

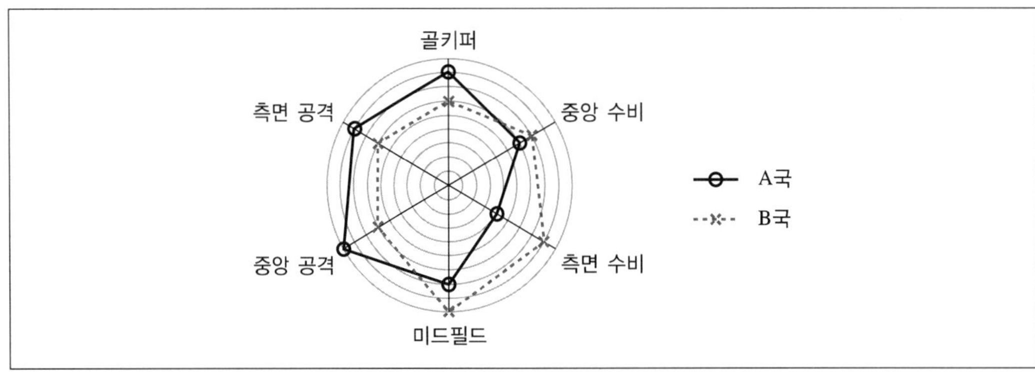

① A국은 공격보다 수비에 약점이 있다.
② B국은 미드필드보다 공격에서의 능력이 뛰어나다.
③ A국과 B국은 측면 수비 능력에서 가장 큰 차이가 난다.
④ A국과 B국 사이에 가장 작은 차이를 보이는 영역은 중앙 수비이다.
⑤ 골키퍼의 역량이 보다 뛰어난 국가는 A국이다.

17 S공사에 대한 SWOT 분석 결과가 다음과 같을 때, 〈보기〉 중 SWOT 분석 내용으로 옳은 것을 모두 고르면?

〈SWOT 분석 결과〉

구분	분석 결과
강점(Strength)	• 해외 가스공급기관 대비 높은 LNG 구매력 • 세계적으로 우수한 배관 인프라
약점(Weakness)	• 타 연료 대비 높은 단가
기회(Opportunity)	• 북아시아 가스관 사업 추진 논의 지속 • 수소 자원 개발 고도화 추진중
위협(Threat)	• 천연가스에 대한 수요 감소 추세 • 원전 재가동 확대 전망에 따른 에너지 점유율 감소 가능성

〈보기〉

ㄱ. 해외 기관 대비 LNG 확보가 용이하다는 점을 근거로 북아시아 가스관 사업 추진 시 우수한 효율을 이용하는 것은 SO전략에 해당한다.

ㄴ. 지속적으로 감소할 것으로 전망되는 천연가스 수요를 북아시아 가스관 사업을 통해 확보하는 것은 ST전략에 해당한다.

ㄷ. 수소 자원 개발을 고도화하여 다른 연료 대비 상대적으로 높았던 공급단가를 낮추려는 R&D 사업 추진은 WO전략에 해당한다.

ㄹ. 높은 LNG 확보 능력을 이용해 상대적으로 높은 가스 공급단가가 더욱 상승하는 것을 방지하는 것은 WT전략에 해당한다.

① ㄱ, ㄴ
② ㄱ, ㄷ
③ ㄴ, ㄷ
④ ㄴ, ㄹ
⑤ ㄷ, ㄹ

18 S공사는 직원 20명에게 나눠 줄 설 선물 품목을 조사하였다. 다음은 유통업체별 품목 가격과 직원들의 품목 선호도를 나타낸 자료이다. 〈조건〉을 토대로 S공사에서 구매하는 물품과 업체를 바르게 연결한 것은?

〈업체별 품목 금액〉

구분		1세트당 가격	혜택
A업체	돼지고기	37,000원	10세트 이상 주문 시 배송 무료
	건어물	25,000원	
B업체	소고기	62,000원	20세트 주문 시 10% 할인
	참치	31,000원	
C업체	스팸	47,000원	50만 원 이상 주문 시 배송 무료
	김	15,000원	

〈구성원 품목 선호도〉

순위	품목	순위	품목
1	소고기	2	참치
3	돼지고기	4	스팸
5	건어물	6	김

〈조건〉

- 1 ~ 3순위 품목에서 배송비를 제외한 총금액이 80만 원 이하인 품목을 택한다(할인 혜택 적용 가격).
- 모든 업체의 배송비는 1세트당 2,000원이다.
- 차순위 상품의 총금액이 30만 원 이상 저렴할 경우 차순위로 준비한다.
- 선택된 품목의 배송비를 제외한 총금액이 50만 원 미만일 경우 6순위 품목과 함께 준비한다.

① 업체 – B / 상품 – 참치
② 업체 – C / 상품 – 스팸, 김
③ 업체 – B, C / 상품 – 참치, 김
④ 업체 – A, C / 상품 – 돼지고기, 김
⑤ 업체 – A, B / 상품 – 건어물, 소고기

19 다음은 A와 B의 시계조립 작업지시서이다. 〈조건〉에 따라 작업할 때, B의 최종 완성 시간과 유휴 시간은 각각 얼마인가?(단, 이동 시간은 고려하지 않는다)

〈작업지시서〉

각 공작 기계 및 소요 시간

1. 앞면 가공용 A공작 기계 : 20분
2. 뒷면 가공용 B공작 기계 : 15분
3. 조립 : 5분

공작 순서

시계는 각 1대씩 만들며 A는 앞면부터 가공하여 뒷면 가공 후 조립하고, B는 뒷면부터 가공하여 앞면 가공 후 조립하기로 하였다.

〈조건〉

- A, B공작 기계는 각 1대씩이며 모두 사용해야 하고, 두 명이 동시에 작업을 시작한다.
- 조립은 가공이 이루어진 후 즉시 실시한다.
- 완성된 시계는 작동하기 전에 조립에 걸리는 시간만큼 유휴 시간을 가진다.

	최종 완성 시간	유휴 시간
①	40분	5분
②	45분	5분
③	45분	10분
④	50분	5분
⑤	50분	10분

20 김대리는 회의 참석자의 역할을 고려해 A～F 총 6명이 앉을 6인용 원탁 자리를 세팅 중이다. 다음 〈조건〉을 모두 만족하도록 세팅했을 때, 나란히 앉게 되는 사람은 누구인가?

〈조건〉

- 원탁 둘레로 6개의 의자를 같은 간격으로 세팅한다.
- A가 C와 F 중 한 사람의 바로 옆 자리에 앉도록 세팅한다.
- D의 바로 옆 자리에 C나 E가 앉지 않도록 세팅한다.
- A가 좌우 어느 쪽을 봐도 B와의 사이에 2명이 앉도록 세팅하고, B의 바로 왼쪽 자리에 F가 앉도록 세팅한다.

① A와 D ② A와 E
③ B와 C ④ B와 D
⑤ C와 F

※ **면접 시험장에 대기 중인 A ~ F 총 여섯 명은 1번부터 6번까지의 번호를 부여받아 번호 순서대로 면접을 보게 된다. 면접 순서에 대한 〈조건〉이 다음과 같을 때, 이어지는 질문에 답하시오. [21~23]**

〈조건〉

- 1, 2, 3번은 오전에 면접을 보고, 4, 5, 6번은 오후에 면접을 보게 된다.
- C, F는 오전에 면접을 본다.
- C 다음에는 A가, A 다음에는 D가 차례로 면접을 본다.
- B는 2번이 아니면 6번이다.

21 다음 중 면접 순서로 가능한 경우의 수는 모두 몇 가지인가?

① 1가지
② 2가지
③ 3가지
④ 4가지
⑤ 5가지

22 다음 중 항상 옳은 것은?

① D는 B보다 일찍 면접을 본다.
② C는 두 번째로 면접을 본다.
③ A는 E보다 늦게 면접을 본다.
④ F는 C보다 일찍 면접을 본다.
⑤ E는 D보다 일찍 면접을 본다.

23 다음 중 항상 오후에 면접을 보는 사람은 누구인가?

① A
② B
③ D
④ E
⑤ F

24 다음은 18세기 조선의 직업별 연봉 및 품목별 가격에 대한 자료이다. 이에 대한 설명으로 옳지 않은 것은?

〈18세기 조선의 직업별 연봉〉

구분		곡물(섬)		면포(필)	현재 원화가치(원)
		쌀	콩		
관료	정1품	25	3	–	5,854,400
	정5품	17	1	–	3,684,800
	종9품	7	1	–	1,684,800
궁녀	상궁	11	1	–	( )
	나인	5	1	–	1,284,800
군인	기병	7	2	9	( )
	보병	3	–	9	1,500,000

〈18세기 조선의 품목별 가격〉

품목	곡물(1섬)		면포(1필)	소고기(1근)	집(1칸)	
	쌀	콩			기와집	초가집
가격	5냥	7냥 1전 2푼	2냥 5전	7전	21냥 6전 5푼	9냥 5전 5푼

※ 1냥=10전=100푼

① 18세기 조선의 1푼의 가치는 현재 원화가치로 환산할 경우 400원과 같다.
② 기병 연봉은 종9품 연봉보다 많고 정5품 연봉보다 적다.
③ 정1품 관료의 12년치 연봉은 100칸 기와집의 가격보다 적다.
④ 상궁 연봉은 보병 연봉의 2배 이상이다.
⑤ 나인의 1년치 연봉으로 살 수 있는 소고기는 40근 이상이다.

25 **다음은 S편집팀의 새로운 도서 분야 시장 진입을 위한 신간 회의 내용이다. 의사결정방법 중 하나인 브레인스토밍을 활용할 때, 적절하지 않은 태도를 보인 사람을 모두 고르면?**

> A사원 : 신문 기사를 보니 세분화된 취향을 만족시키는 잡지들이 주목받고 있다고 하던데, 저희 팀에서도 소수의 취향을 주제로 한 잡지를 만들어 보는 건 어떨까요?
> B대리 : 그건 수익성은 생각하지 않은 발언인 것 같네요.
> C과장 : 아이디어는 많으면 많을수록 좋죠. 더 이야기해 봐요.
> D주임 : 요새 직장생활에 관한 이야기를 주제로 독자의 공감을 이끌어내는 도서들이 많이 출간되고 있습니다. '연봉'과 관련한 실용서를 만들어 보는 건 어떨까요? 신선하고 공감을 자아내는 글귀와 제목, 유쾌한 일러스트를 표지에 실어서 눈에 띄게 만들어 보는 것도 좋을 것 같습니다.
> E차장 : 두 아이디어 모두 신선하네요. '잡지'의 형식으로 가면서 직장인과 관련된 키워드를 매달 주제로 해 발간해 보면 어떨까요? 창간호 키워드는 '연봉'이 좋겠군요.

① A사원
② B대리
③ B대리, C과장
④ B대리, E차장
⑤ A사원, D주임, E차장

26 **조직체제의 구성요소가 다음과 같을 때, 이에 대한 설명으로 옳지 않은 것은?**

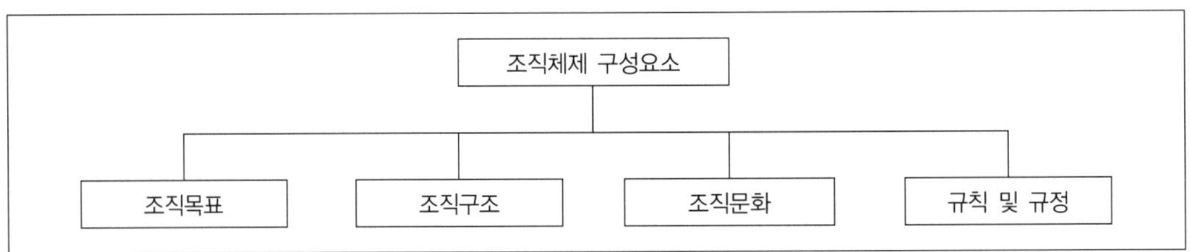

① 조직의 규칙과 규정은 조직구성원들의 자유로운 활동 범위를 보장하는 기능을 가진다.
② 조직구조에서는 의사결정권이 하부구성원들에게 많이 위임되는 유기적 조직도 볼 수 있다.
③ 조직의 목표는 조직이 달성하려는 장래의 상태로, 조직이 존재하는 정당성과 합법성을 제공한다.
④ 조직문화는 조직구성원들의 사고와 행동에 영향을 미치며, 일체감과 정체성을 부여한다.
⑤ 조직구조는 의사결정권의 집중정도, 명령계통, 최고경영자의 통제 등에 따라 달라진다.

27 농한기인 1 ~ 2월에 자주 발생하는 영농기자재 고장을 방지하고자 영농기자재 관리 방법에 대한 매뉴얼을 작성하여 농가에 배포하였다. 다음 중 매뉴얼에 따라 영농기자재를 바르게 관리한 것은?

〈매뉴얼〉

월	기계 종류	내용
1월	트랙터	(보관 중 점검) • 유압실린더는 완전상승 상태로 함 • 엔진 계통의 누유 점검(연료탱크, 필터, 파이프) • 축전지 보충충전
	이앙기	(장기보관 중 점검) • 본체의 누유, 누수 점검 • 축전지 보관 상태 점검, 보충충전 • 페인트가 벗겨진 부분에는 방청유를 발라 녹 발생 방지 • 커버를 씌워 먼지, 이물질에 의한 부식 방지
	콤바인	(장기보관 중 점검) • 회전부, 작동부, 와이어류에 부식 방지를 위해 오일 주입 • 각부의 누유 여부 점검 • 스프링 및 레버류에 부식 방지를 위해 그리스를 바름
2월	트랙터	(사용 전 점검) • 팬벨트 유격 10mm 이상 시 발전기 고정 볼트를 풀어 유격 조정 • 냉각수량 – 외기온도에 알맞은 비중의 부동액 확인(40% 확인) • 축전지액량 및 접속 상태, 배선 및 각종 라이트 경고등 점검, 충전 상태 점검 • 좌우 브레이크 페달 유격 및 작동 상태 점검
	이앙기	(장기보관 중 점검) • 누유・누수 점검 • 축전지 보충충전 • 녹이 발생된 부분은 녹을 제거하고 방청유를 바름
	콤바인	(장기보관 중 점검) • 엔진을 회전시켜 윤활시킨 후, 피스톤을 압축상사점에 보관 • 각 회전부, 작동부, 와이어류에 부식 방지를 위해 오일 주입 • 스프링 및 레버류에 부식 방지를 위해 그리스를 바름

① 1월에 트랙터의 브레이크 페달 작동 상태를 점검했다.

② 2월에 장기보관 중이던 이앙기에 커버를 씌워 먼지 및 이물질에 의한 부식을 방지했다.

③ 1 ~ 2월 모두 이앙기에 부식 방지를 위해 방청유를 발랐다.

④ 트랙터 사용 전에 유압실린더와 엔진 누유 상태를 중점적으로 점검했다.

⑤ 장기보관 중인 콤바인을 꺼낸 후, 타이어 압력을 기종별 취급설명서에 따라 점검했다.

28 **S공사의 A부장은 직원들의 업무 효율성이 많이 떨어졌다는 생각이 들어 각자의 의견을 들어 보고자 회의를 열었다. 다음 중 회의에서 나온 의견으로 적절하지 않은 것은?**

① B대리 : 요즘 업무 외적인 통화에 시간을 낭비하는 경우가 많은 것 같습니다. 확실한 목표업무량을 세우고 목표량 달성 후 퇴근을 하는 시스템을 운영하면 개인 활동으로 낭비되는 시간이 줄어 생산성이 높아지지 않을까요?

② C주임 : 여유로운 일정이 주원인이라고 생각합니다. 1인당 최대 작업량을 잡아 업무를 진행하면 업무 효율성이 극대화될 것입니다.

③ D대리 : 계획을 짜면 업무를 체계적으로 진행할 수 있다는 의미에서 C주임의 말에 동의하지만, 갑자기 발생할 수 있는 일에 대해 대비해야 한다고 생각합니다. 어느 정도 여유 있게 계획을 짜는 게 좋지 않을까요?

④ E사원 : 목표량 설정 이외에도 업무 진행과정에서 체크리스트를 사용해 기록하고 전체적인 상황을 파악할 수 있게 하면 효율이 높아질 것입니다.

⑤ F사원 : 업무시간 내에 끝내지 못한 일이 있다면 무리해서 하는 것보다 다음날 예정사항에 적어 놓고 차후에 적절히 시간을 분배해 마무리하면 작업 능률이 더 오를 것입니다.

29 **총무부에서 근무하던 S는 승진하면서 다른 부서로 발령이 났다. 기존에 같이 근무하던 D에게 사무인수인계를 해야 하는 상황에서 S와 D가 수행해야 할 사무인수인계 요령에 대한 내용으로 옳지 않은 것은?**

① 기밀에 속하는 사항일수록 문서에 의함을 원칙으로 한다.

② 사무인수인계서는 기명날인 후 해당 부서에서 이를 보관한다.

③ 사무인수인계서 1장을 작성하여 인계자와 인수자 및 입회자가 기명날인을 한 후 해당 부서에서 이를 보관한다.

④ 사무인수인계와 관련하여 편철된 부분과 오류의 수정이 있는 부분은 인수자와 인계자가 각각 기명날인을 한다.

⑤ 사무의 인수인계와 관련하여 인수자가 인계자에게 제증빙을 요구하였으나, 증빙이 미비 또는 분실 시에는 그 사실을 별지에 반드시 기재하도록 한다.

30 다음은 경쟁사의 매출이 나날이 오르는 것에 경각심을 느낀 S회사의 신제품 개발 회의의 일부이다. 효과적인 회의의 5가지 원칙에 기반을 두어 가장 효과적으로 회의에 임한 사람은?

〈효과적인 회의의 5가지 원칙〉

- 긍정적인 어법으로 말하라.
- 창의적인 사고를 할 수 있게 분위기를 조성하라.
- 목표를 공유하라.
- 적극적으로 참여하라.
- 주제를 벗어나지 마라.

팀장 : 매운맛하면 역시 우리 회사 라면이 가장 잘 팔렸는데 최근 너도나도 매운맛을 만들다 보니 우리 회사 제품의 매출이 상대적으로 줄어든 것 같아서 신제품 개발을 위해 오늘 회의를 진행하게 되었습니다. 아주 중요한 회의이니만큼 각자 좋은 의견을 내주시기 바랍니다.

A : 저는 사실 저희 라면이 그렇게 매출이 좋았던 것도 아닌데 괜한 걱정을 하는 것이라고 생각해요. 그냥 전이랑 비슷한 라면에 이름만 바꿔서 출시하면 안 됩니까?

B : 하지만 그렇게 했다간 입소문이 안 좋아져서 회사가 문을 닫게 될지도 모릅니다.

C : 그나저나 이번에 타사에서 출시된 까불면이 아주 맛있던데요?

E : 까불면도 물론 맛있긴 하지만, 팀장님 말씀대로 매운맛하면 저희 회사 제품이 가장 잘 팔린 것으로 알고 있습니다. 더 다양한 소비자층을 끌기 위해 조금 더 매운맛과 덜 매운맛까지 3가지 맛을 출시하면 매출성장에 도움이 될 것 같습니다.

C : D씨는 어때요? 의견이 없으신가요?

D : 어…그…저는…그, 글쎄요…매, 매운 음식을 잘…못 먹어서….

① A　② B
③ C　④ D
⑤ E

31 다음은 S공사의 직무전결표의 일부분이다. 이에 따라 문서를 처리하였을 경우 옳지 않은 것은?

직무 내용	대표이사	위임 전결권자		
		전무	상무	부서장
정기 월례 보고				○
각 부서장급 인수인계		○		
3천만 원 초과 예산 집행	○			
3천만 원 이하 예산 집행		○		
각종 위원회 위원 위촉	○			
해외 출장			○	

① 인사부장의 인수인계에 관하여 전무에게 결재받은 후 시행하였다.
② 인사징계위원회 위원을 위촉하기 위하여 대표이사 부재중에 전무가 전결하였다.
③ 영업팀장의 해외 출장을 위하여 상무에게 사인을 받았다.
④ 3천만 원에 해당하는 물품 구매를 위하여 전무 전결로 처리하였다.
⑤ 정기 월례 보고서를 작성한 후 부서장의 결재를 받았다.

32 마이클 포터의 본원적 경쟁전략 중 다음 사례에 나타나는 P사의 전략으로 가장 적절한 것은?

> P사는 스티브 잡스가 500만 달러라는 낮은 가격에 매수해 나중에 75억 달러에 판매되는 대형 회사가 되었다. 초기에 P사는 그래픽 기술을 보유하고 있는 애니메이션 회사였다. 하지만 창의적인 스토리와 캐릭터로 애니메이션 영화 흥행에 성공했고, 경쟁사인 D사보다 더 신뢰받는 회사가 되었다. P사는 D사의 공주와 왕자가 만나 행복하게 살게 되는 스토리와는 다르게 만들고 싶었고, 엄청난 흥행을 거둔 수많은 애니메이션 작품으로 관객에게 감동과 재미를 모두 주었다. 오랜 시간의 적자에도 끊임없는 창의적인 발상으로 P사는 관객에게 큰 신뢰를 얻을 수 있었고, 이러한 신뢰는 대기업으로 발전하는 결정적인 원동력이 되었다.

① 윈윈 전략
② 관리 전략
③ 집중화 전략
④ 차별화 전략
⑤ 원가우위 전략

33 사원코드 두 번째 자리의 숫자에 따라 팀이 구분된다. 1은 홍보팀, 2는 기획팀, 3은 교육팀이라고 할 때, 팀명을 구하기 위한 함수로 옳은 것은?

	A	B	C	D	E
1	직원명단				
2	이름	사원코드	직급	팀명	입사년도
3	강민희	J1023	부장		1980
4	김범민	J1526	과장		1982
5	조현진	J3566	과장		1983
6	최진석	J3523	부장		1978
7	한기욱	J3214	대리		1998
8	정소희	J1632	부장		1979
9	김은별	J2152	대리		1999
10	박미옥	J1125	대리		1997

① CHOOSE, MID
② CHOOSE, RIGHT
③ COUNTIF, MID
④ IF, MATCH
⑤ IF, COUNT

34 다음 〈보기〉 중 데이터베이스의 필요성에 대한 설명으로 옳지 않은 것을 모두 고르면?

〈보기〉

㉠ 데이터베이스를 이용하면 데이터 관리상의 보안을 높일 수 있다.
㉡ 데이터베이스 도입만으로 특정 자료 검색을 위한 효율이 높아진다고 볼 수는 없다.
㉢ 데이터베이스를 이용하면 데이터 관리 효율은 높일 수 있지만, 데이터의 오류를 수정하기가 어렵다.
㉣ 데이터가 양적으로 방대하다고 해서 반드시 좋은 것은 아니다. 데이터베이스를 형성해 중복된 데이터를 줄여야 한다.

① ㉠, ㉡
② ㉠, ㉢
③ ㉡, ㉢
④ ㉡, ㉣
⑤ ㉢, ㉣

35 다음 글에서 설명하는 장치로 옳지 않은 것은?

> 코로나19로 인한 경제 침체 상황 속에서 무선 이어폰, 스마트워치 등의 시장이 전년보다 크게 성장해 화제가 되고 있다. 이는 코로나19 팬데믹 확산으로 인한 온라인 학습 및 재택근무, 헬스케어 등이 확대되면서 그와 관련된 기기의 수요가 늘어났기 때문으로 보인다.

① 그리드 컴퓨팅
② 디바이스 프리
③ 웨어러블 디바이스
④ 유비쿼터스
⑤ 클라우드 컴퓨팅

36 다음 중 4차 산업혁명의 적용 사례로 적절하지 않은 것은?

① 인터넷에서 정보를 교환하는 시스템으로, 하이퍼텍스트 구조를 활용해서 인터넷상의 정보들을 연결한다.
② 주로 경화성 소재를 사용하고, 3차원 모델링 파일을 출력 소스로 활용하여 프린터로 입체 모형의 물체를 뽑아낸다.
③ 인터넷 서버에 데이터를 저장하고 여러 IT 기기를 사용해 언제 어디서든 이용할 수 있는 컴퓨팅 환경에서는 자신의 컴퓨터가 아닌 인터넷으로 연결된 다른 컴퓨터로 정보를 처리할 수 있다.
④ 농사 기술에 ICT를 접목한 농장에서는 농작물 재배 시설의 온도・습도・일조량・토양 등을 분석하고, 그 결과에 따라 기계 등을 작동하여 적절한 상태로 변화시킨다.
⑤ 사물에 센서를 부착해 실시간으로 데이터를 인터넷으로 주고받는 환경에서는 세상 모든 유형・무형 객체들이 연결되어 새로운 서비스를 제공한다.

37 다음은 회사 게시판을 관리하는 A사원과 B사원의 대화이다. 빈칸에 들어갈 내용으로 적절하지 않은 것은?

> A사원 : 요즘 회사 게시판을 이용하면서 네티켓을 지키지 않는 사람들이 많은 것 같아.
> B사원 : 맞아. 게시판에 올린 글은 많은 사람들이 보고 있다는 것을 인식하면 좋을 텐데.
> A사원 : 회사 게시판 사용 네티켓을 안내하는 것은 어떨까?
> B사원 : 좋은 생각이야. 게시판 사용 네티켓으로는 ______________는 내용이 포함되어야 해.

① 글의 내용은 길게 작성하기보다 간결하게 요점만 작성한다
② 게시판의 주제와 관련 없는 내용은 올리지 않는다
③ 글을 쓰기 전에 이미 같은 내용의 글이 없는지 확인한다
④ 글의 내용 중 잘못된 점이 있으면 빨리 수정하거나 삭제한다
⑤ 글의 제목에는 함축된 단어를 가급적 사용하지 않는다

38 다음 〈보기〉 중 정보 검색 연산자의 검색조건에 대한 내용으로 옳지 않은 것을 모두 고르면?

〈보기〉

연번	기호	연산자	검색조건
ㄱ	*, &	AND	두 단어가 모두 포함된 문서를 검색함
ㄴ	-, !	OR	두 단어가 모두 포함되거나, 두 단어 중 하나만 포함된 문서를 검색함
ㄷ	l	NOT	'-' 기호나 '!' 기호 다음에 오는 단어는 포함하지 않는 문서를 검색함
ㄹ	~, near	인접검색	앞/뒤의 단어가 가깝게 인접해 있는 문서를 검색함

① ㄱ, ㄴ
② ㄱ, ㄷ
③ ㄴ, ㄷ
④ ㄴ, ㄹ
⑤ ㄷ, ㄹ

39 다음 〈보기〉 중 응용 소프트웨어의 특성에 대한 설명으로 옳은 것을 모두 고르면?

〈보기〉

ㄱ. 여러 형태의 문서를 작성, 편집, 저장, 인쇄할 수 있는 프로그램을 스프레드 시트(Spread Sheet)라 한다.
ㄴ. 유틸리티 프로그램은 대표적인 응용 소프트웨어로, 크기가 작고 기능이 단순하다는 특징을 가지고 있다.
ㄷ. 워드프로세서의 주요 기능으로는 입력 기능, 표시 기능, 저장 기능, 편집 기능, 인쇄 기능이 있다.
ㄹ. 스프레드 시트의 구성단위는 셀, 열, 행, 영역 4가지이다.

① ㄱ, ㄴ
② ㄱ, ㄷ
③ ㄴ, ㄷ
④ ㄴ, ㄹ
⑤ ㄷ, ㄹ

40 다음 〈보기〉 중 개인정보에 속하는 것을 모두 고르면?

〈보기〉

ㄱ. 가족의 이름
ㄴ. 최종학력
ㄷ. 보험가입현황
ㄹ. 전과기록

① ㄱ, ㄷ
② ㄴ, ㄷ
③ ㄱ, ㄷ, ㄹ
④ ㄴ, ㄷ, ㄹ
⑤ ㄱ, ㄴ, ㄷ, ㄹ

41 S기업에서는 투자 대안을 마련하기 위해 투자대상을 검토할 때, 기대수익률(Expected Profit Rate)과 표준편차(Standard Deviation)를 이용한다. 특히, 표준편차는 투자 대안의 위험수준을 평가하는 데 활용된다. 바람직한 투자 대안을 평가하는 데 있어 지배원리를 적용하며, 위험 한 단위당 기대수익률이 높은 투자 대안을 선호한다. 다음에 제시된 7개의 투자 대안에 대한 설명으로 옳은 것은?

투자 대안	A	B	C	D	E	F	G
기대수익률(%)	8	10	6	5	8	6	12
표준편차(%)	5	5	4	2	4	3	7

※ 지배원리란 동일한 기대수익률이면 최소의 위험을, 동일한 위험이면 최대의 수익률을 가지는 포트폴리오를 선택하는 원리를 말한다.

① 투자 대안 E는 B와 G에 비해 우월하다.
② 투자 대안 A, B, C, D 중에서 어느 것이 낫다고 평가할 수는 없다.
③ 투자 대안 G가 기대수익률이 가장 높기 때문에 가장 바람직한 대안이다.
④ 위험 한 단위당 기대수익률이 같은 투자 대안은 E와 F이다.
⑤ 투자 대안 A와 E, C와 F는 동일한 기대수익률이 예상되기 때문에 서로 우열을 가릴 수 없다.

42 다음은 어느 기업의 팀별 성과급 지급 기준 및 영업팀의 평가표이다. 영업팀에게 지급되는 성과급의 1년 총액은?(단, 성과평가 등급이 A등급이면 직전 분기 차감액의 50%를 가산하여 지급한다)

〈성과급 지급 기준〉

성과평가 점수	성과평가 등급	분기별 성과급 지급액
9.0 이상	A	100만 원
8.0 ~ 8.9	B	90만 원(10만 원 차감)
7.0 ~ 7.9	C	80만 원(20만 원 차감)
6.9 이하	D	40만 원(60만 원 차감)

〈영업팀 평가표〉

구분	1/4분기	2/4분기	3/4분기	4/4분기
유용성	8	8	10	8
안정성	8	6	8	8
서비스 만족도	6	8	10	8

※ (성과평가 점수)=[(유용성)×0.4]+[(안정성)×0.4]+[(서비스 만족도)×0.2]

① 350만 원
② 360만 원
③ 370만 원
④ 380만 원
⑤ 390만 원

43 다음은 시간계획의 기본원리에 대한 설명이다. 빈칸 ㉠ ~ ㉢에 들어갈 행동을 순서대로 바르게 나열한 것은?

> 시간은 무형의 자원으로, 다른 자원과는 다른 관리방식을 요하는 자원이다. 또한, 가용한 모든 시간을 관리한다는 것은 불가능에 가까운 일이므로 시간을 계획하는 것은 시간관리에 있어서 매우 중요한 것이다. 이에 대해 로타 J.자이베르트(Lother J. Seiwert)는 시간계획의 기본 원칙으로 '60 : 40의 원칙'을 제시하고 있다. 이 원칙은 총 가용시간의 60%를 계획하고, 나머지 40%는 예측하지 못한 사태 및 일의 중단 요인, 개인의 창의적 계발 시간으로 남겨 둔다는 것이다. 보다 구체적으로 시간을 계획할 때, 60%의 시간은 ___㉠___에 할애하고, 20%는 ___㉡___에 할애하고, 마지막 20%를 ___㉢___에 할애한다는 것이다.

	㉠	㉡	㉢
①	비자발적 행동	자발적 행동	계획 행동
②	계획 행동	계획 외 행동	자발적 행동
③	자발적 행동	계획 행동	계획 외 행동
④	계획 외 행동	계획 행동	자발적 행동
⑤	계획 행동	비자발적 행동	계획 외 행동

44 다음과 같은 상황에서 S기업이 얻을 수 있는 효과로 적절하지 않은 것은?

> S기업은 전자가격표시기(ESL; Electronic Shelf Label)를 점포별로 확대 설치한다고 밝혔다. 전자가격표시기는 과거 종이에 표시했던 상품의 가격 등을 전자 종이와 같은 디지털 장치를 활용해 표시하는 방식으로, 중앙 서버에서 상품정보를 변경하면 무선 통신을 통해 매장 내 전자가격표시기에 자동 반영된다. 기존 시스템의 경우 매주 평균 3,700여 개의 종이 가격표를 교체하는 데 평균 31시간이 걸렸으나, 전자가격표시 도입 이후 관련 업무에 투입되는 시간은 기존의 1/10 수준인 3.8시간으로 단축됐다.
> 현장에서 근무하는 직원들은 세일 행사 직전에는 30분 ~ 1시간 정도 일찍 출근하거나 전날 늦게 퇴근해 가격을 점검해야 했다. 그러나 전자가격표시기를 도입한 이후 업무가 간소화되면서 정시 출퇴근도 수월해졌다는 반응이다. S기업은 전자가격표시기 운영 데이터를 바탕으로 업그레이드 버전을 확대 적용할 방안이다.

① 생산성 향상
② 가격 인상
③ 위험 감소
④ 시장 점유율 증가
⑤ 고용 인력 증가

45 S공사에서 근무하는 K대리는 B시 본부로 정기 점검을 나가고자 한다. 다음 〈조건〉에 따라 점검일을 결정할 때, K대리가 B시 본부 정기 점검을 진행할 수 있는 기간으로 옳은 것은?

〈7월 달력〉

일	월	화	수	목	금	토
				1	2	3
4	5	6	7	8	9	10
11	12	13	14	15	16	17
18	19	20	21	22	23	24
25	26	27	28	29	30	31

〈조건〉

- K대리는 7월 중에 B시 본부로 정기 점검을 나간다.
- 정기 점검은 7일 동안 진행되며, 이틀 동안 연이어 진행하여야 한다.
- 점검은 주중에만 진행된다.
- K대리는 7월 1일부터 7월 7일까지 연수에 참석하므로 해당 기간에는 점검을 행할 수 없다.
- K대리는 7월 27일부터는 부서 이동을 하므로 7월 27일부터는 정기 점검을 포함한 모든 담당 업무를 후임자에게 인계해야 한다.
- K대리는 목요일마다 C시 본부로 출장을 가며, 출장일에는 정기 점검 업무를 수행할 수 없다.

① 7월 6～7일
② 7월 11～12일
③ 7월 14～15일
④ 7월 20～21일
⑤ 7월 27～28일

※ 다음은 S공사의 출장여비 기준에 대한 자료이다. 이어지는 질문에 답하시오. **[46~47]**

항공	숙박(1박)	교통비	일비	식비
실비	• 1 · 2급 : 실비 • 3급 : 80,000원 • 4 · 5 · 6급 : 50,000원	• 서울 · 경기지역 : 1일 10,000원 • 나머지 지역 : 1일 15,000원	30,000원/일	20,000원/일

※ 2급 이상 차이 나는 등급과 출장에 동행하게 된 경우, 높은 등급이 묵는 호텔에서 묵을 수 있는 금액을 지원한다.

1급	2급	3급	4급	5급	6급
이사장	이사	부장	차장	과장	대리

※ 부장, 차장, 과장, 주임의 출장비는 이사장, 이사>부장>차장>과장>대리의 순서로 차등하다(부장부터 일비 만 원씩 감소).
※ 항공은 외국으로 출장을 갈 경우에 해당한다.

46 다음 중 자료에 대한 설명으로 옳은 것은?

① 외국으로 출장을 다니는 B과장이 항상 같은 객실에서 묵는다면 총비용은 언제나 같다.
② 서울 · 경기지역으로 1박 2일 출장을 가는 C차장의 출장비는 20만 원 이상이다.
③ 같은 조건으로 출장을 간다면 이사장이 이사보다 출장비를 많이 받는다.
④ 이사장과 함께 출장을 가게 된 A대리는 이사장과 같은 호텔, 같은 등급의 객실에서 묵을 수 있다.
⑤ 자동차를 이용해 무박으로 지방 출장을 가는 부장과 차장의 비용은 같다.

47 K부장과 P차장이 9박 10일로 함께 제주도 출장을 가게 되었다. 동일한 출장비를 제공하기 위하여 P차장의 호텔을 한 단계 업그레이드할 때, P차장이 원래 묵을 수 있는 호텔보다 얼마나 이득인가?

① 230,000원
② 250,000원
③ 270,000원
④ 290,000원
⑤ 310,000원

48 다음 자료를 근거로 판단할 때, 연구모임 A～E 중 세 번째로 많은 지원금을 받는 모임은?

〈지원계획〉

- 지원을 받기 위해서는 한 모임당 5명 이상 9명 미만으로 구성되어야 한다.
- 기본지원금은 모임당 1,500천 원을 기본으로 지원한다. 단, 상품개발을 위한 모임의 경우는 2,000천 원을 지원한다.
- 추가지원금은 연구 계획 사전평가결과에 따라 달라진다.

등급	상	중	하
추가지원금(천 원/명)	120	100	70

- 협업 장려를 위해 협업이 인정되는 모임에는 위의 두 지원금을 합한 금액의 30%를 별도로 지원한다.

〈연구모임 현황 및 평가결과〉

모임	상품개발 여부	구성원 수	연구 계획 사전평가결과	협업 인정 여부
A	○	5	상	○
B	×	6	중	×
C	×	8	상	○
D	○	7	중	×
E	×	9	하	×

① A모임
② B모임
③ C모임
④ D모임
⑤ E모임

49 다음 글을 읽은 반응으로 가장 적절한 것은?

> 최근 환경오염의 주범이었던 화학회사들이 환경 보호 정책을 표방하고 나섰다. 기업의 분위기가 변하면서 대학의 엔지니어뿐만 아니라 기업에 고용된 엔지니어들도 점차 대체기술, 환경기술, 녹색 디자인 등을 추구하는 방향으로 전환해 가고 있는 것이다.
> 또한, 최근 각광받고 있는 3R의 구호[줄이고(Reduce), 재사용하고(Reuse), 재처리하자(Recycle)]는 엔지니어들로 하여금 미래 사회를 위한 자신들의 역할에 대해 방향을 제시해 주고 있다.

① 개발이라는 이름으로 행해지는 개발독재의 사례로 볼 수 있어.
② 자연과학기술에 대한 연구개발의 사례로 적절하구나.
③ 균형과 조화를 위한 지속가능한 개발의 사례로 볼 수 있어.
④ 기술이나 자금을 위한 개발수입의 사례인 것 같아.
⑤ 기업의 생산능률을 위한 조직개발의 사례로 볼 수 있겠구나.

50 다음 중 매뉴얼 작성을 위한 TIP으로 옳지 않은 것은?

① 내용이 정확해야 한다.
② 전문적인 용어를 사용해야 한다.
③ 사용자의 심리적 배려가 있어야 한다.
④ 사용하기 쉬워야 한다.
⑤ 사용자가 찾고자 하는 정보를 쉽게 찾을 수 있어야 한다.

51 다음 중 산업재해에 대한 원인으로 옳지 않은 것은?

> 전선 제조 사업장에서 고장난 변압기 교체를 위해 S전력 작업자가 변전실에서 작업 준비하던 중 특고압 배전반 내 충전부 COS 1차 홀더에 접촉 감전되어 치료 도중 사망하였다. 증언에 따르면 변전실 TR-5 패널의 내부는 협소하고, 피재해자의 키에 비하여 경첩의 높이가 높아 문턱 위에 서서 불안전한 작업자세로 작업을 실시하였다고 한다. 또한 피재해자는 전기 관련 자격이 없었으며, 복장은 일반 안전화, 면장갑, 패딩점퍼를 착용한 상태였다.

① 불안전한 행동　　② 불안전한 상태
③ 작업 관리상 원인　　④ 기술적 원인
⑤ 작업 준비 불충분

※ S제조기업에서는 다음과 같은 사망재해 예방자료를 제작하여 작업현장에 배부하고자 한다. 이어지는 질문에 답하시오. **[52~53]**

〈주요 사망재해 5대 유형〉

1 **끼임** : 제조업 전체의 28% 점유

• 사망재해는 이렇게 발생합니다.

끼임으로 인한 사망재해는 방호장치가 미설치된 기계설비의 작업점, 기어·롤러의 말림점, 벨트·체인 등 동력전달부와 회전체 취급 작업 시 면장갑 착용 등으로 인해 발생합니다. 또한 기계설비의 정비·수리 등의 작업 시 기계를 정지하지 않거나, 타 근로자의 기동스위치 오조작으로 인해 발생합니다.

• 사망재해 예방 대책

① 기계설비의 작업점에는 센서, 덮개 등 방호장치 설치
② 기어, 롤러의 말림점에는 방호덮개 설치
③ 벨트, 체인 등 동력전달부에는 방호덮개 설치
④ 회전체 취급 작업 시 면장갑 착용금지 및 적절한 작업복 착용
⑤ 정비·수리 등의 작업 시에는 반드시 기계를 정지한 후 작업을 실시하고, 조작부에는 잠금장치 및 표지판 설치

2 **떨어짐** : 제조업 전체의 20% 점유

• 사망재해는 이렇게 발생합니다.

떨어짐으로 인한 사망재해는 사다리의 파손·미끄러짐, 지붕 위에서 보수작업 중 선라이트 등 약한 부위 파손, 화물자동차의 적재·포장작업 및 대형설비나 제품 위에서의 작업 중에 주로 발생합니다.

• 사망재해 예방 대책

① 사다리는 파손되지 않는 견고한 것을 사용, 작업자는 안전모를 착용하고, 전도방지 조치를 실시한 후 사용
② 지붕 위 작업 시에는 30cm 이상의 작업발판을 설치하고, 하부에 안전방호망 설치
③ 트럭 적재함과 높이가 같은 전용 입·출하장에서 작업하고, 작업 시에는 안전모 착용
④ 대형설비나 제품 위에서의 작업 시에는 고소작업대 등 전용승강설비 사용 및 안전발판 설치

3 **부딪힘** : 제조업 전체의 9% 점유

• 사망재해는 이렇게 발생합니다.

부딪힘으로 인한 사망재해는 작업장 내에서 지게차의 운반작업, 화물자동차의 운행, 백호(Back Hoe) 붐대의 회전, 크레인으로 중량물 운반 시에 주로 발생합니다.

• 사망재해 예방 대책

① 지게차 운행 시에는 운전자 시야를 확보할 수 있도록 적재하고, 제한속도를 지정하여 과속하지 않도록 조치
② 사업장 내 화물자동차 운행 시 유도자를 배치하고, 운전자는 유도자의 신호에 따라 운행
③ 백호 붐의 작업반경 내에서는 동시 작업 금지
④ 크레인으로 중량물 인양 시에는 편심이 되지 않도록 수직으로 인양하고, 무선리모컨 사용 등 작업자가 근접하지 않도록 조치

4 **물체에 맞음** : 제조업 전체의 8% 점유

• 사망재해는 이렇게 발생합니다.

맞음으로 인해 발생하는 사망재해는 과도한 높이로 불안정하게 적재된 적재물, 적절한 포장이 없는 중량물을 지게차로 운반, 크레인의 와이어로프 파손 및 달기기구 이탈, 고속회전체인 숫돌 파손 등으로 인해 주로 발생합니다.

• 사망재해 예방 대책

① 지게차 운전자는 유자격자로 하고, 운전자 시야 확보 및 제한속도 지정 등으로 사업장 내 과속 금지
② 지게차 포크에 화물 적재 시 편하중 금지 및 전용 팰릿(Pallet) 사용
③ 경사면에서의 급선회 금지, 지게차에 좌석안전띠 설치 및 착용
④ 지게차 전용 운행통로 확보 및 근로자 출입금지 조치 시행

5 **화재 / 폭발 · 파열 / 누출** : 제조업 전체의 5% 점유

• 사망재해는 이렇게 발생합니다.

화재 / 폭발 · 파열 / 누출로 인한 사망재해는 화학설비에서 인화성 물질의 누출, 용접 작업 중 불티의 비산, 인화성 물질이 잔류한 폐드럼 절단, 환기가 충분하지 않은 탱크 내부 등에서의 화기작업으로 인해 주로 발생합니다.

• 사망재해 예방 대책

① 인화성 물질 등을 취급하는 설비, 탱크 등은 누출이 없도록 조치(가스검지기 등 경보장치설치)

② 용접작업 시 불받이포 등 불티 비산방지 조치 및 소화기 비치

③ 폐드럼 절단 작업은 잔류 인화성 물질 제거 후 실시

④ 밀폐공간은 인화성 액체나 증기가 남아 있지 않도록 환기 등의 조치 후 화기작업 실시

52 다음 자료와 함께 '떨어짐' 유형에 대해 삽화를 제작하였을 때, 적절하지 않은 이미지는 무엇인가?

①

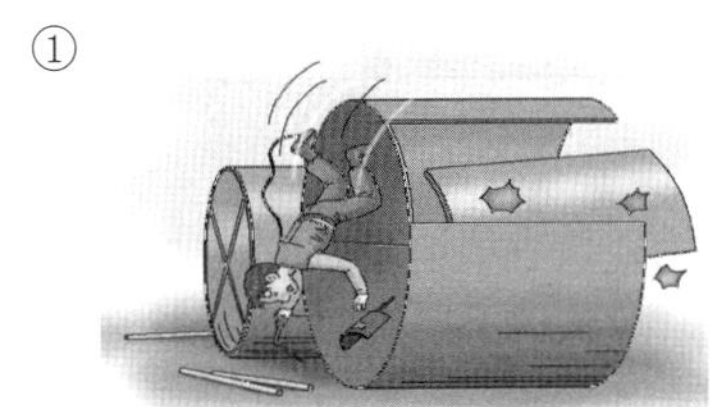

②

③

④

⑤

53 귀하는 포스터 인쇄 전 최종 검토하는 과정에서 예방 대책이 사망재해 유형과 어울리지 않는 부분이 있다는 것을 발견하였다. 귀하가 찾은 것은 어느 부분에 있는가?

① 끼임

② 떨어짐

③ 부딪힘

④ 물체에 맞음

⑤ 화재 / 폭발 · 파열 / 누출

※ 다음은 산업재해의 원인을 설명하는 4M에 대한 자료이다. 이어지는 질문에 답하시오. **[54~55]**

〈산업재해의 원인을 설명하는 4M〉

구분	내용
Man (사람)	① 심리적 요인 : 억측 판단, 착오, 생략 행위, 무의식 행동, 망각 등 ② 생리적 요인 : 수면 부족, 질병, 고령 등 ③ 사회적 요인 : 사업장 내 인간관계, 리더십, 팀워크, 소통 등의 문제
Machine (기계, 설비)	① 기계, 설비의 설계상 결함 ② 점검, 정비의 결함 ③ 구조 불량 ④ 위험방호 불량 등
Media (작업정보, 방법, 환경)	① 작업계획, 작업절차 부적절 ② 정보 부적절 ③ 보호구 사용 부적절 ④ 작업 공간 불량 ⑤ 작업 자세, 작업 동작의 결함 등
Management (관리)	① 관리조직의 결함 ② 건강관리의 불량 ③ 배치의 불충분 ④ 안전보건교육 부족 ⑤ 규정, 매뉴얼 불철저 ⑥ 자율안전보건활동 추진 불량 등

54 다음 중 4M에 대해 이해한 반응으로 적절하지 않은 것은?

① 개인의 단순한 부주의로 일어난 사고는 4M 중 Man에 해당된다고 볼 수 있어.

② 좁은 공간에서 일하면서 일어난 사고는 4M 중 Media에 속하겠구나.

③ 기계 점검을 충실히 하지 않아 일어난 사고는 4M 중 Machine에 해당되겠지?

④ 개인별 당직근무 배치가 원활하지 않아 일어난 사고는 4M 중 Man에 해당된다고 볼 수 있어.

⑤ 충분한 안전교육이 이루어지지 않아 일어난 사고는 4M 중 Management에 속해.

55 다음 (가), (나)의 사례는 4M 중 각각 어느 유형에 속하는가?

(가) 유해가스 중독으로 작업자 2명이 사망하는 사고가 발생했다. 작업자 1명이 하수관 정비공사 현장에서 오수 맨홀 내부로 들어갔다가 유해가스를 마셔 의식을 잃고 추락했으며, 작업자를 구출하기 위해 다른 작업자가 맨홀 내부로 들어가 구조하여 나오던 중 같이 의식을 잃고 추락해 두 작업자 모두 사망한 것이다. 작업공간이 밀폐된 공간이어서 산소결핍이나 유해가스 등의 우려가 있었기 때문에 구명밧줄이나 공기 호흡기 등을 준비해야 했지만 준비가 이루어지지 않아 일어난 안타까운 사고였다.
(나) 플라스틱 용기 성형 작업장에서 작업자가 가동 중인 블로우 성형기의 이물질 제거 작업 중 좌우로 움직이는 금형 고정대인 조방 사이에 머리가 끼여 사망하는 사고가 발생했다. 당시 블로우 성형기 전면에 안전장치가 설치되어 있었으나, 안전장치가 제대로 작동하지 않아서 발생한 사고였다.

	(가)	(나)
①	Media	Man
②	Management	Media
③	Media	Management
④	Management	Man
⑤	Media	Machine

56 다음 글을 참고할 때, 기술경영자에게 요구되는 능력으로 적절하지 않은 것은?

기술경영자에게는 리더십, 기술적인 능력, 행정 능력 외에도 다양한 도전을 해결하기 위한 여러 능력들이 요구된다. 기술개발이 결과 지향적으로 수행되도록 유도하는 능력, 기술개발 과제의 세부 사항까지도 파악할 수 있는 능력, 기술개발 과제의 전 과정을 전체적으로 조망할 수 있는 능력 등이 그것이다. 또한 기술개발은 기계적인 관리보다는 조직 및 인간 행동상의 요인들이 더 중요하게 작용되는 사람 중심의 진행이기 때문에 이 밖에도 기술의 성격 및 이와 관련된 동향, 사업 환경 등을 이해할 수 있는 능력과 기술적인 전문성을 갖춰 팀원들의 대화를 효과적으로 이끌어낼 수 있는 능력 등 다양한 능력을 필요로 한다. 이와는 달리 중간급 매니저라 할 수 있는 기술관리자에게는 기술경영자와는 조금 다른 능력이 필요한데, 기술적 능력에 대한 것과 계획서 작성, 인력 관리, 예산 관리, 일정 관리 등 행정 능력과 관련한 것이다.

① 시스템적인 관점에서 인식하는 능력
② 기술을 효과적으로 평가할 수 있는 능력
③ 조직 내의 기술 이용을 수행할 수 있는 능력
④ 새로운 제품 개발 시간을 단축할 수 있는 능력
⑤ 기술을 기업의 전반적인 전략 목표에 통합시키는 능력

57 다음 〈보기〉 중 자기개발 요소에 대한 설명으로 옳지 않은 것을 모두 고르면?

〈보기〉

ㄱ. 자기개발은 크게 자아인식, 자기관리, 자원확충, 경력개발로 이루어진다.
ㄴ. 자신의 특성에 대한 정확한 인식이 있어야 적절한 자기개발이 가능하다.
ㄷ. 경력개발은 자신의 일정을 수립하고 조정하여 자기관리를 수행하고, 이를 반성하여 피드백하는 과정으로 이루어진다.
ㄹ. 자기관리란 일생에 걸쳐서 지속적으로 이루어지는 일과 관련된 경험에 대하여 목표와 전략을 수립하고 실행하며 피드백하는 과정이다.

① ㄱ
② ㄴ
③ ㄱ, ㄴ
④ ㄴ, ㄹ
⑤ ㄱ, ㄷ, ㄹ

58 다음 사례 중 성격이 다른 하나는 무엇인가?

① A씨는 유제품 제조 판매업체의 영업팀에서 근무하고 있다. 매일같이 남들보다 1시간 일찍 출근해 A씨가 하는 일은 바로 중국어 공부이다. 중국의 유제품 시장을 공략하기 위해 A씨는 퇴근 후에도 2시간씩 중국어 공부에 매진한다.
② B씨는 증권회사의 부동산금융부에서 투자전문가로 근무하고 있다. B씨는 부동산 트렌드를 알기 위해 분기마다 열리는 부동산 포럼에 참여하며 관련 정보를 익히고 있다.
③ C씨는 대기업의 IT연구개발팀에서 근무하고 있다. C씨는 출근 후 자신의 일과를 우선순위에 맞게 꼼꼼히 검토하는 일로 하루를 시작한다. 업무를 마친 뒤에는 오늘 하루의 업무 내용을 피드백하며 부족한 점이 무엇이었는지 다시 한번 면밀히 살펴본다.
④ D씨는 건설회사의 토목팀에서 현장시공기사로 근무하고 있다. 국토개발분야 토목사업에 관심이 많은 D씨는 요즘 관련된 자격증 공부를 업무와 병행하고 있다.
⑤ E씨는 출판사 편집부의 교열팀에서 편집자로 근무하고 있다. E씨는 틈틈이 사내교육 프로그램인 이러닝(E-Learning)을 활용해 자신의 업무 능력을 개발하는 데 노력하고 있다.

※ 다음 글을 읽고 이어지는 질문에 답하시오. [59~61]

외국계 게임회사에서 신사업기획을 담당하다 2년 전 교육용 소프트웨어 회사의 기술영업직으로 이직을 한 김대리는 최근 자신에 대한 심각한 고민에 빠지기 시작했다. 이직을 할 때는 자신감이 있었다. 외향적이며 적극적이라는 얘기도 주변에서 많이 들었고 무엇보다 영업을 하면 신사업기획을 할 때와는 달리 실제 현장에서 손에 잡히는 일을 할 수 있을 것이라고 느껴서 일을 시작하게 되었다. 그럼에도 불구하고 2년이 지난 지금 실적 문제로 인해 곤란한 상황에 놓이게 되었다. 김대리는 팀 내에서도 실적이 제일 좋지 않아 매일 팀장 눈치를 보고 있고 더군다나 경기도 안 좋아져서 조직 내 압박감도 크게 느끼고 있다.
기존에 신사업기획 직무를 맡았을 때는 인정도 받고 성과도 좋은 편에 속했다. 다만 스스로가 만족스럽지 않았다. 하는 일이 뜬구름 잡는 이야기 같고 내가 이걸 잘해서 뭘 할 수 있는지도 명확하지 않았다. 또 조직의 상황이나 방향에 따라 열심히 해 놓은 사업기획이 실행되지 않는 것으로 의욕이 많이 꺾이기도 했다. 실제 현장에서 뛰는 영업은 자신도 있고 잘할 수 있을 것이라고 생각했는데 요즘은 전에 했던 직무가 더 맞는 것인지 다시 의문이 든다. 그러다 보니 일도 손에 잘 안 잡히고 고민만 늘어가기 시작했다.

59 다음 중 업무전환과 관련하여 김대리의 문제점으로 옳지 않은 것은?

① 객관적으로 자신을 바라보고 스스로를 잘 이해하지 못했다.
② 업무 수행을 위한 치밀한 준비와 노력이 선행되지 않았다.
③ 자신의 가치를 위해 한 단계 더 성장하고자 하는 욕구와 의지가 부족했다.
④ 업무 전환에 대해 자신의 한계를 명확하게 인식하지 못했다.
⑤ 직업 생활에서 자신의 가치에 대한 확신이 부족했다.

60 다음 중 현재 김대리가 자신에 대한 고민을 하면서 고려하는 부분으로 옳지 않은 것은?

① 자신의 내면을 구성하는 요소에 대해 생각해 보고 있다.
② 자신의 외면을 구성하는 요소에 대해 고민에 빠졌다.
③ 정량화하여 측정하기 어려운 요소들을 고민하고 있다.
④ 적성, 흥미, 가치관 등에 대해 다시금 생각해 보고 있다.
⑤ 자신의 업무수행능력에 대한 고민을 하고 있다.

61 다음 중 향후 김대리가 자신을 위해 해야 하는 행동으로 가장 적절한 것은?

① 지금 나타나는 자신의 한계를 돌파할 수 있는 단기적인 대응책을 찾아 실행해야 한다.
② 과거에 했던 일이나 지금 하는 일을 제외하고 현재 자신의 흥미는 무엇인지를 고민해야 한다.
③ 성장 욕구나 의지 부족이라고 생각하고 더 강한 정신력을 가질 수 있도록 스스로를 채찍질해야 한다.
④ 다시 원점으로 돌아가 자신의 내면을 파악하고 장기적인 관점에서 성장할 수 있도록 고민해야 한다.
⑤ 다른 사람들의 조언을 전부 수용하여 모두가 지향하는 모습으로 자기개발 방법을 설정해야 한다.

62 다음 사례를 통해 자기개발 계획 수립이 어려운 이유로 가장 적절한 것은?

김대리는 결혼 2년 차로 주말부부이다. 현재 아이는 없지만, 시부모님이 편찮으셔서 서울로 매주 두 차례씩 병원을 가야 하는데, 남편이 지방에서 근무 중이라 여건이 되지 않아 남편을 대신하여 병원에 모셔다드리고 있다. 그러다 최근에는 건강이 더 안 좋아지셔서 결국 모시고 살게 되었다. 김대리는 회사에서도 일이 많은 편이라 야근이 잦았는데, 다행히 회사의 배려로 야근 없이 집에서 일을 할 수 있게 되었다. 하지만 오히려 집에 오면 시부모님의 식사를 챙겨드리고 시부모님 몫의 집안일도 해야 했기 때문에, 매일 새벽에 잠들기 일쑤였다. 이로 인해 그 동안의 해외 근무를 지원하기 위해 준비해왔던 자격증과 어학 공부는 뒷전이 되었다.

① 자기정보의 부족
② 내부 작업정보의 부족
③ 외부 작업정보의 부족
④ 의사결정 시 자신감의 부족
⑤ 일상생활의 요구사항

63 다음 사례를 읽고 C가 A와 B에게 해 줄 수 있는 조언으로 적절하지 않은 것은?

같은 제약회사에서 일하는 A, B, C 세 사람은 열심히 일을 하고 있다. 요즘 들어 업무량이 많아졌기 때문에, 세 사람 모두 하루 종일 열심히 일을 해도 배당되는 업무량을 달성하기가 쉽지 않다. 그러나 일을 하는 태도에 있어서는 차이를 보이고 있다.
A의 경우는 오늘도 불평이다. "왜 이렇게 더워?", "도대체 집에는 언제 갈 수 있는 거야?", "뭐야? 몇 번이나 실험을 해야 돼?", "정말 내가 그만두지 못해서 다닌다. 다녀."
B의 경우는 묵묵히 자신의 일을 하지만 그렇게 즐거워 보이지는 않는다. "회사는 돈을 버는 수단이지. 열심히 일해서 돈을 많이 벌고, 그 돈을 여가생활에 쓰면 되는 거 아냐?", "나는 주말만 기다려. 주말에는 수상스키를 타러 가야지."
C의 경우는 뭐가 그렇게 좋은지 오늘도 싱글벙글이다. "이번 신상품 개발에 내가 낸 제안이 받아들여졌어. 너무 신나지 않아?", "아, 이렇게 하면 졸리지 않은 코감기 약이 나올 수 있겠는걸? 한 번 더 실험해 봐야겠다." 이처럼 매사에 긍정적인 C는 A와 B에게 흥미나 적성도 노력을 통해 개발될 수 있음을 알려 주고 싶어 한다.

① 마인드컨트롤을 통해 자신을 의식적으로 관리해 보는 건 어때?
② 자신이 수행한 결과물을 점검해보면 자신이 성취한 일에 대한 자긍심이 생길 거야.
③ 현재 기업의 문화와 풍토가 자신에게 어떠한 영향을 주고 있는지 확인해 보는 게 어때?
④ 자기 스스로 이 일을 잘 할 수 있다고 생각하는 자신감을 꾸준히 가질 필요가 있어.
⑤ 무엇보다 일을 할 때에는 작은 단위보다 큰 단위로 수행하는 것이 좋아.

64 다음은 고객으로부터 사랑받는 브랜드의 요건을 나타낸 자료이다. 브랜드의 요건에 빗대어 자신을 브랜드화 하기 위한 전략을 세우고자 할 때 옳지 않은 것은?

〈사랑받는 브랜드의 요건〉

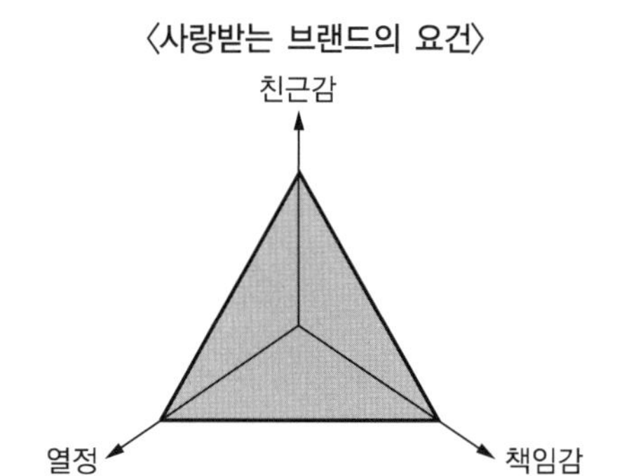

- 친근감 : 오랜 기간 관계를 유지한 브랜드에 대한 친숙한 느낌을 말한다.
- 열정 : 브랜드를 소유하거나 사용해 보고 싶다는 동기를 유발하는 욕구이다.
- 책임감 : 소비자가 브랜드와 애정적 관계를 유지하겠다는 약속으로, 소비자에게 신뢰감을 주어 지속적인 소비가 가능하도록 하는 것이다.

① 자신의 내면을 관리하여 다른 사람과의 관계를 돈독히 유지해야 한다.
② 다른 사람과 같은 보편성을 가지기 위해 능력을 끊임없이 개발해야 한다.
③ 자신이 할 수 있는 범위에서 최상의 생산성을 낼 필요가 있다.
④ 자기 PR을 통하여 지속적으로 자신을 다른 사람에게 알리도록 한다.
⑤ 지속적인 자기개발이 이루어질 수 있도록 장단기 계획을 수립해야 한다.

65 S전자 영업부에 근무하는 A사원은 제품에 대한 불만이 있는 고객의 전화를 받았다. 제품에 문제가 있어 담당부서에 고장수리를 요청했으나 연락이 없어 고객이 화가 많이 난 상태였다. 이때 직원으로서 가장 적절한 응대는?

① 고객에게 사과하여 고객의 마음을 진정시키고 전화를 상사에게 연결한다.
② 고객의 불만을 들어준 후, 고객에게 제품수리에 대해 담당부서로 다시 전화할 것을 권한다.
③ 화를 가라앉히시라고 말하고 그렇지 않으면 전화응대를 하지 않겠다고 한다.
④ 고객의 불만을 듣고 담당부서의 업무가 밀려서 연락을 못한 것이라며 부서를 옹호한다.
⑤ 회사를 대표해서 미안하다는 사과를 하고, 고객의 불만을 메모한 후 담당부서에 연락하여 해결해 줄 것을 의뢰한다.

66 다음 대화에서 조직 내 갈등을 증폭시키고 있는 사람을 모두 고르면?

> 김대리 : 지난번 안건에 대한 부장님들 간의 회의 결과, 결국 우리 부장님이 경영지원부 부장님을 이겼어. 이제 남은 분기 동안은 R&D에 있어서 스트레스 받을 필요가 없겠어.
> 최대리 : R&D는 장기적 수익 창출에 무척 중요한 요소인데, R&D에 대한 투자를 지속하는 것이 나았을 것 같아.
> 임주임 : 굳이 회사의 수익 창출을 위해 고생할 필요는 없는 것 같아요. 지금 수행하는 업무들만 해도 회사가 유지되는 데는 지장이 없잖아요.
> 박대리 : 지난번에 경영지원부 부장님이 복장을 지적하신 것 때문에 기분이 안 좋았어. 어쨌든 이번에 우리 부장님 의견대로 결정돼서 다행이야.

① 김대리
② 최대리, 임주임
③ 최대리, 박대리
④ 김대리, 임주임, 박대리
⑤ 최대리, 임주임, 박대리

67 다음은 고객 불만 처리 프로세스 8단계를 나타낸 것이다. 이를 토대로 아래와 같이 B사원의 고객 불만 처리 대응을 볼 때, 고객 불만 처리 프로세스 8단계에서 B사원이 빠뜨린 항목은 무엇인가?

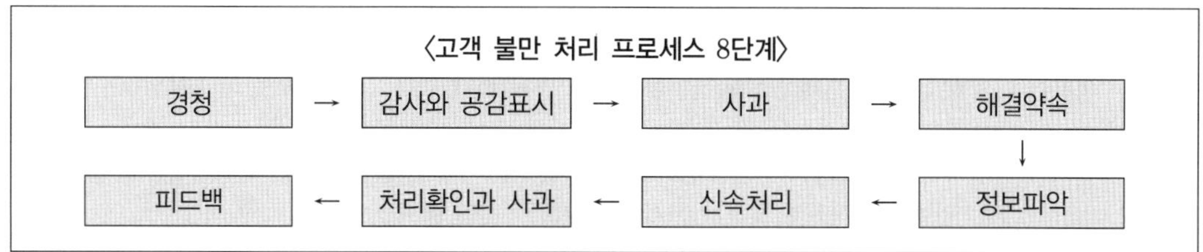

B사원 : 안녕하세요. S쇼핑몰입니다. 무엇을 도와드릴까요?

고객 : 아 정말, 제가 고른 옷 사이즈랑 다른 사이즈가 왔는데 이거 어떻게 해결할 건가요? 3일 후에 이 옷 입고 소개팅 나가려고 했는데 정말 답답하네요. 당장 보상하세요!

B사원 : 고객님, 주문하신 옷이 잘못 배송되었나 보군요. 화나신 점 충분히 이해합니다. 정말 죄송합니다.

고객 : 아니, 그래서 어떻게 해결할 건데요.

B사원 : 네 고객님, 우선 최대한 빠른 시일 내로 교환해 드릴 수 있도록 최선을 다하겠습니다. 우선 제가 고객님의 구매 내역과 재고를 확인한 후 등록하신 번호로 다시 연락드리겠습니다. 전화 끊고 잠시만 기다려 주시기 바랍니다.

(구매 내역과 재고를 확인하고 10분 후, B사원은 고객에게 다시 전화를 건다)

고객 : 여보세요.

B사원 : 안녕하세요. S쇼핑몰입니다. 재고 확인 결과 다행히 사이즈가 남아 있어서 오늘 바로 배송해 드릴 예정입니다. 오늘 배송 시 내일 도착 예정이어서 말씀하셨던 약속 날짜 전에 옷을 받으실 수 있을 겁니다. 잘못 보내드린 옷은 택배를 받으실 때 반송 처리해 주시면 되겠습니다. 정말 죄송합니다.

고객 : 다행이네요. 일단 알겠습니다. 앞으로 조심 좀 해 주세요.

(B사원은 통화를 끝내고, 배송이 잘못된 원인과 자신의 응대에 잘못이 없었는지 확인한다)

① 감사와 공감표시
② 사과
③ 해결약속
④ 정보파악
⑤ 처리확인과 사과

68 다음 중 업무수행상 방해요인들에 대해 잘못 설명한 사람을 모두 고르면?

김대리 : 계획을 철저하게 세우면 방해요인이 발생하지 않아. 발생한다고 하더라도 금방 생산성 회복이 가능해.
차주임 : 방해요인들은 절대적으로 유해한 요소이므로 업무성과를 위해서는 반드시 제거해야 해.
박사원 : 협력업체 직원들의 전화도 업무상 방해요인에 해당됩니다. 그래서 저는 이에 응답하는 시간을 정해 두었습니다.
김대리 : 부서 간 갈등도 업무수행상 방해요인에 해당돼. 이럴 땐 갈등요인을 무작정 미루고 업무를 수행하는 것보다는 대화를 통해서 신속히 해결하는 것이 좋아.
정주임 : 스트레스는 신체적 문제뿐 아니라 정신적 문제도 야기할 수 있으므로 완전히 해소하는 것이 좋죠.

① 김대리, 정주임
② 차주임, 정주임
③ 김대리, 박사원, 정주임
④ 김대리, 차주임, 정주임
⑤ 차주임, 박사원, 정주임

69 직장 내에서의 의사소통은 반드시 필요하지만, 적절한 의사소통을 형성한다는 것은 쉽지 않다. 다음과 같은 갈등 상황을 유발하는 원인으로 가장 적절한 것은?

기획팀의 K대리는 팀원 3명과 함께 프로젝트를 수행하고 있다. K대리는 이번 프로젝트를 조금 여유 있게 진행할 것을 팀원들에게 요청하였다. 팀원들은 프로젝트 진행을 위해 회의를 진행하였는데, L사원과 P사원의 의견이 서로 대립하는 바람에 결론을 내리지 못한 채 회의를 마치게 되었다. K대리가 회의 내용을 살펴본 결과, L사원은 프로젝트 기획 단계에서 좀 더 꼼꼼하고 상세한 자료를 모으자는 의견이었고, 반대로 P사원은 여유 있는 시간을 프로젝트 수정·보완 단계에서 사용하자는 의견이었다.

① L사원과 P사원이 K대리의 의견을 서로 다르게 받아들였기 때문이다.
② L사원은 K대리의 고정적 메시지를 잘못 이해하고 있기 때문이다.
③ L사원과 P사원이 자신의 정보를 상대방이 이해하기 어렵게 표현하고 있기 때문이다.
④ L사원과 P사원이 서로 잘못된 정보를 전달하고 있기 때문이다.
⑤ L사원과 P사원이 서로에 대한 선입견을 갖고 있기 때문이다.

※ 다음 글을 읽고 이어지는 질문에 답하시오. [70~72]

E-스포츠 팀인 S팀은 2023 K리그 경기에 출전하여 우승했다. S팀은 작년에 예선 탈락이라는 패배를 겪고 S팀 주장과 감독은 패배의 실패 원인을 분석했다. 대부분이 개인플레이로 진행되었고 협동적으로 공격해야 할 때 각자 공격하는 방식을 취해 실패한 것으로 판단하였다. 그래서 S팀은 이번 리그를 준비하면서 개인플레이의 실력을 향상시키는 것보다 협동 공격의 연습에 집중하였다. 협동 공격 연습을 진행하던 중 불만이 생긴 A씨는 개인플레이어로서의 실력이 경기에서의 우승을 좌우하는 것이라고 주장하며 A씨는 감독과 동료들 사이에서 마찰을 일으켰다. 결국, A씨는 자신의 의견이 받아들여지지 않자 팀을 탈퇴하였고 S팀은 새로운 배치로 연습을 진행해야 했다. 불과 리그를 6개월 앞둔 상황에서 벌어진 일이었다. 감독은 S팀의 사기 저하를 신경쓰면서 ㉠ 팀의 연습에 대해서 서로 의견을 나누어 결정할 수 있게 도왔으며, 팀 개개인에게 칭찬과 ㉡ 동기부여를 지속적으로 제공했다. 그 결과, 2023 K리그 경기에서 S팀이 우승할 것이라고 아무도 예상하지 못한 생각을 뒤집고 S팀은 2023 K리그 경기에서 우승하였다.

70 윗글에서 A씨는 감독과 팀원들이 자신을 인정하지 않는다고 생각하며 합동 연습에 부정적인 시각을 가지고 있다. 다음 중 A씨는 어떤 멤버십의 유형에 속하는가?

① 소외형
② 순응형
③ 실무형
④ 수동형
⑤ 주도형

71 다음 중 밑줄 친 ㉠에 대한 설명으로 적절하지 않은 것은?

① 동료 피드백 장려하기
② 갈등 해결하기
③ 창의력 조성을 위해 협력하기
④ 책임을 공유하기
⑤ 참여적으로 의사결정하기

72 다음 중 밑줄 친 ㉡에 대한 설명으로 적절하지 않은 것은?

① 긍정적 강화법을 활용하기
② 새로운 도전의 기회를 부여하기
③ 책임감에 대한 부담을 덜어주기
④ 지속적인 교육과 성장의 기회를 제공하기
⑤ 코칭을 통해 개인이 권한과 목적의식을 가지고 있는 중요한 사람이라는 사실을 느낄 수 있도록 하기

73 다음 〈보기〉 중 직장에서의 바람직한 소개 예절이 아닌 것을 모두 고르면?

〈보기〉

ㄱ. 신입에게 부서원을 소개할 때에는 고참자를 신입에게 먼저 소개한다.
ㄴ. 동료임원을 고객 및 손님에게 먼저 소개한다.
ㄷ. 소속 회사의 관계자를 타 회사의 관계자에게 먼저 소개한다.
ㄹ. 나이 어린 사람을 연장자에게 먼저 소개한다.

① ㄱ
② ㄴ
③ ㄱ, ㄷ
④ ㄱ, ㄹ
⑤ ㄱ, ㄷ, ㄹ

74 다음 사례를 통해 귀하가 S씨에게 해 줄 수 있는 조언으로 가장 적절한 것은?

현재 군인이 되기 위해 준비 중인 S씨는 요즘 들어 고민에 빠져 있다. 자신의 윤리적 입장에서 생각해 보았을 때 타인에 대한 물리적 행사(폭력)는 절대 금지되어 있다고 생각되지만, 군인의 입장에서는 필요한 경우 물리적 행사가 허용된다는 점이 마음에 걸리는 것이다.

① 업무수행 중 모든 행동에 있어 개인의 양심에 따라 행동하는 것이 중요해.
② 군인은 하나의 직업인이기 때문에 기본적인 윤리기준은 무시할 필요가 있어.
③ 업무수행 중 개인윤리와 직업윤리가 충돌할 경우 직업윤리를 우선하여야 해.
④ 업무 중 상대방의 입장에서 생각해 보고 너의 행동을 결정하는 것이 어떨까?
⑤ 도덕적인 원리를 사회 제도가 아니라 개인의 생활에 적용하는 것이 중요해.

75 다음 사례를 통해 얻을 수 있는 교훈으로 가장 적절한 것은?

> 주유소가 포화 상태인데다가 계속되는 저유가로 과잉 경쟁이 벌어지면서 보다 차별화된 경영전략과 서비스가 요구되는 시점이다. 더불어 최근에 보일러로 기름을 꿇여 판매하여 이득을 챙긴 주유소 업주들이 불구속 입건되면서 주유소에 대한 소비자들의 신뢰가 바닥에 떨어지고 있는 실정이다.
> 이러한 상황에서 S주유소는 B정유회사에서 정품 유류를 공급받아 소비자들에게 정량을 공급하는 원칙을 철저히 지키는 곳으로 정평이 났다. 게다가 셀프주유소로 전환한 다른 주유소들과 달리 고객들의 편의를 위해 직원들이 직접 주유하고 있으며, 세차서비스를 제공함으로써 단골 고객층을 확보하고 경쟁력을 높이고 있다. S주유소 사장 K씨는 "주유 품질의 입고와 재고 관리를 철저히 시행하고 있으며, 앞으로도 투명경영을 원칙으로 하겠다."고 밝혔다.

① 사람은 혼자서는 살아갈 수 없으므로 다른 사람과 협력을 하는 것이 필수이다.
② 정직은 신뢰를 형성하고 유지하는 데 가장 기본적이고 필수적인 규범이다.
③ 일은 사람이 살기 위해서 필요한 것이며, 인간의 삶을 풍부하고 행복하게 만들어 주는 것이다.
④ 원만한 인간관계를 위해서는 서로 간에 예절을 지키는 것이 매우 중요하다.
⑤ 공인은 사적인 생각과 감정, 입장을 우선시해서는 안 되며 공적인 입장, 즉 회사의 입장에서 이루어져야 한다.

76 다음 〈보기〉 중 직장 내 성예절로 옳은 것을 모두 고르면?

〈보기〉

> ㄱ. 성희롱에는 육체적, 언어적 행위뿐만 아니라 정보기기를 이용하여 음란물을 보내는 행위도 포함된다.
> ㄴ. 성희롱을 경험한 개인은 외부단체에 도움을 요청하기보다는 직장 내에서의 조직적 대응을 요청하는 것이 더욱 효과적이다.
> ㄷ. 직장은 성희롱 경험에 대해 신고 및 조치를 요청한 개인의 개인정보 유출을 철저히 방지하여야 한다.
> ㄹ. 직장은 성희롱 가해자에 대하여 납득할 만한 수준의 조치를 취하고, 피해자에게 결과를 통지한다.

① ㄱ, ㄷ
② ㄱ, ㄴ, ㄷ
③ ㄱ, ㄴ, ㄹ
④ ㄱ, ㄷ, ㄹ
⑤ ㄴ, ㄷ, ㄹ

※ 다음 글을 읽고 이어지는 질문에 답하시오. **[77~78]**

〈더글라스와 보잉의 대결〉

항공기 제작회사인 더글러스와 보잉사는 최초의 대형 제트 여객기를 이스턴 항공사에 팔기 위해 경합을 벌이고 있었다. 이스턴 항공사의 사장인 에디 레켄베커는 도날드 더글러스 사장에게 편지를 하여 더글러스사가 DC-8 항공기에 대해 작성한 설계 명세서나 요구 조건은 보잉사와 매우 흡사한 반면, 소음방지 장치에 대한 부분은 미흡하다고 전했다. 그러고 나서 마지막으로 레켄베커는 더글러스사가 보잉사보다 더 우수한 소음방지 장치를 달아주겠다는 약속을 할 수가 있는지 물어보았다. 이에 대해 더글러스씨는 다음과 같은 편지를 보냈다.

To. 이스턴 항공사의 에디 레켄베커씨
우리 회사의 기술자들에게 조회해 본 결과, 소음방지 장치에 대한 약속은 할 수 없음을 알려드립니다.
From. 더글러스사의 도날드 더글러스

이후 레켄베커씨는 다음과 같은 내용의 답신을 보냈다.

To. 더글러스사의 도날드 더글러스씨
나는 당신이 그 약속을 할 수 없다는 것을 알고 있었습니다.
나는 당신이 얼마나 정직한지를 알고 싶었을 뿐입니다.
이제 1억 3천 5백만 달러 상당의 항공기를 주문하겠습니다.
마음 놓고 소음을 최대한 줄일 수 있도록 노력해 주십시오.

---

77 **만약 더글러스씨가 레켄베커씨의 요청에 대해 기술적 검토를 해본 후에 불가능함을 알고도 할 수 있다고 답장을 보냈다면 직업윤리 덕목 중 어떤 덕목에 어긋난 행동이 되는가?**

① 책임 의식, 전문가 의식
② 소명 의식, 전문가 의식
③ 직분 의식, 천직 의식
④ 천직 의식, 소명 의식
⑤ 봉사 의식, 직분 의식

78 **다음 중 더글러스씨가 윗글처럼 답장을 함으로써 얻을 수 있는 가치는 무엇인가?**

① 눈앞의 단기적 이익
② 명예로움과 양심
③ 매출 커미션
④ 주위의 부러움
⑤ 승리감

79 **다음 중 직장 내 다양한 인간관계 속에서 직업인이 지켜야 할 예절로 적절하지 않은 것은?**

① 비즈니스상 소개를 할 때는 직장 내에서의 서열과 나이, 성별을 고려해야 한다.

② 전화를 받을 때는 전화벨이 3～4번 울리기 전에 받고 자신이 누구인지를 즉시 말한다.

③ 휴대폰 이용 시 지나친 SNS의 사용은 업무에 지장을 주므로 휴식시간을 이용한다.

④ 외부 인사와 첫인사로 악수를 할 때는 서로의 이름을 말하고 간단한 인사 몇 마디를 주고받는 정도의 시간 안에 끝내야 한다.

⑤ 명함을 교환할 때는 하위에 있는 사람이 먼저 꺼내는데 상위자에 대해서는 왼손으로 가볍게 받치는 것이 예의이며, 동위자·하위자에게는 오른손으로만 쥐고 건넨다.

80 **기업의 의사결정 과정에 공리주의, 권리, 공정성의 윤리적 기준이 적용된다고 할 때, 〈보기〉의 (가)～(다)에 적용된 윤리적 의사결정 기준을 순서대로 바르게 나열한 것은?**

〈보기〉

(가) 회사의 이익을 극대화함으로써 회사 구성원 다수의 행복을 가져올 수 있다면 회사 직원의 10%를 해고할 수 있다.

(나) 회사는 다른 직원의 비윤리적 행위를 발견하여 이를 고발한 직원이 피해를 입지 않도록 보호해야 한다.

(다) 성과보다 연공서열을 중심으로 업무를 평가하는 회사에서는 성과의 차이에도 불구하고 사원이 대리보다 많은 보상을 받을 수 없다.

	(가)	(나)	(다)
①	공정성	공리주의	권리
②	공정성	권리	공리주의
③	공리주의	권리	공정성
④	공리주의	공정성	권리
⑤	권리	공정성	공리주의

www.sdedu.co.kr

제3회 서울교통공사 9호선 운영부문 고객안전직

NCS 직업기초능력평가

〈문항 및 시험시간〉

평가영역	문항 수	시험시간	모바일 OMR 답안분석
의사소통능력+수리능력+문제해결능력+조직이해능력+정보능력+자원관리능력+기술능력+자기개발능력+대인관계능력+직업윤리	80문항	90분	

서울교통공사 9호선 운영부문 고객안전직 필기시험

제3회 모의고사

문항 수 : 80문항
시험시간 : 90분

01 다음 글의 내용으로 적절하지 않은 것은?

최근 4차 산업혁명과 사물인터넷에 대한 관심이 증대하고 있다. 4차 산업혁명은 디지털, 바이오, 물리학 등 다양한 경계를 융합한 기술혁명이 그 핵심이며 기술융합을 위하여 사물인터넷을 적극적으로 활용한다는 것이 주요 내용이라 할 수 있다. 4차 산업혁명은 2016년 초 세계경제포럼의 가장 중요한 회의인 다보스포럼의 주제로 '4차 산업혁명의 이해'가 채택됨으로써 전 세계 많은 사람들의 주목을 받는 어젠다*로 급부상하게 됐다. 4차 산업혁명을 촉발시키는 중요한 기술 중 하나는 사물인터넷이다.
미국의 정보기술 연구회사 가트너(Gartner)가 2011년 10대 전략기술 중 하나로 사물인터넷을 선정한 이후 사물인터넷과 그 확장 개념들이라 할 수 있는 만물인터넷 및 만물정보 등을 현재까지 매년 10대 전략기술에 포함시키고 있을 정도로 사물인터넷은 정보통신기술 중 가장 중요한 기술로 자리 잡았다.
사물인터넷을 활용하는 정보통신기술의 변화를 반영하는 스마트도시가 전 세계적으로 확산 중에 있다. 그 결과 2008년 선진국 중심으로 20여 개에 불과하던 스마트도시 관련 프로젝트는 최근 5년 사이 중국, 인도, 동남아시아, 남미, 중동 국가들을 포함하여 600여 개 이상의 도시에서 스마트도시 관련 프로젝트들이 추진 중에 있다.
우리나라는 한국형 스마트도시라고 할 수 있는 유비쿼터스도시(U-City) 프로젝트를 해외 도시들에 비하여 비교적 빠르게 추진하였다. 한국에서는 2003년부터 시민 삶의 질 향상 및 도시 경쟁력 제고를 목표로 신도시 개발과정에 직접 적용하는 U-City 프로젝트를 추진하였으며 해외 국가들에 비하여 빠른 정책적 지원 및 스마트도시 구축과 운영을 위한 재정 투자 등을 통하여 실무적 경험이 상대적으로 우위에 있다.
하지만 최근 신도시형 스마트도시 구축 위주의 한국형 스마트도시 모델은 한계점을 노출하게 된다. 최근 국내 건설경기 침체, 수도권 제2기 신도시 건설의 만료 도래 등으로 U-City 투자가 위축되었으며 대기업의 U-City 참여 제한 등으로 신도시 중심의 U-City 사업 모델 성장 동력이 축소되는 과정을 최근까지 겪어왔다. 또한, U-City 사업이 지능화시설물 구축 혹은 통합운영센터의 건설로 표면화되었지만, 공공주도 및 공급자 중심의 스마트도시 시설투자는 정책 수혜자인 시민의 체감으로 이어지지 못하는 한계가 발생하게 된다.

* 어젠다 : 모여서 서로 의논할 사항이나 주제

① 4차 산업혁명은 디지털, 바이오, 물리학 등 다양한 경계를 융합한 기술혁명이 그 핵심이다.
② 4차 산업혁명을 촉발시키는 중요한 기술 중 하나는 사물인터넷이다.
③ 만물인터넷 및 만물정보 등은 사물인터넷의 확장 개념으로 정보통신기술의 중요한 기술로 자리 잡았다.
④ 우리나라는 한국형 스마트도시라고 할 수 있는 유비쿼터스도시(U-City) 프로젝트를 비교적 빠르게 추진하였다.
⑤ 스마트도시 시설투자의 수혜자인 시민의 체감으로 이어지지 못하는 이유는 대기업 주도의 투자이기 때문이다.

02 다음은 S사원이 작성한 보고서의 일부이다. S사원의 보고서를 확인한 B대리는 띄어쓰기가 적절하게 사용되지 않은 것을 보고, S사원에게 문서 작성 시 유의해야 할 띄어쓰기에 대해 조언을 하려고 한다. B대리가 조언할 내용으로 적절하지 않은 것은?

> 국내의 한 운송 업체는 총 무게가 만톤에 달하는 고대 유적을 안전한 장소로 이전하는 해외 프로젝트에 성공하였습니다.
> 이번 프로젝트는 댐 건설로 인해 수몰 위기에 처한 지역의 고대 유적을 약 5km 가량 떨어진 문화공원으로 옮기는 문화유적 이송 프로젝트입니다.
> 운송 업체 관계자인 김민관 씨는 "글로벌 종합물류 기업에 걸맞은 시너지 효과를 창출하기 위해 더욱 더 노력하겠다."라고 말했습니다.

① 접사는 뒷말과 붙여 써야 하므로 '전체를 합한'의 뜻을 나타내는 접사인 '총'은 '총무게'와 같이 붙여 써야 합니다.
② 단위를 나타내는 명사는 앞말과 띄어 써야 하므로 '만톤'은 '만 톤'으로 띄어 써야 합니다.
③ '-여, -쯤, -가량'과 같은 접미사는 앞말과 붙여 써야 하므로 '5km 가량'은 '5km가량'으로 붙여 써야 합니다.
④ 성과 이름 그리고 이에 덧붙는 호칭어, 관직명 등은 모두 붙여 써야 하므로 '김민관 씨'는 '김민관씨'와 같이 붙여 써야 합니다.
⑤ 한 단어는 붙여 써야 하므로 '더욱'을 강조하는 단어인 '더욱더'는 붙여 써야 합니다.

03 다음 문단을 논리적 순서대로 바르게 나열한 것은?

> (가) 정해진 극본대로 연기를 하는 연극의 서사는 논리적이고 합리적이다. 그러나 연극 밖의 현실은 비합리적이고, 그 비합리성을 개인의 합리에 맞게 해석한다. 연극 밖에서도 각자의 합리성에 맞춰 연극을 하고 있는 것이다.
> (나) 사전적 의미로 불합리한 것, 이치에 맞지 않는 것을 의미하는 부조리는 실존주의 철학에서는 현실에서는 전혀 삶의 의미를 발견할 가능성이 없는 절망적인 한계상황을 나타내는 용어이다.
> (다) 이것이 비합리적인 세계에 대한 자신의 합목적적인 희망이라는 사실을 깨달았을 때, 삶은 허망해지고 인간은 부조리를 느끼게 된다.
> (라) 부조리라는 개념을 처음 도입한 대표적인 철학자인 알베르 카뮈는 연극에 비유하여 부조리에 대해 설명한다.

① (나) – (다) – (가) – (라)
② (나) – (가) – (다) – (라)
③ (나) – (라) – (가) – (다)
④ (라) – (가) – (나) – (다)
⑤ (라) – (다) – (나) – (가)

04 다음은 직장에서 문서를 작성할 경우 지켜야 하는 문서작성 원칙이다. 다음 중 문서작성 원칙에 대해 잘못 이해하고 있는 사람은?

〈문서작성의 원칙〉

- 문장은 짧고, 간결하게 작성하도록 한다.
- 상대방이 이해하기 쉽게 쓴다.
- 중요하지 않은 경우 한자의 사용을 자제해야 한다.
- 간결체로 작성한다.
- 문장은 긍정문의 형식으로 써야 한다.
- 간단한 표제를 붙인다.
- 문서의 주요한 내용을 먼저 쓰도록 한다.

① A : 문장에서 끊을 수 있는 부분은 가능한 한 끊어서 짧은 문장으로 작성하되, 실질적인 내용을 담아 작성해야 해.

② B : 상대방이 이해하기 어려운 글은 좋은 글이 아니야. 우회적인 표현이나 현혹적인 문구는 되도록 삭제하는 것이 좋겠어.

③ C : 문장은 되도록 자세하게 작성하여 빠른 이해를 돕도록 하고, 문장마다 행을 바꿔 문서가 깔끔하게 보이도록 해야겠군.

④ D : 표제는 문서의 내용을 일목요연하게 파악할 수 있게 도와줘. 간단한 표제를 붙인다면 상대방이 내용을 쉽게 이해할 수 있을 거야.

⑤ E : 일반적인 글과 달리 직장에서 작성하는 문서에서는 결론을 먼저 쓰는 것이 좋겠군.

※ 다음 글을 읽고 이어지는 질문에 답하시오. [5~6]

차세대 보안 인프라 보급과 국가 차원의 사이버안보를 위해 정부가 나섰다. 정부는 지난 주 열린 국무회의에서 '㉠ 국가 사이버안보 기본계획'을 발표하면서 5G, 클라우드, 원격진료시스템, 지능형 교통시스템 등의 주요 정보통신기반 시설에 대해 국가 차원의 집중 보호를 실시하겠다고 밝혔다. 또한 스마트공장, 자율주행차, 스마트시티, 디지털헬스케어, 실감콘텐츠 분야의 보안모델을 개발하여 산업현장에 적용할 계획이다. 해당 계획은 크게 6대 전략 과제, 18개 중점 과제, 100여 개의 세부 과제로 구성되며 내후년까지 단계적 추진을 통해 국가 차원의 사이버안보를 강화할 예정이다.

부처별로는 A부에서는 5G 통신망에 대해 보안수준을 제고하고 네트워크 신뢰도를 확보하며, 산학연 협업 기반 창업환경을 조성하고 창업 기업의 해외진출을 지원한다. B부에서는 주요 국가 정보통신망에 대해 단계별 보안 수준을 강화하고, 첨단 기술 보안에 대한 연구, 개발 및 관련 가이드라인 개발에 착수할 예정이다. C부에서는 사이버전을 대비한 군사전략과 전술을 개발하고, 능동대응기술 및 다단계 다중위협 대응체계를 확보한다. D부에서는 교육기관 노후 정보통신장비 보안 관리를 강화하고, 사이버보안 전문 조직 및 인력을 확충하며, 관련 기관을 통해 인력을 양성할 계획이다.

정부 관계자는 '날로 늘어가는 사이버보안 위협에 대응하여 안전하고 자유로운 사이버 공간을 구축하기 위해 추진과제를 차질 없이 진행해나갈 것'이라고 밝혔다.

05 다음 중 윗글의 주제로 가장 적절한 것은?

① 사이버보안 대책의 유형
② 사이버 위협에 대응하기 위한 정부의 노력
③ 각 정부기관과 사이버보안과의 관련성
④ 정보통신보안시설의 사이버보안
⑤ 사이버보안 분야의 미래

06 다음 중 밑줄 친 ㉠ 유형과 같은 문서의 특징으로 가장 적절한 것은?

① 업무상 필요한 중요한 일이나 앞으로 체크해야 할 일이 있을 때 필요한 내용을 작성하여 전달하는 글이다.
② 특정일에 대한 현황이나 그 진행상황 또는 연구·검토 결과 등을 보고할 때 작성한다.
③ 회사의 업무에 대한 협조를 구하거나 의견을 전달할 때 작성한다.
④ 정부 행정기관에서 대내적 혹은 대외적 공무를 집행하기 위해 작성하는 문서이다.
⑤ 아이디어를 내고 기획한 하나의 프로젝트를 문서 형태로 만들어, 상대방에게 그 내용을 전달하여 기획을 시행하도록 설득하는 문서이다.

07 다음 글의 내용으로 적절하지 않은 것은?

동아시아 삼국에 외국인이 집단적으로 장기 거주함에 따라 생활의 편의와 교통통신을 위한 근대적 편의시설이 갖춰지기 시작했다. 이른바 문명의 이기로 불린 전신, 우편, 신문, 전차, 기차 등이 그것이다. 민간인을 독자로 하는 신문은 개항 이후 새롭게 나타난 신문물 가운데 하나이다. 신문(新聞) 혹은 신보(新報)라는 이름부터가 그렇다. 물론 그 전에도 정부 차원에서 관료들에게 소식을 전하는 관보가 있었지만 오늘날 우리가 사용하는 의미에서의 신문은 여기서부터 비롯된다.

1882년 서양 선교사가 창간한 《The Universal Gazette》의 한자 표현이 '천하신문'인 데서 알 수 있듯, 선교사들은 가제트를 '신문'으로 번역했다. 이후 신문이란 말은 "마카오의 신문지를 참조하라."나 "신문관을 설립하자."는 식으로 중국인들이 자발적으로 활발하게 사용하기 시작했다.

상업이 발달한 중국 상하이와 일본 요코하마에서는 각각 1851년과 1861년 영국인에 의해 영자신문이 창간되어 유럽과 미국 회사들에 필요한 정보를 제공했고, 이윽고 이를 모델로 하는 중국어, 일본어 신문이 창간되었다. 상하이 최초의 중국어 신문은 영국의 민간회사 자림양행에 의해 1861년 창간된 《상하이신보》이다. 거기에는 선박의 출입일정, 물가정보, 각종 광고 등이 게재되어 중국인의 필요에 부응했다. 이 신문은 'ㅇㅇ신보'라는 용어의 유래가 된 신문이다. 중국에서 자국인에 의해 발행된 신문은 1874년 상인 왕타오에 의해 창간된 중국어 신문 《순후안일보》가 최초이다. 이것은 오늘날 '△△일보'라는 용어의 유래가 된 신문이다. 한편 요코하마에서는 1864년 미국 영사관 통역관이 최초의 일본어 신문 《카이가이신문》을 창간하면서 일본 국내외 뉴스와 광고를 게재했다. 1871년 처음으로 일본인에 의해 일본어 신문인 《요코하마마이니치신문》이 창간되었고, 이후 일본어 신문 창간의 붐이 일었다.

개항 자체가 늦었던 조선에서는 정부 주도하에 1883년 외교를 담당하던 통리아문 박문국에서 최초의 근대적 신문 《한성순보》를 창간했다. 그러나 한문으로 쓰인 《한성순보》와는 달리 그 후속으로 1886년 발행된 《한성주보》는 국한문 혼용을 표방했다. 한글로 된 최초의 신문은 1896년 독립협회가 창간한 《독립신문》이다. 1904년 영국인 베델과 양기탁 등에 의해 《대한매일신보》가 영문판 외에 국한문 혼용판과 한글 전용판을 발간했다. 그밖에 인천에서 상업에 종사하는 사람들을 위한 정보를 알려주는 신문 등 다양한 종류의 신문이 등장했다.

① 중국 상하이와 일본 요코하마에서 창간된 영자 신문은 서양 선교사들이 주도적으로 참여하였다.
② 개항 이전에는 관료를 위한 관보는 있었지만, 민간인 독자를 대상으로 하는 신문은 없었다.
③ 'ㅇㅇ신보'나 '△△일보'란 용어는 민간이 만든 신문들의 이름에서 기인한다.
④ 일본은 중국보다 자국인에 의한 자국어 신문을 먼저 발행하였다.
⑤ 개항 이후 외국인의 필요에 의해 발행된 신문이 있었다.

08 다음 글을 읽고 '밀그램 실험'을 〈보기〉와 같이 요약하였다. 빈칸에 들어갈 단어로 가장 적절한 것은?

> 사람이 얼마나 권위 있는 잔인한 명령에 복종하는지를 알아보는 악명높은 실험이 있었다. 예일대학교 사회심리학자인 스탠리 밀그램(Stanley Milgram)이 1961년에 한 실험이다. 권위를 가진 주체가 말을 하면 아주 잔인한 명령이라도 기꺼이 복종하는 것을 알아보는, 인간의 연약함과 악함을 보여주는 그런 종류의 실험이다.
> 밀그램 실험에서는 피실험자에게 매우 강력한 전기충격을 가해야 한다는 명령을 내린다. 그 전기충격의 강도는 최고 450볼트로, 사람에게 치명적인 피해를 입힐 수 있다. 물론 이 실험에서 실제로 전기가 통하게 하지는 않았다. 전기충격을 받은 사람은 고통스럽게 비명을 지르며 그만하라고 소리치게 했지만, 이 역시 전문 배우가 한 연극이었다. 밀그램은 실험참가자에게 과학적 발전을 위한 실험이며, 4달러를 제공하고, 중간에 중단해서는 안 된다는 지침을 내렸다.
> 인간성에 대한 근원적인 의문을 탐구하기 위해 밀그램은 특수한 실험장치를 고안했다. 실험에 참가한 사람들은 실험자의 명령에 따라 옆방에 있는 사람에게 전기충격을 주는 버튼을 누르도록 했다. 30개의 버튼은 비교적 해가 안되는 15볼트에서 시작해 최고 450볼트까지 올라간다. 450볼트까지 높아지면 사람들은 치명적인 상처를 입는데, 실험참가자들은 그러한 위험성에 대한 주의를 받았다.
> 실제로는 전기충격 버튼을 눌러도 약간의 무서운 소리와 빛이 번쩍이는 효과만 날 뿐 실제로 전기가 흐르지는 않았다. 다만 옆방에서 전기충격을 받는 사람은 실험참가자들이 전기버튼을 누를 때마다 마치 진짜로 감전되는 것 같이 소리를 지르고 대가를 받는 훈련된 배우였다.
> 밀그램 실험에 참가한 40명 중 65%는 명령에 따라 가장 높은 450볼트의 버튼을 눌렀다. 감전된 것처럼 연기한 배우가 고통스럽게 소리를 지르면서 그만하라고 소리를 지르는데도 말이다. 일부 사람들은 실험실에서 나와서는 이같은 잔인한 실험을 계속하는 데 대해 항의했다. 밀그램은 실험 전에는 단 0.1%만이 450볼트까지 전압을 올릴 것이라 예상했으나, 실제 실험결과는 무려 65%의 참가자들이 450볼트까지 전압을 올렸다. 이들은 상대가 죽을 수 있다는 걸 알고 있었고, 비명도 들었으나 모든 책임은 연구원이 지겠다는 말에 복종했다.

〈보기〉

> 밀그램이 시행한 전기충격 실험은 사람들이 권위를 가진 명령에 어디까지 복종하는지를 알아보기 위한 실험이다. 밀그램이 예상한 것과 달리 아주 일부의 사람만 ________을/를 하였다.

① 이타적 행동
② 순응
③ 고민
④ 불복종
⑤ 참가

09 다음은 지난달 봉사 장소별 봉사자 수를 연령별로 조사한 자료이다. 〈보기〉 중 이에 대한 설명으로 옳은 것을 모두 고르면?

〈봉사 장소의 연령대별 봉사자 수〉

구분	10대	20대	30대	40대	50대	전체
보육원	148명	197명	405명	674명	576명	2,000명
요양원	65명	42명	33명	298명	296명	734명
무료급식소	121명	201명	138명	274명	381명	1,115명
노숙자쉼터	0명	93명	118명	242명	347명	800명
유기견보호소	166명	117명	56명	12명	0명	351명
전체	500명	650명	750명	1,500명	1,600명	5,000명

〈보기〉

㉠ 노숙자쉼터 봉사자 중 30대는 15% 미만이다.
㉡ 전체 봉사자 중 50대의 비율은 20대의 3배이다.
㉢ 전체 무료급식소 봉사자 중 40～50대는 절반 이상이다.
㉣ 전체 보육원 봉사자 중 30대 이하가 차지하는 비율은 36%이다.

① ㉠, ㉢
② ㉠, ㉣
③ ㉡, ㉢
④ ㉡, ㉣
⑤ ㉢, ㉣

10 20층 건물에서 각 층마다 기압을 측정하려고 한다. 1층의 계기판기압에 표시된 값은 200kPa이며, 한 층씩 높아질 때마다 0.2kPa씩 기압이 떨어진다고 할 때, 16층의 기압은 얼마인가?

① 184kPa
② 187kPa
③ 194kPa
④ 197kPa
⑤ 200kPa

※ 다음은 전국에 있는 S타이어 가맹점의 연간 매출액을 나타낸 것이다. 이어지는 질문에 답하시오. **[11~12]**

〈S타이어 전국 가맹점 연간 매출액〉

(단위 : 억 원)

연도 가맹점	2020년	2021년	2022년	2023년
서울 1호점	120	150	180	280
부산 2호점	150	140	135	110
대구 3호점	30	70	100	160

〈보기〉

㉠ 원 그래프
㉡ 점 그래프
㉢ 띠 그래프
㉣ 선 그래프
㉤ 꺾은선 그래프

11 다음 〈보기〉 중 제시된 자료를 도표로 나타내고자 할 때 옳은 유형은?

① ㉠
② ㉡
③ ㉢
④ ㉣
⑤ ㉤

12 다음 〈보기〉 중 2021년도 지점별 매출액 구성 비율을 도표로 나타내고자 할 때 옳은 유형은?

① ㉠
② ㉡
③ ㉢
④ ㉣
⑤ ㉤

※ 다음은 연도별 차량기지 견학 안전체험 건수 및 인원 현황이다. 이어지는 질문에 답하시오. **[13~14]**

〈차량기지 견학 안전체험 건수 및 인원 현황〉

(단위 : 건, 명)

구분	계		2018년		2019년		2020년		2021년		2022년	
	건수	인원	건수	인원	건수	인원	건수	인원	건수	인원	건수	인원
고덕	649	5,252	24	611	36	897	33	633	21	436	17	321
도봉	358	6,304	30	644	31	761	24	432	28	566	25	336
방화	363	6,196	64	1,009	(ㄴ)	978	51	978	(ㄹ)	404	29	525
신내	287	3,662	49	692	49	512	31	388	17	180	25	385
천왕	336	6,450	68	(ㄱ)	25	603	32	642	30	(ㅁ)	29	529
모란	257	6,175	37	766	27	643	31	561	20	338	22	312
총계	2,250	34,039	272	4,588	241	4,394	(ㄷ)	3,634	145	2,490	147	2,408

13 다음 중 빈칸 (ㄱ)~(ㅁ)에 들어갈 수치가 바르게 연결된 것은?

① (ㄱ) : 846
② (ㄴ) : 75
③ (ㄷ) : 213
④ (ㄹ) : 29
⑤ (ㅁ) : 546

14 다음 〈보기〉 중 차량기지 견학 안전체험 건수 및 인원 현황에 대한 설명으로 옳은 것을 모두 고르면?

〈보기〉

ㄱ. 방화 차량기지 견학 안전체험 건수는 2019년부터 2022년까지 전년 대비 매년 감소하였다.
ㄴ. 2020년 고덕 차량기지의 안전체험 건수 대비 인원수는 2020년 도봉 차량기지의 안전체험 건수 대비 인원수보다 크다.
ㄷ. 2019년부터 2021년까지 고덕 차량기지의 안전체험 건수의 증감 추이는 인원수의 증감 추이와 동일하다.
ㄹ. 2022년 신내 차량기지의 안전체험 인원수는 2018년 대비 50% 이상 감소하였다.

① ㄱ, ㄴ
② ㄱ, ㄷ
③ ㄴ, ㄷ
④ ㄴ, ㄹ
⑤ ㄷ, ㄹ

15 S공사는 최근 '가정폭력을 감소시키기 위해 필요한 정책'을 주제로 설문조사를 시행하였고, 다음과 같이 설문조사 결과를 정리하였다. 이에 대한 설명으로 옳지 않은 것은?

〈가정폭력을 감소시키기 위해 필요한 정책(1순위)〉

(단위 : %)

정책	전체	여성	남성
폭력 허용적 사회문화의 개선	24.9	24.2	25.7
가정폭력 관련 법 및 지원서비스 홍보	15.5	14.8	16.2
접근이 쉬운 곳에서 가정폭력 예방교육 실시	9.5	9.3	9.7
양성평등 의식교육	7.5	7.1	7.9
학교에서 아동기부터 폭력 예방교육 실시	12.2	12.0	12.4
가정폭력 피해자에 대한 지원 제공	4.6	5.1	4.0
경찰의 신속한 수사	9.2	9.9	8.4
가중 처벌 등 가해자에 대한 법적 조치 강화	13.6	14.7	12.5
상담, 교육 등 가해자의 교정치료 프로그램 제공	2.8	2.6	3.0
기타	0.2	0.3	0.2

① 가해자에 대한 치료보다는 법적 조치 강화에 더 비중을 두고 있음을 알 수 있다.
② 남성과 여성 모두 폭력을 허용하는 사회문화를 개선하는 것이 가장 필요하다고 보고 있다.
③ 필요한 정책 비율에 대한 순위를 매겨 보면 남성과 여성 모두 같음을 알 수 있다.
④ 기타 항목을 제외하고 가해자의 교정치료에 대해서 필요성이 가장 낮다고 보고 있다.
⑤ 가정폭력에 대한 법이나 지원서비스 홍보도 중요하며, 정책 비율 중에서 두 번째로 가장 필요하다고 보고 있다.

16 S공사에서는 사무실에서 쓸 가습기 50대를 구매하기 위해, 업체 간 판매 조건을 비교 중이다. A업체는 가습기 10대 구매 시 그중 1대를 무료로 제공하고, 추가로 100만 원당 5만 원을 할인해 준다. B업체는 가습기 9대 구매 시 그중 1대를 무료로 제공하고, 추가로 가격 할인은 제공하지 않는다. 어느 업체에서 구매하는 것이 얼마만큼 더 저렴한가?(단, 가습기 1대당 가격은 10만 원이다)

① A업체, 10만 원
② A업체, 20만 원
③ B업체, 10만 원
④ B업체, 20만 원
⑤ B업체, 30만 원

17 다음 자료를 바탕으로 SWOT 분석에 대한 설명으로 적절하지 않은 것은?

〈SWOT 분석〉

	강점 (Strengths)	약점 (Weaknesses)
기회 (Opportunities)	SO	WO
위협 (Threats)	ST	WT

① 강점과 약점은 외부환경요인에 해당하며, 기회와 위협은 내부환경요인에 해당한다.
② SO전략은 강점을 살려 기회를 포착하는 전략을 의미한다.
③ ST전략은 강점을 살려 위협을 회피하는 전략을 의미한다.
④ WO전략은 약점을 보완하여 기회를 포착하는 전략을 의미한다.
⑤ WT전략은 약점을 보완하여 위협을 회피하는 전략을 의미한다.

18 S공사 직원들이 이번 달 성과급에 대해 이야기를 나누고 있다. 성과급은 반드시 늘거나 줄어들었고, 〈보기〉의 직원 중 1명만 거짓말을 하고 있을 때, 항상 참인 것은?

〈보기〉

A직원 : 나는 이번에 성과급이 늘어났어. 그래도 B만큼은 오르지는 않았네.
B직원 : 맞아. 난 성과급이 좀 늘어났지. D보다 조금 더 늘었어.
C직원 : 좋겠다. 오, E도 성과급이 늘어났네.
D직원 : 무슨 소리야. E는 C와 같이 성과급이 줄어들었는데.
E직원 : 그런 것보다 D가 A보다 성과급이 조금 올랐는데.

① 직원 E의 성과급 순위를 알 수 없다.
② 직원 D의 성과급이 가장 많이 올랐다.
③ 직원 A의 성과급이 오른 사람 중 가장 적다.
④ 직원 C는 성과급이 줄어들었다.
⑤ 직원 B의 성과급이 가장 많이 올랐다.

※ 다음은 S전자의 A/S센터 연락망을 나타낸 자료이다. 이어지는 질문에 답하시오. **[19~20]**

근무자	연락 가능한 근무자
1	4, 5, 6
2	1, 3, 8
3	4, 6, 8
4	5, 6, 7
5	1, 3
6	7, 8
7	1, 2, 3
8	4, 7

19 다음 중 근무자 3을 통해 2에게 연락하려고 할 때, 연락이 가능하지 않은 경로는?

① 3-4-5-1-6-8-7-2
② 3-4-7-2
③ 3-6-7-5-2
④ 3-8-4-7-2
⑤ 3-8-7-2

20 2가 6에게 급히 연락할 일이 생겨서 최대한 빠르게 연락을 하려고 할 때, 중간에서 거쳐야 하는 최소 인원은 몇 명인가?(단, 2와 6은 세지 않는다)

① 1명
② 2명
③ 3명
④ 4명
⑤ 5명

※ 어떤 의사는 다음 규칙에 따라 회진을 한다. 이어지는 질문에 답하시오. **[21~22]**

〈병실 위치〉

101호	102호	103호	104호
105호	106호	107호	108호

〈환자 정보〉

환자	호실	일정
A	101호	09:00 ~ 09:40 정기 검사
B	107호	11:00 ~ 12:00 오전 진료
C	102호	10:20 ~ 11:00 오전 진료
D	106호	10:20 ~ 11:00 재활 치료
E	103호	10:00 ~ 10:30 친구 문병
F	101호	08:30 ~ 09:45 가족 문병

〈회진 규칙〉

- 회진은 한 번에 모든 환자를 순서대로 한 번에 순회한다.
- 101호부터 회진을 시작한다.
- 같은 방에 있는 환자는 연속으로 회진한다.
- 회진은 9시 30분부터 12시까지 완료한다.
- 환자의 일정이 있는 시간은 기다린다.
- 회진은 환자 한 명마다 10분이 소요된다.
- 각 방을 이동하는 데 옆방(예 105호 옆방은 106호)은 행동 수치 1을, 마주보는 방(예 104호 마주보는 방 108호)은 행동 수치 2가 소요된다(시간에 적용하지는 않는다).
- 방을 이동하는 데 소요되는 행동 수치가 가장 적게 되도록 회진한다.

21 다음 중 의사가 3번째로 회진하는 환자는 누구인가?(단, 주어진 규칙 외의 다른 조건은 고려하지 않는다)

① B환자
② C환자
③ D환자
④ E환자
⑤ F환자

22 다음 중 의사의 회진에 대한 설명으로 옳은 것은?

① E환자는 B환자보다 먼저 진료한다.
② 네 번째로 진료하는 환자는 B환자이다.
③ 마지막으로 진료하는 환자는 E환자이다.
④ 회진은 11시 전에 모두 마칠 수 있다.
⑤ 10시부터 회진을 시작하면 마지막에 진료하는 환자가 바뀐다.

23 **다음 글의 내용이 참일 때, 가해자인 것이 확실한 사람과 가해자가 아닌 것이 확실한 사람으로 바르게 연결된 것은?**

> 폭력 사건의 용의자로 A, B, C가 지목되었다. 조사 과정에서 A, B, C가 각각 〈보기〉와 같이 진술하였는데, 이들 가운데 가해자는 거짓만을 진술하고 가해자가 아닌 사람은 참만을 진술한 것으로 드러났다.

〈보기〉

A : 우리 셋 중 정확히 한 명이 거짓말을 하고 있다.
B : 우리 셋 중 정확히 두 명이 거짓말을 하고 있다.
C : A, B 중 정확히 한 명이 거짓말을 하고 있다.

	가해자인 것이 확실	가해자가 아닌 것이 확실
①	A	C
②	B	없음
③	B	A, C
④	A, C	B
⑤	A, B, C	없음

24 다음은 국가별 와인 상품과 와인 세트에 대한 자료이다. 세트 가격을 한도로 할 때, 구입할 수 있는 국가별 와인 상품을 바르게 연결한 것은?

1. 국가별 와인 상품

와인	생산지	인지도	풍미	당도	가격(원)
A	이탈리아	5	4	3	50,000
B	프랑스	5	2	4	60,000
C	포르투갈	4	3	5	45,000
D	독일	4	4	4	70,000
E	벨기에	2	2	1	80,000
F	네덜란드	3	1	2	55,000
G	영국	5	5	4	65,000
H	스위스	4	3	3	40,000
I	스웨덴	3	2	1	75,000

※ 인지도 및 풍미와 당도는 '5'가 가장 높고, '1'이 가장 낮다.

2. 와인 세트

1 Set	2 Set
프랑스 와인 1병 외 다른 국가 와인 1병	이탈리아 와인 1병 외 다른 국가 와인 1병
인지도가 높고 풍미가 좋은 와인 구성	당도가 높은 와인 구성
포장비 : 10,000원	포장비 : 20,000원
세트 가격 : 130,000원	세트 가격 : 160,000원

※ 반드시 세트로 구매해야 하며, 세트 가격에는 포장비가 포함되어 있지 않다.
※ 같은 조건이면 인지도와 풍미, 당도가 더 높은 와인으로 세트를 구성한다.

① 1 Set : 프랑스, 독일
② 1 Set : 프랑스, 영국
③ 1 Set : 이탈리아, 벨기에
④ 2 Set : 이탈리아, 스위스
⑤ 2 Set : 이탈리아, 포르투갈

25 **다음 글을 읽고 외부 경영활동으로 볼 수 있는 것은?**

경영활동은 외부 경영활동과 내부 경영활동으로 구분하여 볼 수 있다. 외부 경영활동은 조직 외부에서 조직의 효과성을 높이기 위해 이루어지는 활동이다. 다음으로 내부 경영활동은 조직 내부에서 자원들을 관리하는 것이다.

① 마케팅 활동
② 직원 부서 배치
③ 직원 채용
④ 직원 교육훈련
⑤ 사내행사 진행

26 **다음 중 문화충격을 예방하는 방법으로 적절하지 않은 것은?**

① 다른 문화 환경에 대한 개방적인 태도를 갖도록 한다.
② 자신이 속한 문화를 기준으로 다른 문화를 평가하지 않도록 한다.
③ 새롭고 다른 것을 경험하는 데 적극적인 자세를 취하도록 한다.
④ 다른 문화에 대한 정보를 미리 습득하도록 한다.
⑤ 새로운 사회 환경에 적응하기 위해서 자신의 정체성은 포기하도록 한다.

27 **다음 글의 빈칸 (A)에 들어갈 용어에 대한 설명으로 옳지 않은 것은?**

(A) 은/는 조직이 변화하는 환경에 적응하기 위하여 경영활동을 체계화하는 것으로, 전략은 목표가 아니라 목표달성을 위한 수단이 된다. (A) 은/는 조직의 경영자가 수립하게 되지만, 모든 직업인은 자신이 속한 조직의 (A) 을/를 이해해야 조직목표를 달성하는 데 기여할 수 있다.

① (A)에 있어 최적의 대안을 수립하기 위하여 조직의 내·외부 환경을 분석해야 하며, 이를 위해 SWOT 분석이 가장 많이 활용되고 있다.
② (A)은/는 조직전략, 사업전략, 부문전략으로 구분할 수 있으며, 이들은 수평적 수준을 가지고 있다.
③ (A)은/는 경영자의 경영이념이나 조직의 특성에 따라 다양하다.
④ (A)의 추진과정은 전략목표설정 → 환경분석 → 경영전략 도출 → 경영전략 실행 → 평가 및 피드백 순서로 이루어진다.
⑤ (A)에 대한 정의는 학자에 따라 경영목적과 구분할 수도, 구분하지 않을 수도 있다.

※ 다음 업무추진절차를 보고 이어지는 질문에 답하시오. **[28~29]**

자료송부	해외주재관으로부터 주간 국제동향 송부, 매주 화요일까지
	⇩
자료취합	주재국별 핵심사항 등 자료 정리
	⇩
자료보고	• 작성된 국제동향을 온 나라 시스템에 메모 보고(사무관급 이상) • 보고사항 중 우리부 관련 사항은 해당업무에 전달
	⇩
자료송부	총괄된 국제동향을 각 해외주재관에게 재송부

28 S씨는 상사에게 해당 업무추진절차를 한눈에 파악하기 쉽게 추진체계도로 정리하라는 지시를 받았다. 다음 중 S씨가 정리해야 할 추진체계도로 가장 적절한 것은?

①

	국제동향 송부		처리사항 전달	
해외주재관	→ ←	국제협력담당관실	→ ←	관련 부서 사무관 이상 전 직원
	총괄 국제동향 송부		총괄자료 메모 보고	

②

	국제동향 송부		총괄자료 메모 보고	
해외주재관	→ ←	국제협력담당관실	→ →	관련 부서 사무관 이하 전 직원
	총괄 국제동향 송부		처리사항 전달	

③

	총괄 국제동향 송부		처리사항 전달	
해외주재관	→ ←	국제협력담당관실	→ ←	관련 부서 사무관 이하 전 직원
	국제동향 송부		총괄자료 메모 보고	

④

	국제동향 송부		처리사항 전달	
해외주재관	→ ←	국제협력담당관실	→ →	관련 부서 사무관 이상 전 직원
	총괄 국제동향 송부		총괄자료 메모 보고	

⑤

	총괄 국제동향 송부		처리사항 전달	
해외주재관	→ ←	국제협력담당관실	→ →	관련 부서 사무관 이상 전 직원
	국제동향 송부		총괄자료 메모 보고	

29 **다음 중 업무추진절차를 바탕으로 각 부서의 담당 역할에 대한 내용으로 적절하지 않은 것은?**

① 국제협력담당관실 : 우리부 관련 사항 해당부서에 전달
② 해외주재관 : 각국의 우리부 관련 사항 및 정치·경제사항 등 동향 송부
③ 우리부 관련 부서 : 주재관에게 총괄 취합된 자료의 재전송
④ 국제협력담당관실 : 해외주재관으로부터 자료 취합 및 보고
⑤ 우리부 관련 부서 : 주재국 관련 우리부에서 조치할 사항 처리

30 **다음은 팀워크(Teamwork)와 응집력의 정의를 나타난 글이다. 팀워크의 사례로 적절하지 않은 것은?**

> 팀워크(Teamwork)란 '팀 구성원이 공동의 목적을 달성하기 위하여 상호관계성을 가지고 협력하여 업무를 수행하는 것'으로 볼 수 있다. 반면, 응집력은 '사람들로 하여금 집단에 머물도록 느끼게끔 만들고, 그 집단의 멤버로서 계속 남아 있기를 원하게 만드는 힘'으로 볼 수 있다.

① 다음 주 조별 발표 준비를 위해 같은 조원인 A와 C는 각자 주제를 나누어 조사하기로 했다.
② K사의 S사원과 C사원은 내일 진행될 행사 준비를 위해 함께 야근을 할 예정이다.
③ D고등학교 학생인 A와 B는 내일 있을 시험 준비를 위해 도서관에서 공부하기로 했다.
④ 같은 배에서 활약 중인 D와 E는 곧 있을 조정경기 시합을 위해 열심히 연습하고 있다.
⑤ 연구원 G와 S는 효과적인 의약품을 개발하기 위해 함께 연구하기로 했다.

31 **S회사는 새롭게 개발한 립스틱을 대대적으로 홍보하고 있다. 다음 글을 읽고 대안으로 가장 적절한 것은?**

> S회사 립스틱의 특징은 지속력과 선명한 색상, 그리고 20대 여성을 타깃으로 한 아기자기한 디자인이다. 하지만 립스틱의 홍보가 안 되고 있어 매출이 좋지 않다. 조사결과 저가 화장품이라는 브랜드 이미지 때문인 것으로 드러났다.

① 블라인드 테스트를 통해 제품의 질을 인정받는다.
② 홍보비를 두 배로 늘려 더 많이 광고한다.
③ 브랜드 이름을 최대한 감추고 홍보한다.
④ 무료 증정 이벤트를 연다.
⑤ 타깃을 30대 여성으로 바꾼다.

32 다음은 S공사의 해외시장 진출 및 지원 확대를 위한 전략 과제의 필요성을 제시한 자료이다. 이를 통해 도출된 과제의 추진 방향으로 적절하지 않은 것은?

〈전략 과제 필요성〉

1. 해외시장에서 기관이 수주할 수 있는 산업 발굴
2. 국제사업 수행을 통한 경험 축적과 컨소시엄을 통한 기술·노하우 습득
3. 해당 산업 관련 민간기업의 해외 진출 활성화를 위한 실질적 지원

① 국제기관의 다양한 자금을 활용하여 사업을 발굴하고, 해당 사업의 해외 진출을 위한 기술 역량을 강화한다.

② 해당 산업 민간(중소)기업을 대상으로 입찰 정보 제공, 사업전략 상담, 동반 진출 등을 통한 실질적 지원을 확대한다.

③ 국제경쟁입찰의 과열 경쟁 심화와 컨소시엄 구성 시 민간기업과 업무 배분, 이윤 추구 성향 조율에 어려움이 예상된다.

④ 해외 봉사활동 등과 연계하여 기관 이미지 제고 및 사업에 대한 사전조사, 시장조사를 통한 선제적 마케팅 활동을 추진한다.

⑤ 국제사업에 참여하여 경험을 축적하고, 컨소시엄을 통해 습득한 기술 등을 재활용할 수 있는 사업을 구상하고 연구진을 지원한다.

33 **다음 중 워드프로세서의 조판과 관련된 용어에 대한 설명으로 옳은 것은?**

① 꼬리말은 문서의 오른쪽에 항상 동일하게 지정할 수 있다.
② 각주는 특정 문장이나 단어에 대한 보충 설명들을 해당 페이지의 상단에 표시된다.
③ 소트(Sort)는 문서의 균형을 위해 비워 두는 페이지의 상・하・좌・우 공백을 말한다.
④ 미주는 문서의 문구에 대한 보충 설명들을 문서의 첫 페이지에 모아서 표시하는 것이다.
⑤ 마진(Margin)은 본문 속의 중요한 용어들을 문서 제일 뒤에 모아 문서 몇 페이지에 있는지 알려 주는 기능이다.

34 **다음은 자료와 정보, 지식에 대한 설명이다. S기업의 상황에 맞게 빈칸에 들어갈 내용으로 옳지 않은 것은?**

• 자료(데이터)와 정보, 지식의 고전적인 구분은 맥도너(McDonough)가 그의 책 '정보경제학'에서 시도하였다. 그는 비교적 단순한 방법으로 정보와 지식, 데이터를 구분하고 있다. 즉, 자료(데이터)는 '가치가 평가되지 않은 메시지', 정보는 '특정상황에서 평가된 데이터', 지식은 '정보가 더 넓은 시간・내용의 관계를 나타내는 것'이라고 정의하였다.
• 자동차 업종인 S기업은 최근 1년간 자사 자동차를 구매한 고객들의 주문기종을 조사하여 조사결과를 향후 출시할 자동차 설계에 반영하고자 한다.

자료(Data)	⇨	객관적 실제의 반영이며, 그것을 전달할 수 있도록 기호화한 것	⇨	㉠
⇩				
정보(Information)	⇨	자료를 특정한 목적과 문제해결에 도움이 되도록 가공한 것	⇨	㉡
⇩				
지식(Knowledge)	⇨	정보를 모으고 체계화하여 장래의 일반적인 사항에 대비하여 보편성을 갖도록 한 것	⇨	㉢

① ㉠ : 최근 1년간 S기업 자동차 구입 고객의 연령, 성별, 구입 자동차의 차종 및 배기량 등
② ㉡ : 구매대수 증가율이 가장 높은 차종
③ ㉡ : 유가 변화에 따른 S기업 자동차 판매지점 수 변화
④ ㉢ : 연령별 선호 디자인 트렌드 파악
⑤ ㉢ : 선호 배기량 트렌드에 맞는 신규 차종 개발

35 다음 〈보기〉 중 Windows 환경에서 워드(Word)를 사용할 때, 기능키(Function Key) 〈F4〉와 관련된 바로 가기 키와 해당 기능이 잘못 연결된 것을 모두 고르면?

〈보기〉

㉠ 〈Alt〉+〈F4〉 : 현재 문서를 닫는다.
㉡ 〈Ctrl〉+〈F4〉 : 워드(Word)를 닫는다.
㉢ 〈Shift〉+〈F4〉 : 마지막 찾기 또는 이동 작업을 반복한다.
㉣ 〈F4〉 : 가능한 경우 마지막으로 실행한 명령이나 작업을 반복한다.

① ㉠, ㉡
② ㉠, ㉢
③ ㉡, ㉢
④ ㉡, ㉣
⑤ ㉢, ㉣

36 왼쪽 워크시트의 성명 데이터를 오른쪽 워크시트와 같이 성과 이름, 두 개의 열로 분리하기 위해 [텍스트 나누기] 기능을 사용하고자 한다. 다음 중 [텍스트 나누기]의 분리 방법으로 옳은 것은?

	A
1	김철수
2	박선영
3	최영희
4	한국인

	A	B
1	김	철수
2	박	선영
3	최	영희
4	한	국인

① 열 구분선을 기준으로 내용 나누기
② 구분 기호를 기준으로 내용 나누기
③ 공백을 기준으로 내용 나누기
④ 탭을 기준으로 내용 나누기
⑤ 행 구분선을 기준으로 내용 나누기

37 엑셀의 기능 중 틀 고정에 대한 설명으로 옳지 않은 것은?

① 고정하고자 하는 행의 위 또는 열의 왼쪽에 셀 포인터를 위치시킨 후 [보기] – [틀 고정]을 선택한다.

② 틀을 고정하면 셀 포인터의 이동에 상관없이 고정된 행이나 열이 표시된다.

③ 문서의 내용이 많은 경우 셀 포인터를 이동하면 문서의 제목 등이 안 보이므로 틀 고정을 사용한다.

④ 인쇄할 때는 틀 고정을 해놓은 것이 적용이 안되므로 인쇄를 하려면 설정을 바꿔줘야 한다.

⑤ 틀 고정을 취소할 때에는 셀 포인터의 위치는 상관없이 [보기] – [틀 고정 취소]를 클릭한다.

38 다음은 S공사의 1차, 2차 면접 결과를 정리한 표이다. [E2:E7]에 최종 점수를 구하고자 할 때, 필요한 함수로 옳은 것은?

	A	B	C	D	E
1	이름	1차	2차	평균	최종 점수
2	유○○	96.45	45.67	71.16	71.1
3	전○○	89.67	34.77	62.22	62.2
4	강○○	88.76	45.63	67.195	67.2
5	신○○	93.67	43.56	68.615	68.6
6	김○○	92.56	38.45	65.505	65.5
7	송○○	95.78	43.65	69.715	69.7

① INT

② ABS

③ TRUNC

④ ROUND

⑤ COUNTIF

※ 다음은 S기업의 자체 데이터베이스에 대한 내용이다. 이어지는 질문에 답하시오. [39~40]

S기업은 사회 이슈에 대해 보고서를 발간하며, 모든 자료는 사내 데이터베이스에 보관하고 있다. 데이터베이스를 구축한지 오랜 시간이 흐르고, 축적한 자료도 많아 원하는 자료를 일일이 찾기엔 어려워 S기업에서는 데이터베이스 이용 시 검색 명령을 활용하라고 권장하고 있다. S기업의 데이터베이스에서 사용할 수 있는 검색 명령어는 아래와 같다.

구분	내용
*	두 단어가 모두 포함된 문서를 검색
OR	두 단어가 모두 포함되거나 두 단어 중에서 하나만 포함된 문서를 검색
|	OR 대신 사용할 수 있는 명령어
!	! 기호 뒤에 오는 단어는 포함하지 않는 문서를 검색
~	앞 / 뒤에 단어가 가깝게 인접해 있는 문서를 검색

39 S기업의 최윤오 사원은 기업의 성과관리에 대한 보고서를 작성하려고 한다. 이전에도 성과관리를 주제로 보고서를 작성한 적이 있어, 자신이 작성한 보고서는 제외하고 관련 자료를 데이터베이스에서 검색하려고 한다. 다음 중 최윤오 사원이 입력할 검색어로 옳은 것은?

① 성과관리 * 최윤오
② 성과관리 OR 최윤오
③ 성과관리 ! 최윤오
④ 성과관리 ~ 최윤오
⑤ 성과관리 | 최윤오

40 S기업의 최윤오 사원은 기업의 성과관리에 대한 보고서를 작성하던 중, 임금체계와 성과급에 대한 자료가 필요해 이를 데이터베이스에서 찾으려고 한다. 임금체계와 성과관리가 모두 언급된 자료를 검색하기 위한 검색 키워드로 '임금체계'와 '성과급'을 입력했을 때, 최윤오 사원이 활용할 수 있는 검색 명령어를 〈보기〉에서 모두 고르면?

〈보기〉

㉠ *
㉡ OR
㉢ !
㉣ ~

① ㉠
② ㉠, ㉡
③ ㉠, ㉡, ㉢
④ ㉠, ㉡, ㉣
⑤ ㉠, ㉢, ㉣

41 S공사 경영지원실 C주임은 부서 비품 관리 업무를 새롭게 맡게 되었다. 다음 중 물적자원 관리 과정에 맞춰 C주임의 행동을 순서대로 바르게 나열한 것은?

> (A) 비품관리실 한쪽에 위치한 서랍 첫 번째 칸에 필기구와 메모지를 넣어두고 A4 용지는 습기가 없는 장소에 보관한다.
> (B) 바로 사용할 비품 중 필기구와 메모지를 따로 분류한다.
> (C) 기존에 있던 비품 중 사용할 사무 용품과 따로 보관해둘 물품을 분리한다.

① (A) – (C) – (B)
② (B) – (C) – (A)
③ (B) – (A) – (C)
④ (C) – (B) – (A)
⑤ (C) – (A) – (B)

42 오찬석 과장은 파리 출장을 위해 인천공항에서 파리공항까지 여행 시간이 가장 짧은 항공편을 이용할 계획이다. 이때, 오찬석 과장이 이용하게 될 항공편은?

〈인천 – 파리 AA항공권〉

항공편	출발시간(인천)	도착시간(파리)	비고
A12	2024.03.11. 17:55	2024.03.12. 04:05	1회 경유 – 상하이
B263	2024.03.12. 19:45	2024.03.13. 05:45	1회 경유 – 런던
C4867	2024.03.12. 20:00	2024.03.13. 03:45	1회 경유 – 프랑크푸르트
D83Z	2024.03.13. 21:30	2024.03.14. 07:15	1회 경유 – 뮌헨
E962	2024.03.13. 21:55	2024.03.14. 08:55	1회 경유 – 시드니

〈한국 기준 현재 시차 표〉

도시	시드니	서울 / 인천	상하이	파리 / 뮌헨 프랑크푸르트	런던	로스엔젤레스	뉴욕
시차	+1	0	−1	−7	−8	−17	−14

① A12
② B263
③ C4867
④ D83Z
⑤ E962

43 다음은 자원관리 방법의 하나인 전사적 자원관리에 대한 설명이다. 〈보기〉 중 전사적 자원관리에 대한 사례로 보기 어려운 것을 모두 고르면?

> 전사적 자원관리(ERP)는 기업 활동을 위해 사용되는 기업 내의 모든 인적·물적 자원을 효율적으로 관리하여 궁극적으로 기업의 경쟁력을 강화하는 역할을 하는 통합정보시스템을 말한다. 이 용어는 미국 코네티컷주 정보기술 컨설팅회사인 가트너 그룹이 처음 사용한 것으로 알려져 있다. 전사적 자원관리는 인사·재무·생산 등 기업의 전 부문에 걸쳐 독립적으로 운영되던 인사정보시스템·재무정보시스템·생산관리시스템 등을 하나로 통합해 기업 내 인적·물적 자원의 활용도를 극대화하고자 하는 경영혁신 기법이다.

〈보기〉

㉠ A사는 총무부 내 재무회계팀과 생산관리부의 물량계획팀을 통합했다.
㉡ B사는 지점총괄부를 지점인사관리실과 지점재정관리실로 분리하였다.
㉢ C사는 국내 생산 공장의 물류 포털을 본사의 재무관리 포털에 흡수시켜 통합했다.
㉣ D사는 신규 직원 채용에 있어 인사 직무와 회계 직무를 구분하여 채용하기로 하였다.

① ㉠, ㉡
② ㉠, ㉢
③ ㉡, ㉢
④ ㉡, ㉣
⑤ ㉢, ㉣

44 S공사는 현재 신입사원을 채용하고 있다. 서류전형과 면접전형을 마치고 다음의 평가지표 결과를 얻었다. S공사는 평가지표별 가중치를 이용하여 각 지원자의 최종 점수를 계산하고, 점수가 가장 높은 두 명을 채용하려고 한다. 이때, S공사가 채용할 두 지원자는?

〈지원자별 평가지표 결과〉

(단위 : 점)

구분	면접 점수	영어 실력	팀내 친화력	직무 적합도	발전 가능성	비고
A지원자	3	3	5	4	4	군필자
B지원자	5	5	2	3	4	군필자
C지원자	5	3	3	3	5	-
D지원자	4	3	3	5	4	군필자
E지원자	4	4	2	5	5	군 면제자

※ 군필자(만기제대)에게는 5점의 가산점을 부여한다.

〈평가지표별 가중치〉

평가지표	면접 점수	영어 실력	팀내 친화력	직무 적합도	발전 가능성
가중치	3	3	5	4	5

※ 가중치는 해당 평가지표 결과 점수에 곱한다.

① A, D지원자
② B, C지원자
③ B, E지원자
④ C, D지원자
⑤ D, E지원자

45 S기업은 현재 22,000원에 판매하고 있는 A제품의 판매 이익을 높이기 위해 다양한 방식을 고민하고 있다. A제품에 대한 다음 정보를 참고할 때, A제품의 판매 이익을 가장 많이 높일 수 있는 방법으로 옳은 것은?

〈A제품 정보〉

• 개당 소요 비용

재료비	생산비	광고비
2,500원	4,000원	1,000원

• A/S 관련 사항
 – 고객의 무료 A/S 요청 시 회사는 1회당 3,000원을 부담해야 한다.
 – 무료 A/S는 구매 후 단 1회에 한해 제공된다.
 – 판매되는 제품 중 무료 A/S가 요구되는 제품의 비율은 15%이다.
• (판매 이익)={(판매량)×(판매가격)}−[{(재료비)+(생산비)+(광고비)}+{(A/S 부담 비용)×(A/S 비율)}]

① 재료비를 25% 감소시킨다.
② 생산비를 10% 감소시킨다.
③ 광고비를 50% 감소시킨다.
④ A/S 부담 비용을 20% 감소시킨다.
⑤ A/S 비율을 5% 감소시킨다.

46 다음 사례에서 고려해야 할 인적 배치 방법으로 가장 적절한 것은?

갑은 사람들과 어울리기 좋아하는 외향적인 성격에 매사 긍정적인 사람으로 이전 직장에서는 회계부서에서 일을 했으며, 자신의 성격이 가만히 사무실에 앉아서 일하는 것을 답답하고 힘들어한다는 것을 알았다. 이후 갑은 영업부서로 지원하였으나 회사에서는 갑을 인사부서로 배정하였다. 이에 갑은 실망했지만 부서에 적응하도록 노력했다. 하지만 인사부서는 다른 직원들의 긍정적인 면은 물론 부정적인 면까지도 평가해야 했고, 이렇게 평가된 내용으로 직원들의 보상과 불이익이 결정되어 다른 부서 직원들은 갑과 가깝게 지내기 꺼려했다. 이에 갑은 회사에 다니기가 점점 더 싫어졌다.

① 적재적소 배치
② 능력 배치
③ 균형 배치
④ 양적 배치
⑤ 적성 배치

47 신입사원이 소모품을 구매한 영수증에 커피를 쏟아 영수증의 일부가 훼손되었다. 영수증을 받은 귀하는 구매한 물품과 결제금액이 일치하는지를 확인하려고 한다. 훼손된 영수증의 나머지 정보를 활용한다면 C품목의 수량은 몇 개인가?

가맹점명, 가맹점주소가 실제와 다른 경우 신고 안내
여신금융협회 : 02-2011-0777 – 포상금 10만 원 지급

영 수 증

상호 : (주)A할인매장
대표자 : ○○○
전화번호 : 02-0000-0000
사업자번호 : 148-81-00000
서울 종로구 새문안로 000

2024-02-07 14:30:42

품명	수량	단가	금액
A	2	2,500원	5,000원
B	6	1,000원	(　　)원
C	(　　)	1,500원	(　　)원
D	2	4,000원	(　　)원
E	8	500원	(　　)원
소계			(　　)원
부가세(10%)			3,500원
합계			(　　)원

이용해 주셔서 감사합니다.

① 5개
② 6개
③ 7개
④ 8개
⑤ 9개

48 **다음은 개인 차원에서의 인적자원인 인맥에 대한 글이다. 빈칸에 들어갈 말을 순서대로 바르게 나열한 것은?**

> 인맥은 사전적으로 정계, 재계, 학계 따위에서 형성된 사람들의 유대 관계를 의미한다. 그러나 이에 국한하지 않고 모든 개인에게 적용되는 개념으로, 인맥은 자신이 알고 있거나 관계를 형성하고 있는 사람들을 나타낸다. 자신과 직접적인 관계에 있는 사람들은 (가) 인맥으로 표현할 수 있으며, 인맥에는 (가) 인맥뿐만 아니라 (가) 인맥으로부터 알게 된 사람, 우연한 자리에서 알게 된 사람 등 다양한 (나) 인맥이 존재할 수 있다. 또한 (나) 인맥에서 계속 (나) 되면 한 사람의 인맥은 아래 그림처럼 끝없이 넓어질 수 있다.
>
> 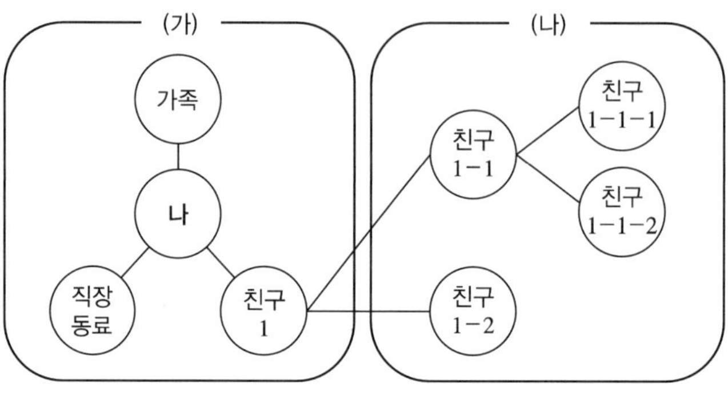
>

	(가)	(나)
①	중요	파생
②	핵심	파생
③	핵심	합성
④	직접	합성
⑤	직접	간접

49 다음은 기술 시스템의 발전 단계를 나타낸 것이다. 빈칸에 들어갈 단계로 가장 적절한 것은?

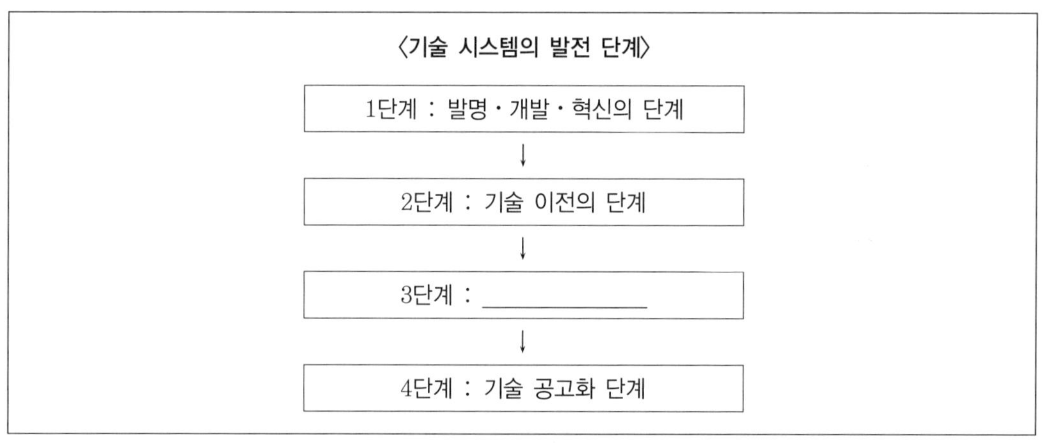

① 기술 협조의 단계
② 기술 경영의 단계
③ 기술 평가의 단계
④ 기술 경쟁의 단계
⑤ 기술 투자의 단계

50 다음 글에 나타난 벤치마킹의 종류에 대한 설명으로 옳은 것은?

> 네스프레소는 가정용 커피머신 시장의 선두주자이다. 우리는 기존의 산업 카테고리를 벗어나 랑콤, 이브로쉐 등 고급 화장품 업계의 채널 전략을 벤치마킹했다는 점을 주목해야 한다. 고급 화장품 업체들은 독립 매장에서 고객들에게 화장품을 직접 체험할 수 있는 기회를 제공하고, 이를 적극적으로 수요와 연계하고 있었다. 네스프레소는 이를 통해 신규 수요를 창출하기 위해서는 커피머신의 기능을 강조하는 것이 아니라, 즉석에서 추출한 커피의 신선한 맛을 고객에게 체험하게 하는 것이 중요하다는 인사이트를 도출했다. 이후 전 세계 유명 백화점에 오프라인 단독 매장들을 개설해 고객에게 커피를 시음할 수 있는 기회를 제공했다. 이를 통해 네스프레소의 수요는 급속도로 늘어나 매출 부문에서 30 ~ 40%의 고속성장을 거두게 됐고 전 세계로 확장되며 여전히 높은 성장세를 이어가고 있다.

① 자료수집이 쉬우며 효과가 크지만 편중된 내부 시각에 대한 우려가 있다는 단점이 있다.
② 비용 또는 시간적 측면에서 상대적으로 많이 절감할 수 있다는 장점이 있다.
③ 문화 및 제도적인 차이에 대한 검토가 부족하면 잘못된 결과가 나올 수 있다.
④ 경영성과와 관련된 정보 입수가 가능하나 윤리적인 문제가 발생할 소지가 있다.
⑤ 새로운 아이디어가 나올 가능성이 높지만 가공하지 않고 사용한다면 실패할 수 있다.

※ 다음은 컴퓨터 설치방법 및 주의사항에 대한 자료이다. 이어지는 질문에 답하시오. [51~52]

〈설치방법〉

1. 통풍이 잘 되고 화기와 멀리 있는 장소에 컴퓨터를 설치하십시오(기기 주변에 충분한 공간을 확보하지 않으면 본체 및 모니터가 과열됩니다).
2. 모니터 전원과 본체 전원 총 2개의 전원이 필요합니다.
3. 모니터와 본체를 연결시켜 주십시오.
4. 본체를 작동시키면 팬 소리가 들립니다.

〈주의사항〉

1. 전원은 반드시 교류 220V에 연결하십시오(반드시 전용 콘센트를 사용하십시오).
2. 본체 주변을 자주 청소하십시오(먼지나 이물질로 인해 본체 내부에 먼지가 쌓여 성능에 문제가 생깁니다).
3. 안정된 곳에 설치하십시오(무게로 인해 떨어질 수 있습니다).

〈A/S 신청 전 확인사항〉

현상	원인	조치방법
모니터 전원은 들어오나 화면이 나오지 않음	본체와 모니터 연결선의 문제	연결선을 재결합하거나 고정시켜 주세요. 또는 맞는 위치에 선을 연결시켰는지 확인해 주세요.
본체에서 소리가 너무 많이 남	본체 내부에 먼지가 쌓여 팬이 과도하게 돌아감	본체 내부를 바람으로 청소해 주세요(물청소 ×).
모니터 화면이 기울어져서 송출됨	모니터 설정 문제	모니터 하단부의 'AUTO' 버튼을 누르거나, 'MENU' 버튼을 눌러 수동 설정해 주세요.
부팅이 되지 않고 '띠띠' 소리가 남	본체 내부 연결선 접촉 불량	본체를 열어 참고자료에 나와 있는 선들이 잘 연결되었는지 확인해 주세요.
모니터 스크린상에 영상이 깜빡거리면서 나타남	모니터 액정의 고장	모니터 액정 불량이므로 A/S 센터에 연락하세요.

51 P주임은 컴퓨터를 설치한 후, 모니터 전원은 들어오나 화면이 나오지 않는 원인을 파악하려고 한다. 다음 중 문제의 원인을 파악하기 위해 반드시 확인해야 할 사항은?

① 본체 내부 청결 상태
② 본체와 모니터 연결선
③ 본체 내부 연결선
④ 모니터 설정
⑤ 설치된 장소

52 다음 중 컴퓨터 설치방법 및 주의사항을 따르지 않은 사람은?

① A사원 : 모니터와 본체의 전원을 연결하기 위해 4구 멀티탭을 구매하였다.
② B팀장 : 컴퓨터 유지보수를 위해 주변을 깔끔하게 정리하고 주기적으로 청소하였다.
③ C대리 : 본체에서 소음이 심각하게 발생하여 물청소 대신 공기청소를 하였다.
④ D주임 : 더러운 바닥보다 조금 불안정하지만 깨끗한 책상에 설치하였다.
⑤ E과장 : 밀폐되지 않은 장소에 설치하고 주위에 화기가 없는 것을 확인하였다.

53 다음 중 A사와 B사가 활용한 벤치마킹 종류를 바르게 나열한 것은?

> A사는 기존 신용카드사가 시도하지 않았던 새로운 분야를 개척하며 성장했다. A사만의 독특한 문화와 경영 방식 중 상당 부분은 회사 바깥에서 얻었다. 이런 작업의 기폭제가 바로 'Insight Tour'이다. A사 직원들은 업종을 불문하고 새로운 마케팅으로 주목받는 곳을 방문한다. 심지어 혁신적인 미술관이나 자동차 회사까지 찾아간다. 금융회사는 가급적 가지 않는다. 카드사는 고객이 결제하는 카드만 취급하는 것이 아니라 회사의 고객 라이프 스타일까지 디자인하는 곳이라는 게 A사의 시각이다. A사의 브랜드 실장은 "카드사는 생활과 밀접한 분야에서 통찰을 얻어야 한다. 'Insight Tour'는 고객의 삶을 업그레이드시키는 데 역점을 둔다."고 강조했다.
>
> B사의 첫 벤치마킹 대상은 선반이 높은 창고형 매장을 운영한 월마트였다. 하지만 한국 문화에 맞지 않았다. 3년 후 일본 할인점인 이토요카토로 벤치마킹 대상을 바꿨다. 신선식품에 주력하고 시식행사도 마련하였고, 결과는 성공이었다. 또한 자체브랜드(PL – Private Label) 전략도 벤치마킹을 통해 가다듬었다. 기존 B사의 PL은 저가 이미지가 강했지만, 이를 극복하기 위해 B사는 'PL 종주국' 유럽을 벤치마킹했다. 유럽의 기업인 테스코는 PL 브랜드를 세분화해서 '테스코 파이니스트 – 테스코 노멀 – 테스코 벨류'란 브랜드를 달았다. 이와 유사하게 B사도 '베스트 – 벨류 – 세이브' 등의 브랜드로 개편했다.

	A사	B사
①	경쟁적 벤치마킹	비경쟁적 벤치마킹
②	간접적 벤치마킹	글로벌 벤치마킹
③	비경쟁적 벤치마킹	글로벌 벤치마킹
④	직접적 벤치마킹	경쟁적 벤치마킹
⑤	비경쟁적 벤치마킹	경쟁적 벤치마킹

※ S회사 사무실에서 제습기를 비치하고자 한다. 이어지는 질문에 답하시오. **[54~55]**

• 안전하게 사용하기 위해서

– 전원코드를 무리하게 구부리기 비틀기, 잡아당기기 등을 하지 마십시오(코드가 파손되어 화재 및 감전의 원인이 됩니다).
– 하나의 콘센트에 여러 전원코드를 사용하지 마십시오(무리한 전력사용은 감전 및 화재의 원인이 됩니다).
– 가스가 샐 때는 제습기를 작동하기 전에 창문을 열어 환기시켜 주십시오(폭발 및 화재, 화상의 원인이 됩니다).
– 흡입구나 토출구를 막지 마십시오(능력 저하나 고장의 원인이 될 수 있습니다).
– 제습기를 이동할 때는 운전을 정지하고, 물통의 물을 버린 후 이동하십시오(물통 안의 물이 흘러넘쳐 가재도구 등을 적시거나 화재, 감전의 원인이 될 수 있습니다).
– 에어필터를 꼭 끼워 사용하십시오(필터 없이 사용할 경우 제품 수명이 짧아집니다).
– 안정되고 튼튼한 바닥 위에 설치하십시오(바닥이 약하면 진동이나 소음의 원인이 됩니다).

• 다음과 같은 증상은 고장이 아닙니다.

사용 중 갑자기 소리가 커져요.	압축기가 정지해 있다가 작동을 시작하면서 나는 소리입니다.
소리의 크기가 변화합니다.	루버의 각도에 따라 소리의 크기가 변화합니다.
온풍이 나옵니다.	실내 공기를 냉각시켜 제습한 공기를 응축기로 따뜻하게 하므로 나오는 바람은 온풍이 됩니다.
배수 물통 내에 액체 또는 흰 증발 자국이 있습니다.	공장에서의 제습 테스트에 의해 남은 물 또는 물의 증발 자국으로 이상이 아닙니다.
운전·정지 시 제품이 떨려요.	압축기가 작동할 때 순간적으로 떨리는 정상적인 현상입니다.
물통을 뺐는데 물이 떨어져요	제품 내부에 남아있는 잔여 응축수가 일부 떨어진 것이니 마른 걸레로 제거 후 사용하시면 됩니다.
물통 비움 표시 램프가 점등되지 않아요.	제품 내부의 물을 모으기 위해 만수 후 3분 뒤에 램프가 점등됩니다.
제품을 들 때나 이동 시 딸깍딸깍 소리가 납니다.	압축기가 흔들려서 나는 정상적인 소리입니다.

※ 다음과 같은 증상 외에 다른 문제가 있다면 즉시 서비스센터에 문의하시기 바라며, 절대 임의로 수리하지 마십시오.

54 **새롭게 사무실에 비치된 제습기를 안전하게 사용하기 위해 화재와 관련된 주의사항을 확인하고자 한다. 다음 중 화재 위험과 관련성이 가장 적은 것은?**

① 에어필터를 사용하지 않았다.

② 문어발식 콘센트를 사용하였다.

③ 가스경보기가 울릴 때 제습기를 작동시켰다.

④ 제습기를 옮길 때 물통의 물을 버리지 않았다.

⑤ 전원코드를 무리하게 구부려 콘센트에 연결하였다.

55 **제습기 사용 중 작동이 원활하지 않아 서비스센터에 수리를 요청하였다. 다음 중 서비스센터에 문의한 증상으로 가장 적절한 것은?**

① 운전 시 제품이 떨린다.

② 사용 중 갑자기 소리가 커진다.

③ 물통 비움 표시 램프가 점등되지 않는다.

④ 전원 버튼을 눌러도 작동하지 않는다.

⑤ 물통을 뺐는데 물이 떨어진다.

56 상담원인 귀하는 전자파와 관련된 고객의 문의전화를 받았다. 가전제품 전자파 절감 가이드라인을 참고했을 때, 상담내용 중 옳지 않은 것을 모두 고르면?

〈가전제품 전자파 절감 가이드라인〉

오늘날 전자파는 우리 생활을 풍요롭고 편리하게 해주는 떼려야 뗄 수 없는 존재가 되었습니다. 일상생활에서 사용하는 가전제품의 전자파 세기는 매우 미약하고 안전하지만 여전히 걱정이 된다고요? 그렇다면 일상생활에서 전자파를 줄이는 가전제품 사용 가이드라인에 대해 알려 드리겠습니다.

1. 생활가전제품 사용 시에는 가급적 30cm 이상 거리를 유지하세요.
   - 가전제품의 전자파는 30cm 거리를 유지하면 밀착하여 사용할 때보다 1/10로 줄어듭니다.
2. 전기장판은 담요를 깔고, 온도는 낮게, 온도조절기는 멀리 하세요.
   - 전기장판의 자기장은 3 ~ 5cm 두께의 담요나 이불을 깔고 사용하면 밀착 시에 비해 50% 정도 줄어듭니다.
   - 전기장판의 자기장은 저온(취침모드)으로 낮춰 사용하면 고온으로 사용할 때에 비해 50% 줄어듭니다.
   - 온도조절기와 전원접속부는 전기장판보다 전자파가 많이 발생하니 가급적 멀리 두고 사용하세요.
3. 전자레인지 동작 중에는 가까운 거리에서 들여다보지 마세요.
   - 사람의 눈은 민감하고 약한 부위에 해당되므로 전자레인지 동작 중에는 가까운 거리에서 내부를 들여다보는 것을 삼가는 것이 좋습니다.
4. 헤어드라이기를 사용할 때에는 커버를 분리하지 마세요.
   - 커버가 없을 경우 사용부위(머리)와 가까워져 전자파에 2배 정도 더 노출됩니다.
5. 가전제품은 필요한 시간만 사용하고 사용 후에는 항상 전원콘센트를 뽑아 두세요.
   - 가전제품을 사용한 후 전원콘센트를 뽑아 두면 불필요한 전자파를 줄일 수 있습니다.
6. 시중에서 판매되고 있는 전자파 차단 필터는 효과가 없습니다.
7. 숯, 선인장 등은 전자파를 줄이거나 차단하는 효과가 없습니다.

상담원 : 안녕하십니까. 고객상담팀 김○○입니다.

고객 : 안녕하세요. 문의할 게 있어서 전화했습니다. 이번에 전기장판을 사용하는데 윙윙거리는 전자파 소리가 들려서 도저히 불안해서 사용할 수가 없네요. 전기장판에서 발생하는 전자파는 어느 정도인가요?

상담원 : ㉠ <u>일상생활에서 사용하는 모든 가전제품에서는 전자파가 나오지만 그 세기는 매우 미약하고 안전하니 걱정하지 않으셔도 됩니다.</u>

고객 : 하지만 괜히 몸도 피곤하고 전기장판에서 자면 개운하지 않은 것 같아서요.

상담원 : ㉡ <u>혹시 온도조절기가 몸과 가까이 있지 않나요? 온도조절기와 전원접속부는 전기장판보다 전자파가 더 많이 발생하니 멀리 두고 사용하면 전자파를 줄일 수 있습니다.</u>

고객 : 네, 온도조절기가 머리 가까이 있었는데 위치를 바꿔야겠네요.

상담원 : ㉢ <u>또한 전기장판은 저온으로 장시간 이용하는 것보다 고온으로 온도를 올리고 있다가 저온으로 낮춰 사용하는 것이 전자파 절감에 더 효과가 있습니다.</u>

고객 : 그럼 혹시 핸드폰에서 발생하는 전자파를 절감할 수 있는 방법도 있나요?

상담원 : ㉣ <u>핸드폰의 경우 시중에 판매하는 전자파 차단 필터를 사용하시면 50% 이상의 차단 효과를 보실 수 있습니다.</u>

① ㉠, ㉡　　② ㉠, ㉢
③ ㉡, ㉢　　④ ㉡, ㉣
⑤ ㉢, ㉣

57 다음 중 업무수행 성과를 높이기 위한 행동전략을 잘못 사용하고 있는 사람은?

> A사원 : 저는 해야 할 일이 생기면 미루지 않고, 그 즉시 바로 처리하려고 노력합니다.
> B사원 : 저는 여러 가지 일이 생기면 비슷한 업무끼리 묶어서 한 번에 처리하곤 합니다.
> C대리 : 저는 다른 사람이 일하는 방식과 다른 방식으로 생각하여 더 좋은 해결책을 발견하기도 합니다.
> D대리 : 저도 C대리의 의견과 비슷합니다. 저는 저희 팀의 업무 지침이 마음에 들지 않아 저만의 방식을 찾고자 합니다.
> E인턴 : 저는 저희 팀에서 가장 일을 잘한다고 평가받는 김부장님을 제 역할 모델로 삼았습니다.

① A사원
② B사원
③ C대리
④ D대리
⑤ E인턴

58 다음 사례에서 S씨가 자신의 목표를 달성하지 못한 이유로 가장 적절한 것은?

> 극장에서 미소지기로 근무하는 S씨는 친절 사원으로 선발된 다른 직원들을 보면서 자신도 이달의 친절왕이 되겠다는 목표를 설정하고, 여러 정보들을 수집하여 구체적인 계획을 세웠다. 그러나 S씨의 무뚝뚝한 표정과 말투로 인해 친절왕은커녕 고객들의 불평·불만만 쌓여갔다. 사실 S씨는 오래전부터 사람을 대하는 서비스업이 자신에게 적합하지 않다는 생각을 하고 있었다.

① 자신감이 부족하여 자기개발과 관련된 결정을 제대로 하지 못하였다.
② 회사 내의 경력기회 및 직무 가능성 등에 대해 충분히 알아보지 않았다.
③ 다른 직업이나 회사 밖의 기회에 대해 충분히 알아보지 않았다.
④ 자신의 흥미·적성 등을 제대로 파악하지 못하였다.
⑤ 둘러싼 주변상황의 제약으로 인해 어려움을 겪었다.

59 S씨는 자기개발을 하려고 결심했지만 구체적으로 어떻게 해야 할지 몰라 고민이다. 이러한 S씨에게 우선 자신이 누구인지 파악하는 것이 중요하다고 조언하고자 한다. 다음 중 자아인식 단계에 대한 설명으로 옳지 않은 것은?

① 자아인식은 자기개발의 첫 단계이다.

② 자아인식은 자기관리의 토대가 된다.

③ 자아인식은 자신의 비전과 목표를 수립하는 단계이다.

④ 직업인의 자아인식이란 직업생활과 관련하여 자신의 가치, 신념, 흥미 등 자신이 누구인지 파악하는 단계를 말한다.

⑤ 자아인식의 방법으로는 나를 확인하는 방법, 다른 사람과의 대화를 통해 알아 가는 방법, 표준화된 검사 척도를 이용하는 방법 등이 있다.

60 경력단계는 직업 선택, 조직 입사, 경력 초기, 경력 중기, 경력 말기로 구분된다. 경력단계 중 다음 글의 내용과 관련 있는 것은?

차장으로 재직 중인 45세 S씨의 입사동기 대부분이 부장으로 승진하였거나 퇴사한 상태이다. S씨는 조금 있으면 후배 차장들이 승진할 차례이고, 점차 빠르게 변화해 가는 조직에서 적응하기도 힘들다는 걸 느끼고 있다. 퇴근 후에는 마음 놓고 속을 털어놓을 동료나 후배가 없어 혼자 포장마차에서 술을 마시는 경우가 많다. 매일 반복되는 생활 속에서 새로운 변화를 꿈꾸며 서점에서 도움이 될 만한 자격증 서적을 찾아서 구입하기도 한다.

① 그동안 성취한 것을 재평가하고 생산성을 그대로 유지하는 단계이다.

② 자신에게 적합한 직업이 무엇인지를 탐색하고 이를 선택한 후, 여기에 필요한 능력을 키우는 과정이다.

③ 자신이 선택한 경력 분야에서 원하는 조직의 일자리를 얻으며 직무를 선택하는 과정이다.

④ 자신이 맡은 업무 내용을 파악하고, 새로 들어간 조직의 규칙이나 규범, 분위기를 알아가는 단계이다.

⑤ 조직의 생산적인 기여자로 남고 자신의 가치를 지속적으로 유지하기 위하여 노력하며, 동시에 퇴직을 고려하게 되는 단계이다.

61 다음 중 합리적인 의사결정 과정을 순서대로 바르게 나열한 것은?

> ㉠ 의사결정 기준과 가중치를 정한다.
> ㉡ 가능한 모든 대안을 탐색한다.
> ㉢ 최적안을 선택한다.
> ㉣ 각 대안을 분석 및 평가한다.
> ㉤ 의사결정에 필요한 정보를 수집한다.

① ㉠－㉡－㉤－㉢－㉣
② ㉠－㉤－㉡－㉣－㉢
③ ㉡－㉠－㉤－㉢－㉣
④ ㉡－㉠－㉤－㉣－㉢
⑤ ㉡－㉤－㉠－㉢－㉣

62 다음은 S사원이 자신이 생각하는 자신의 모습과 주변 동료들이 생각하는 자신의 모습을 조해리의 창(Johari's Window)으로 정리한 자료이다. S사원이 이해한 내용으로 적절하지 않은 것은?

〈S사원이 작성한 조해리의 창〉

구분	내가 아는 나	내가 모르는 나
타인이 아는 나	• 활달하고 개방적이다. • 사람들과 원만하게 잘 지내려고 한다. • 센스가 있는 편이다.	• 감정 기복이 심한 편이다. • 간혹 소심하고 내성적인 모습도 보인다. • 과시하고 싶어 한다.
타인이 모르는 나	• 불의를 보면 참을 수 없다. • 다혈질적이다. • 혼자 있는 것을 싫어한다.	(A)

① 자신이 감정 기복이 심한 편인지 스스로 생각해볼 필요가 있다.
② 혼자 있는 것을 싫어하는 점을 상대방에게 조금씩 알려주는 것도 좋다.
③ 자신이 다혈질적인지 스스로 생각해볼 필요가 있다.
④ 자신이 매사에 과시하는 모습을 보이지 않았는지 반성할 필요가 있다.
⑤ (A)는 S사원 자신도 모르고, 타인도 모르는 미지의 영역으로 볼 수 있다.

63 S대리는 입사 4년 차이다. 회사 업무도 익숙해졌고 업무에도 별다른 문제가 없다. 하지만 S대리는 이런 익숙함 때문에 점점 업무에 대한 흥미를 잃어가고 있다. 그러다 보니 잔실수가 많아졌고 심지어 신입사원에게까지 실수 지적을 받기도 했다. 이런 문제를 해결하고자 S대리가 할 수 있는 행동은?

① 이직한다.
② 다른 부서로 옮긴다.
③ 혼자 해결하려고 노력한다.
④ 선임인 D과장에게 상담을 요청한다.
⑤ 신입사원에게 신입사원의 업무성과를 자신에게 넘겨 달라고 부탁한다.

64 다음은 S사원이 자신의 업무성과를 높이기 위해 작성한 워크시트이다. 이를 통해 S사원이 업무수행 성과를 높이기 위한 전략으로 적절하지 않은 것은?

〈S사원의 워크시트〉

내가 활용할 수 있는 자원	• 업무시간 8시간 • 업무시간 외에 하루에 2시간의 자유시간 • 노트북과 스마트폰 보유
업무 지침	• 회의에서 나온 내용은 모두가 공유할 것 • 회사 신제품에 대한 고객 만족도 조사를 실시할 것 • 경쟁사 제품에 대한 조사를 실시할 것 • 신제품의 개선방안에 대해 발표자료를 준비할 것
나의 현재 능력	• 컴퓨터 타자 속도가 매우 빠르다. • 엑셀과 파워포인트 활용 능력이 뛰어나다. • 인터넷 정보검색 능력이 뛰어나다.
상사 / 동료의 지원 정도	• 상사와 동료 모두 자기 업무에 바빠 업무 지침에 해당되는 업무를 지원하는 데 한계가 있다.

⇩

업무수행 성과를 높이기 위한 전략

① 자신의 자유시간에 경쟁사 제품에 대한 고객의 반응을 스마트폰으로 살핀다.
② 팀원들이 조사한 만족도 조사를 받아서 엑셀로 통계화하여 보고서를 작성한다.
③ 아침 회의 내용을 타이핑하고 문서화하여 팀원들과 공유하도록 한다.
④ 신제품 사용 시 불편했던 점을 정리해서 파워포인트를 통해 발표자료를 만든다.
⑤ 고객의 리뷰를 인터넷으로 검색하여 신제품에 대한 고객의 반응을 살핀다.

65 S사 관리팀에 근무하는 B팀장은 최근 부하직원 A씨 때문에 고민 중이다. B팀장이 보기에 A씨의 업무 방법은 업무의 성과를 내기에 부적절해 보이지만, 자존감이 강하고 자기결정권을 중시하는 A씨는 자기 자신이 스스로 잘하고 있다고 생각하며 B팀장의 조언이나 충고에 대해 반발심을 표현하고 있기 때문이다. 이와 같은 상황에서 B팀장이 부하직원인 A씨에게 할 수 있는 효과적인 코칭 방법으로 가장 적절한 것은?

① 징계를 통해 B팀장의 조언을 듣도록 유도한다.
② 대화를 통해 스스로 자신의 잘못을 인식하도록 유도한다.
③ A씨에 대한 칭찬을 통해 업무 성과를 극대화시킨다.
④ A씨를 더 강하게 질책하여 업무 방법을 개선시키도록 한다.
⑤ 스스로 업무방법을 고칠 때까지 믿어 주고 기다려 준다.

66 다음은 갈등의 유형 중 하나인 '불필요한 갈등'에 대한 설명이다. 이에 대한 내용으로 적절하지 않은 것은?

> 개개인이 저마다의 문제를 다르게 인식하거나 정보가 부족한 경우, 편견 때문에 발생한 의견 불일치로 적대적 감정이 생길 때 '불필요한 갈등'이 일어난다.

① 근심, 걱정, 스트레스, 분노 등의 부정적인 감정으로 나타날 수 있다.
② 두 사람의 정반대되는 욕구나 목표, 가치, 이해를 통해 발생할 수 있다.
③ 잘못 이해하거나 부족한 정보 등 전달이 불분명한 커뮤니케이션으로 나타날 수 있다.
④ 변화에 대한 저항, 항상 해 오던 방식에 대한 거부감 등에서 나오는 의견 불일치가 원인이 될 수 있다.
⑤ 관리자의 신중하지 못한 태도로 인해 불필요한 갈등은 더 심각해질 수 있다.

67 다음은 오렌지 하나 때문에 다투고 있는 두 딸을 위한 S씨의 협상 방법을 보여주는 사례이다. 이때 나타나는 S씨의 협상 방법에 대한 문제점은 무엇인가?

> 어느 날 S씨의 두 딸이 오렌지 하나를 가지고 서로 다투고 있었다. S씨는 두 딸에게 오렌지를 공평하게 반쪽으로 나눠 주는 것이 가장 좋은 해결책인 듯해서 반으로 갈라 주었다. 하지만 S씨는 두 딸의 행동에 놀라고 말았다. 오렌지의 반쪽을 챙긴 큰 딸은 알맹이는 버리고 껍질만 챙겼으며, 작은 딸은 알맹이만 먹고 껍질은 버린 것이다. 두 딸에게 이유를 물어보니 제빵학원에 다니는 큰 딸은 오렌지 케이크를 만들기 위해 껍질이 필요했던 것이고, 작은 딸은 오렌지 과즙이 먹고 싶어서 알맹이를 원했던 것이다. 결과적으로 S씨의 해결책은 두 딸 모두에게 만족하지 못한 일이 되어버렸다.

① 협상당사자들에게 친근하게 다가가지 않았다.
② 협상에 대한 갈등 원인을 확인하지 않았다.
③ 협상의 통제권을 확보하지 않았다.
④ 협상당사자의 특정 입장만 고집하였다.
⑤ 협상당사자에 대해 너무 많은 염려를 하였다.

68 다음 사례에서 나타나는 협상전략으로 가장 적절한 것은?

> 사람들은 합리적인 의사결정보다 감성적인 의사결정을 하곤 한다. 소비에 있어서 이와 같은 현상을 쉽게 발견할 수 있는데, 사람들이 물건을 살 때 제품의 기능이나 가격보다는 다른 사람들의 판단에 기대어 결정하거나 브랜드의 위치를 따르는 소비를 하는 경우를 쉽게 볼 수 있는 것이다. 명품에 대한 소비나 1위 브랜드 제품을 선호하는 것 모두 이러한 현상 때문으로 볼 수 있다.

① 상대방 이해 전략
② 권위 전략
③ 희소성 해결 전략
④ 호혜 관계 형성 전략
⑤ 사회적 입증 전략

※ 다음 글을 읽고 이어지는 질문에 답하시오. [69~70]

해외에서 믹서기를 수입해서 판매하고 있는 S사 영업팀의 김대리는 업무 수행상 문제가 생겨 영업팀장인 박팀장, 구매팀 수입물류 담당자인 최과장과 회의를 하게 되었다.

김대리 : 최과장님, E사 납품일이 일주일도 남지 않았습니다. E사에 납품해야 하는 기기가 한두 대도 아니고 자그마치 300대입니다. 이번 물량만 해도 100대인데 아직 통관절차가 진행 중이라니요. 통관 끝나도 운송에 한글버전으로 패치도 해야 하고 하루 이틀 문제가 아닙니다.

최과장 : 우리 팀도 최선을 다해 노력하고 있어. 관세사한테도 연락했고 인천세관에도 실시간으로 체크를 하고 있는데 코로나도 그렇고 상황이 이런 걸 어떻게 하겠어. 불가항력적이야.

김대리 : 지난번에 초도 물량 납품할 때도 동일한 문제가 있었습니다. 과장님도 기억하시죠? 매번 구매팀에서 서둘러 주지를 않아서 지난번에도 저희 팀 인원까지 투입해서 야간작업까지 해서 겨우 납품일을 맞췄습니다. 이번에는 이런 식이면 납품일을 하루 이틀은 넘기게 될 게 눈에 보입니다. 불가항력이라니요. 어떻게든 맞춰 주십시오.

최과장 : 미안한데 고객사에 상황을 설명하고 한 3일만 납품일을 늦춰 주면 안 될까?

김대리 : 안 됩니다. 어렵게 계약한 거 알고 계시잖아요. E사는 저희 고객사 중에도 제일 크지만 업계에서도 서로 납품하려고 눈에 불을 켜고 있는 곳입니다. 문제가 일어나면 경쟁사들이 하이에나처럼 달려들 거예요.

박팀장 : 둘 다 진정하고 다 우리가 잘하려고 하다 보니 일어난 문제가 아닌가. 목표는 같으니 같이 생각을 한번 해 보자고. 최과장, 지난 번 수입할 때는 일주일이 채 안 걸린 것 같은데 벌써 열흘이 넘었으니 문제가 뭐야?

최과장 : 일단 배송도 늦어졌고 통관도 서류상에 문제가 있어 지연되고 있습니다. 제조업체에서 추가로 확인 받아야 할 서류들이 있는데 그쪽도 원격근무를 하다 보니 처리가 늦어지고 있어서요. 소통에 문제가 있습니다.

박팀장 : 그럼 해외 제조사에 연락부터 해서 문제의 실마리를 찾아보자고. 최과장은 나랑 같이 연락을 해 봅시다.

69 다음 중 김대리와 최과장의 갈등을 해결하기 위한 박팀장의 전략으로 가장 적절한 것은?

① 배려 전략
② 지배 전략
③ 통합 전략
④ 회피 전략
⑤ 타협 전략

70 다음 중 갈등상황을 효과적으로 관리하기 위해 박팀장이 한 행동에 대한 설명으로 적절하지 않은 것은?

① 갈등상황을 받아들이고 객관적으로 평가하고 있다.
② 갈등을 유발시킨 원인에 대해 알아보고 있다.
③ 갈등은 부정적인 결과를 초래한다는 인식을 전제로 하고 있다.
④ 조직에 이익이 될 수 있는 해결책을 찾아보고 있다.
⑤ 대화와 협상으로 의견 조율에 초점을 맞추고 있다.

71 다음 〈보기〉 중 갈등해결법을 찾을 때 명심해야 할 사항으로 옳지 않은 것을 모두 고르면?

〈보기〉

ㄱ. 역지사지의 관점에서 다른 사람의 입장을 이해하고자 노력해야 한다.
ㄴ. 해결하기 어려운 문제는 갈등을 심화시킬 수 있으므로 되도록 피해야 한다.
ㄷ. 자신의 의견을 명확하게 밝히는 것은 상대방의 반감을 살 수 있으므로 자신의 의견을 피력하기보다는 듣는 것에 집중해야 한다.
ㄹ. 갈등을 대함에 있어서 논쟁하고 싶은 마음이 들더라도 이를 자제해야 한다.

① ㄱ, ㄴ
② ㄱ, ㄷ
③ ㄴ, ㄷ
④ ㄴ, ㄹ
⑤ ㄷ, ㄹ

72 다음 S부서의 문제를 해결할 때 필요한 리더십 유형으로 옳은 것을 〈보기〉에서 모두 고르면?

S부서에는 급박한 업무나 반드시 처리해야만 하는 업무가 아니면 수행하지 않는 소극적이고 피동적인 문화가 만연하다. 또한 절차상의 문제를 준수하여 분쟁을 회피하는 것을 가장 우선시하므로 구체적인 성과를 찾아보기 어렵다.

〈보기〉

ㄱ. 독재자 유형
ㄴ. 민주주의에 근접한 유형
ㄷ. 파트너십 유형
ㄹ. 변혁적 유형

① ㄱ, ㄴ
② ㄱ, ㄹ
③ ㄴ, ㄷ
④ ㄴ, ㄹ
⑤ ㄷ, ㄹ

73 다음 〈보기〉 중 역선택의 사례에 해당하는 것을 모두 고르면?

〈보기〉

㉠ A사장으로부터 능력을 인정받아 대리인으로 고용된 B씨는 A사장이 운영에 대해 세밀히 보고를 받지 않는다는 것을 알게 되었고, 이후 보고서에 올려야 하는 중요한 사업만 신경을 쓰고 나머지 회사 업무는 신경을 쓰지 않았다.

㉡ C회사가 모든 사원에게 평균적으로 책정한 임금을 지급하기로 결정하자, 회사의 임금 정책에 만족하지 못한 우수 사원들이 퇴사하게 되었다. 결국 능력이 뛰어나지 않은 사람들만 C회사에 지원하게 되었고, 실제로 고용된 사원들은 우수 사원이 될 가능성이 낮았다.

㉢ 중고차를 구입하는 D업체는 판매되는 중고차의 상태를 확신할 수 없다고 판단하여 획일화된 가격으로 차를 구입하기로 하였다. 그러자 상태가 좋은 중고차를 가진 사람은 D업체에 차를 팔지 않게 되었고, 결국 D업체는 상태가 좋지 않은 중고차만 구입하게 되었다.

㉣ 공동생산체제의 E농장에서는 여러 명의 대리인이 함께 일하고, 그 성과를 나누어 갖는다. E농장의 주인은 최종 결과물에만 관심을 갖고, 대리인 개개인이 얼마나 노력하였는지는 관심을 갖지 않았다. 시간이 지나자 열심히 일하지 않는 대리인이 나타났고, 그는 최종 성과물의 분배에만 참여하기 시작하였다.

① ㉠
② ㉡
③ ㉠, ㉣
④ ㉡, ㉢
⑤ ㉢, ㉣

※ 다음 글을 읽고 이어지는 질문에 답하시오. [74~75]

김사원 : 선배님, 여기 너무 비싼 음식점 아닌가요? 제일 싼 메뉴도 인당 5만 원이 넘는데요. 우리 그냥 박사장님께 전화로 인사만 드리고 가죠.
최대리 : 괜찮아. 여기 그렇게 비싼 집 아니야. 그리고 박사장님이 우리 고생한다고 밥 한 번 산다고 하신 건데 뭐. 우리가 얼마나 좋은 기사 많이 써 줬어. 회사 홍보효과 생각하면 박사장님이 한 턱 낼 만하지. 우리 덕분에 돈도 많이 버셨을 텐데. 우리가 돈을 받거나 부탁을 받는 것도 아니고 수고한다고 밥 한 끼 먹자는 건데 너무 매몰차게 거절하는 것도 그렇잖아.
김사원 : 그래도 선배님, 여기 회사 근처인데 누가 지나가다 보기라도 하면 문제될 텐데요. 아니면 저희 개인카드로 각자 결제하죠. 김영란법도 있고 저는 찜찜해요.
최대리 : 이 친구 새가슴이네. 괜찮아. 다 사람 사는 세상인데 그런 걸 가지고 큰 문제 생기겠어?

74 다음 중 최대리에게 필요한 공동체 윤리의 자세로 적절하지 않은 것은?

① 준법 의식
② 반부패
③ 서비스 정신
④ 법과 규칙 준수
⑤ 사회적 윤리 의식

75 다음은 모두 김영란법에 대한 설명이다. 이 중 제시된 상황에 직접적으로 적용할 수 있는 것은?

① 국회의원을 포함한 선출직 공직자도 적용 대상으로, 민원 고충을 들어 주는 경우에는 예외로 한다.
② '부정청탁 및 금품 등 수수의 금지에 관한 법률'이라는 정식 명칭을 가진다.
③ 공무원이나 공공기관 임직원, 공사립학교 교직원, 언론인 등이 일정 규모(식사대접 3만 원, 선물 5만 원, 경조사비 10만 원 상당) 이상의 금품을 받으면 직무 관련성이 없더라도 처벌하는 것을 골자로 하고 있다.
④ 대한민국에서 부정부패를 방지하기 위해 국민권익위원장이던 김영란의 제안으로 만들어진 법률로, 제안자의 이름을 따서 흔히 '김영란법'이라는 별칭으로 불린다.
⑤ 이 법은 공직자 등에 대한 부정청탁 및 공직자 등의 금품 등의 수수(收受)를 금지함으로써 공직자 등의 공정한 직무수행을 보장하고 공공기관에 대한 국민의 신뢰를 확보하는 것을 목적으로 한다.

76 다음 글의 내용으로 적절하지 않은 것은?

> A와 B는 전파사를 운영하고 있다. A는 간단한 일로 부르는 고객의 집에는 바쁘다는 핑계로 가기를 거부하고, 전기의 합선을 고치는 따위의 돈벌이가 됨직한 일만 찾아다녔다. 뿐만 아니라 고객에게 터무니없이 많은 대가를 요구하는 버릇이 있었다. 반면, B는 고객의 요청만 있으면 일의 크고 작음을 가리지 않고 곧장 달려갔을 뿐만 아니라, 부당하게 많은 돈을 받는 일도 없었다. 이처럼 불성실하게 가게를 운영하던 A의 전파사는 매출이 오르지 않아 가게를 줄여서 변두리로 나가게 되었고, 성실하게 가게를 운영한 B의 전파사는 동생에게도 기술을 가르쳐서 또 하나의 가게를 낼 수 있을 정도로 성업을 이루었다.

① A의 경우 단시간에 돈을 벌기 위해서 성실하지 않은 태도를 보였다.
② 장기적으로 볼 때에는 성실한 사람이 결국 성공하게 됨을 알 수 있다.
③ A의 경우 고객에 대해 부정직한 모습도 볼 수 있다.
④ 당장 눈앞의 이익이 되는 일보다는 바람직한 일을 해야 한다.
⑤ B를 통해 항상 해오던 방식이 언제나 옳은 것은 아님을 알 수 있다.

77 다음은 정직과 신용을 구축하기 위한 4가지 지침을 나타낸 것이다. 이에 위배되는 사례로 옳은 것은?

> 〈정직과 신용을 구축하기 위한 4가지 지침〉
>
> • 정직과 신뢰의 자산을 매일 조금씩 쌓아가자.
> • 잘못된 것도 정직하게 밝히자.
> • 타협하거나 부정직을 눈감아 주지 말자.
> • 부정직한 관행은 인정하지 말자.

① A대리는 업무를 잘 끝마쳤지만 한 가지 실수를 저질렀던 점이 마음에 걸려, 팀장에게 자신의 실수를 알렸다.
② B교사는 학교 주변에서 담배를 피고 있는 고등학생을 발견하였고, 학생을 붙잡아 학교에 알렸다.
③ C주임은 승진과 함께 사무실 청소 당번에서 제외되었으나, 동료들과 함께 청소 당번에 계속 참여하기로 하였다.
④ D교관은 불법적으로 술을 소지하고 있던 생도에게 중징계 대신, 앞으로 다시는 규율을 어기지 않겠다는 다짐을 받아냈다.
⑤ E바리스타는 하루도 빠지지 않고 매일 아침 일찍 일어나, 출근하는 고객들을 위해 커피를 로스팅하고 있다.

78 다음 중 밑줄 친 '이것'의 사례로 적절하지 않은 것은?

> 이것은 복지 사회를 이루기 위하여 기업이 이윤 추구에만 집착하지 않고 사회의 일원으로서 사회적 책임을 자각하고 실천하여야 할 의무로, 기업의 수익 추구와 밀접한 관련을 맺고 있다고 보는 견해도 있다. 윌리엄 워서(William Werther)와 데이비드 챈들러(David Chandler)는 이것을 기업이 제품이나 서비스를 소비자들에게 전달하는 과정인 동시에 사회에서 기업 활동의 정당성을 유지하기 위한 방안이라고 주장하였다.

① A기업은 새로운 IT 계열의 중소벤처기업을 창업한 20대 청년에게 투자하기로 결정하였다.
② B기업은 전염병이 발생하자 의료 물품을 대량으로 구입하여 지역 병원에 기부하였다.
③ C기업은 협력업체 공장에서 폐수를 불법으로 버린 것을 알고 협업과 투자를 종료하였다.
④ D기업은 자사의 제품에서 결함이 발견되자 이에 대한 사과문을 발표하였다.
⑤ E기업은 자사의 직원 복지를 위해 거액의 펀드를 만들었다.

79 다음 중 책임과 준법에 대한 설명으로 옳지 않은 것은?

① 삶을 긍정적으로 바라보는 태도는 책임감의 바탕이 된다.
② 책임감은 삶에 대한 자기통제력을 극대화하는 데 도움이 된다.
③ 책임이란 모든 결과가 자신의 선택에서 유래된 것임을 인정하는 태도이다.
④ 준법을 유도하는 제도적 장치가 마련되면 개개인의 준법 의식도 개선된다.
⑤ 준법이란 민주시민으로서 기본적으로 준수해야 하는 의무이자 생활 자세이다.

80 다음은 S공사의 신입사원 윤리경영 교육 내용이다. 이를 통해 추론한 내용으로 적절하지 않은 것은?

주제 : 정보취득에 있어 윤리적 / 합법적 방법이란 무엇인가?

〈윤리적 / 합법적〉

1. 공개된 출판물, 재판기록, 특허기록
2. 경쟁사 종업원의 공개 증언
3. 시장조사 보고서
4. 공표된 재무기록, 증권사보고서
5. 전시회, 경쟁사의 안내문, 제품설명서
6. 경쟁사 퇴직직원을 합법적으로 면접, 증언 청취

〈비윤리적 / 합법적〉

1. 세미나 등에서 경쟁사 직원에게 신분을 속이고 질문
2. 사설탐정을 고용하는 등 경쟁사 직원을 비밀로 관찰
3. 채용계획이 없으면서 채용공고를 하여 경쟁사 직원을 면접하거나 실제 스카우트

〈비윤리적 / 비합법적〉

1. 설계도면 훔치기 등 경쟁사에 잠입하여 정보 수집
2. 경쟁사 직원이나 납품업자에게 금품 등 제공
3. 경쟁사에 위장 취업
4. 경쟁사의 활동을 도청
5. 공갈, 협박

① 경쟁사 직원에게 신분을 속이고 질문하는 행위는 윤리적으로 문제가 없다.
② 시장조사 보고서를 통해 정보획득을 한다면 법적인 문제가 발생하지 않을 것이다.
③ 경쟁사 종업원의 공개 증언을 활용하는 것은 적절한 정보획득 행위이다.
④ 정보획득을 위해 경쟁사 직원을 협박하는 행위는 비윤리적인 행위이다.
⑤ 경쟁사에 잠입하여 정보를 수집하는 것은 윤리적이지 못하다.

합격의공식
SD
에듀

제4회
서울교통공사
9호선 운영부문 고객안전직

NCS
직업기초능력평가

www.sdedu.co.kr

〈문항 및 시험시간〉

평가영역	문항 수	시험시간	모바일 OMR 답안분석
의사소통능력+수리능력+문제해결능력+조직이해능력+정보능력+자원관리능력+기술능력+자기개발능력+대인관계능력+직업윤리	80문항	90분	

서울교통공사 9호선 운영부문 고객안전직 필기시험

제4회 모의고사

문항 수 : 80문항
시험시간 : 90분

01 다음 글의 내용으로 적절하지 않은 것은?

> 인류의 역사를 석기시대, 청동기시대 그리고 철기시대로 구분한다면 현대는 '플라스틱시대'라고 할 수 있을 만큼 플라스틱은 현대사회에서 가장 혁명적인 물질 중 하나이다. "플라스틱은 현대 생활의 뼈, 조직, 피부가 되었다."는 미국의 과학 저널리스트 수잔 프라인켈(Susan Freinkel)의 말처럼 플라스틱은 인간의 생활에 많은 부분을 차지하고 있다. 저렴한 가격과 필요에 따라 내구성, 강도, 유연성 등을 조절할 수 있는 장점 덕분에 일회용 컵부터 옷, 신발, 가구 등 플라스틱이 아닌 것이 거의 없을 정도이다. 그러나 플라스틱에는 치명적인 단점이 있다. 플라스틱이 지닌 특성 중 하나인 영속성(永續性)이다. 즉, 인간이 그동안 생산한 플라스틱은 바로 분해되지 않고 어딘가에 계속 존재하고 있어 플라스틱은 환경오염의 원인이 된 지 오래이다.
> 치약, 화장품, 피부 각질제거제 등 생활용품과 화장품에 들어 있는 작은 알갱이의 성분은 '마이크로비드(Microbead)'라는 플라스틱이다. 크기가 1mm보다 작은 플라스틱을 '마이크로비드'라고 하는데 이 알갱이는 정수처리과정에서 걸러지지 않고 생활 하수구에서 강으로, 바다로 흘러간다. 조그만 알갱이들은 바다를 떠돌면서 생태계의 먹이사슬을 통해 동식물 체내에 축적되어 면역체계 교란, 중추신경계 손상 등의 원인이 되는 잔류성 유기 오염물질(Persistent Organic Pollutants)을 흡착한다. 그리고 물고기, 새 등 여러 생물은 마이크로비드를 먹이로 착각해 섭취한다. 마이크로비드를 섭취한 해양생물은 다시 인간의 식탁에 올라온다. 즉, 우리가 버린 플라스틱을 우리가 다시 먹게 되는 셈이다. 플라스틱 포크로 음식을 먹고, 플라스틱 컵으로 물을 마시는 등 플라스틱을 음식을 먹기 위한 수단으로만 생각했지 직접 먹게 되리라고는 상상도 못 했을 것이다. 우리가 먹은 플라스틱이 우리 몸에 남아 분해되지 않고 큰 질병을 키우게 될 것을 말이다.

① 플라스틱은 필요에 따라 유연성, 강도 등을 조절할 수 있고, 값이 싼 장점이 있다.
② 플라스틱은 바로 분해되지 않고 어딘가에 존재한다.
③ 마이크로비드는 크기가 작기 때문에 정수처리과정에서 걸러지지 않고 바다로 유입된다.
④ 마이크로비드는 잔류성 유기 오염물질을 분해하는 역할을 한다.
⑤ 물고기 등 해양생물들은 마이크로비드를 먹이로 착각해 먹는다.

02 다음은 S공사의 해외공항 사업에 대한 기사이다. 빈칸 ㉠에 들어갈 내용으로 가장 적절한 것은?

올해 초 제2터미널의 성공적 개장, 쿠웨이트공항 사업 수주 등 세계적인 공항 건설・운영 노하우를 연달아 입증한 S공사가 해외사업 확대에 다시 한번 박차를 가하고 있다. S공사는 필리핀의 B기업과 '필리핀 마닐라 신공항 개발 사업 추진을 위한 양해각서(MOU)'를 체결했다고 밝혔다.
필리핀 재계 1위인 B기업은 마닐라 신공항 개발 사업의 우선제안자 지위를 갖고 있다. 마닐라 신공항 사업은 현재 수도 공항인 니노이 아키노 공항의 시설 포화 문제*를 해결하기 위해 필리핀 불라칸 지역(마닐라에서 북서쪽으로 40km)에 신공항을 건설하는 프로젝트이다. 사업 방식은 B기업이 필리핀 정부에 사업을 제안하는 '민간 제안 사업' 형태로 추진되고 있다.
필리핀의 경우 대규모 인프라 개발 사업에서 '민간 제안 사업' 제도를 운영하고 있다. 사업을 제안한 민간 사업자는 우선제안자의 지위를 가지며, 정부는 제안 사업의 타당성 검토와 사업 승인 절차를 거쳐 제3자 공고(60일) 및 제안서 평가 후 최종사업자를 선정한다. B기업은 지난 2016년 9월 필리핀 정부에 마닐라 신공항 사업을 제안했으며, 필리핀 경제개발청(NEDA)의 사업타당성 조사를 거쳐 올해 사업 승인을 받았다.
마닐라 신공항은 연간 여객 처리 용량 1억 명 규모에 여객터미널 8동, 활주로 4본을 갖춘 초대형 공항으로 설계되었으며, 총사업비는 17조 5,000억 원, 1단계 사업비만 7조 원에 달하는 대규모 공항 개발 사업이다. 최종사업자로 선정된 민간 사업자는 향후 50년간 신공항을 독점적으로 운영하게 된다.
마닐라 신공항은 바다를 매립해 건설하는 수도권 신공항 사업이라는 점에서 한국 I공항의 건설 및 개항 과정과 유사한 점이 많다. S공사는 1992년 11월 부지 조성 공사 기공식 이후 8년 4개월의 대역사를 거쳐 2001년 3월 I공항을 성공적으로 개항했다. S공사가 마닐라 신공항 사업에 참여하게 되면 I공항 개항으로 축적한 공항 건설과 운영 노하우를 충분히 활용할 수 있게 된다. 그뿐만 아니라 필리핀은 한국인들이 즐겨 찾는 대표적인 관광지로, S공사가 마닐라 신공항 사업에 참여하게 되면 ______㉠______

* 니노이 아키노 공항의 연간 여객은 4,200만 명(2017년 기준)으로, 연간 여객 처리 용량(3,100만 명)을 초과했다(2012년부터 시설 포화 문제가 누적・심화).

① 필리핀의 항공 수요가 연평균 5.7%가량 성장할 것이다.
② 단기간에 S공사 해외사업 확대의 기폭제 역할을 할 것이다.
③ 필리핀을 찾는 한국인 관광객들의 편의도 한층 개선될 전망이다.
④ 필리핀 전체 관광객 중 한국인 관광객은 감소할 것으로 예상된다.
⑤ B기업과 구축한 파트너십을 바탕으로 다양한 해외 사업에 도전할 수 있다.

03 다음 글을 읽고 〈보기〉를 참고하여 가장 적절한 반응을 보인 사람은?

> 일그러진 달항아리와 휘어진 대들보. 물론 달항아리와 대들보가 언제나 그랬던 것은 아니다. 사실인즉, 일그러지지 않은 달항아리와 휘어지지 않은 대들보가 더 많았을 것이다. 하지만 주목해야 할 것은 한국인들은 달항아리가 일그러졌다고 해서 깨뜨려 버리거나, 대들보감이 구부러졌다고 해서 고쳐서 쓰거나 하지는 않았다는 것이다. 나아가 그들은 살짝 일그러진 달항아리나 그럴싸하게 휘어진 대들보, 입술이 약간 휘어져 삐뚜름 능청거리는 사발이 오히려 멋있다는 생각을 했던 것 같다.
>
> 일그러진 달항아리와 휘어진 대들보에서 '형(形)의 어눌함'과 함께 '상(象)의 세련됨'을 볼 수 있다. 즉, '상의 세련됨'을 머금은 '형의 어눌함'을 발견하게 된다. 대체로 평균치를 넘어서는 우아함을 갖춘 상은 어느 정도 형의 어눌함을 수반한다. 이런 형상을 가리켜 아졸하거나 고졸하다고 하는데, 한국 문화는 이렇게 상의 세련됨과 형의 어눌함이 어우러진 아졸함이나 고졸함의 형상으로 넘쳐난다. 분청이나 철화, 달항아리 같은 도자기 역시 예상과는 달리 균제적이거나 대칭적이지 않은 경우가 많다. 이같은 비균제성이나 비대칭성은 무의식(無意識)의 산물이 아니라 '형의 어눌함을 수반하는 상의 세련됨'을 추구하는 미의식(美意識)의 산물이다. 이러한 미의식은 하늘과 땅과 인간을 하나의 커다란 유기체로 파악하는 우리 민족이 자신의 삶을 통해 천지인의 조화를 이룩하기 위해 의식적으로 노력한 결과이다.

〈보기〉

> '상(象)'은 '형(形)'과 대립하는 개념이다. 감각적으로 쉽게 느낄 수 있는 것을 '형'이라 한다면, 자연의 원리를 깨달은 사람만이 인식할 수 있는 것을 '상'이라 한다.

① 예지 : 한옥에서는 '형'의 어눌함을 찾아볼 수 없어.

② 보람 : 삐뚜름한 대접에서 '상'의 세련됨을 찾을 수 있어.

③ 윤희 : 휘어진 대들보에서는 '상'의 세련됨을 발견할 수 없어.

④ 수빈 : 일그러진 달항아리의 아름다움을 느끼지 못한다면 '형'의 어눌함을 발견하지 못했기 때문이야.

⑤ 주성 : 비대칭성의 미는 무의식의 산물이야.

04 S대리는 부서별 동아리 활동 진행을 맡게 되었는데 필요한 준비물을 챙기던 중 미세먼지에 대비해 마스크를 구입하라는 지시를 받고 마스크를 사려고 한다. 다음 글을 읽고 이해한 내용으로 적절하지 않은 것은?

> **보건용 마스크 고르는 법**
>
> 의약외품으로 허가된 '보건용 마스크' 포장에는 입자차단 성능을 나타내는 'KF80', 'KF94', 'KF99'가 표시되어 있는데, 'KF' 문자 뒤에 붙은 숫자가 클수록 미세입자 차단 효과가 더 크다. 다만 숨쉬기가 어렵거나 불편할 수 있으므로 황사·미세먼지 발생 수준, 사람별 호흡량 등을 고려해 적당한 제품을 선택하는 것이 바람직하다.
>
> 약국, 마트, 편의점 등에서 보건용 마스크를 구입하는 경우에는 제품의 포장에서 '의약외품'이라는 문자와 KF80, KF94, KF99 표시를 반드시 확인해야 한다.
>
> 아울러 보건용 마스크는 세탁하면 모양이 변형되어 기능을 유지할 수 없으므로 세탁하지 않고 사용해야 하며, 사용한 제품은 먼지나 세균에 오염되어 있을 수 있으므로 재사용하지 말아야 한다.
>
> 또한 수건이나 휴지 등을 덧댄 후 마스크를 사용하면 밀착력이 감소해 미세입자 차단 효과가 떨어질 수 있으므로 주의해야 하고, 착용 후에는 마스크 겉면을 가능하면 만지지 말아야 한다.

① KF 뒤에 붙은 숫자가 클수록 미세입자 차단 효과가 더 크다.

② 수건이나 휴지 등을 덧댄 후 마스크를 사용하는 것은 이중 차단 효과를 준다.

③ 보건용 마스크는 세탁하면 모양이 변형되어 기능을 유지할 수 없다.

④ 사용한 제품은 먼지나 세균에 오염되어 있을 수 있으므로 재사용하지 말아야 한다.

⑤ 착용 후에는 마스크 겉면을 가능한 한 만지지 않도록 한다.

05 다음 글의 내용으로 적절하지 않은 것은?

> 사람의 눈이 원래 하나였다면 세계를 입체적으로 지각할 수 있었을까? 입체 지각은 대상까지의 거리를 인식하여 세계를 3차원으로 파악하는 과정을 말한다. 입체 지각은 눈으로 들어오는 시각 정보로부터 다양한 단서를 얻어 이루어지는데, 이를 양안 단서와 단안 단서로 구분할 수 있다.
> 양안 단서는 양쪽 눈이 함께 작용하여 얻어지는 것으로, 양쪽 눈에서 보내오는 시차(視差)가 있는 유사한 상이 대표적이다. 단안 단서는 한쪽 눈으로 얻을 수 있는 것인데, 사람은 단안 단서만으로도 이전의 경험으로부터 추론에 의하여 세계를 3차원으로 인식할 수 있다. 망막에 맺히는 상은 2차원이지만 그 상들 사이의 깊이의 차이를 인식하게 해 주는 다양한 실마리들을 통해 입체 지각이 이루어진다.
> 동일한 물체가 크기가 다르게 시야에 들어오면 우리는 더 큰 시각(視角)을 가진 쪽이 더 가까이 있다고 인식한다. 이렇게 물체의 상대적 크기는 대표적인 단안 단서이다. 또 다른 단안 단서로는 '직선 원근'이 있다. 우리는 앞으로 뻗은 길이나 레일이 만들어 내는 평행선의 폭이 좁은 쪽이 넓은 쪽보다 멀리 있다고 인식한다. 또 하나의 단안 단서인 '결 기울기'는 같은 대상이 집단적으로 어떤 면에 분포할 때, 시야에 동시에 나타나는 대상들의 연속적인 크기 변화로 얻어진다. 예를 들면 들판에 만발한 꽃을 보면 앞쪽은 꽃이 크고 뒤로 가면서 서서히 꽃이 작아지는 것으로 보이는데 이러한 시각적 단서가 쉽게 원근감을 일으킨다.
> 어떤 경우에는 운동으로부터 단안 단서를 얻을 수 있다. '운동 시차'는 관찰자가 운동할 때 정지한 물체들이 얼마나 빠르게 움직이는 것처럼 보이는지가 물체들까지의 상대적 거리에 대한 실마리를 제공하는 것이다. 예를 들어 기차를 타고 가다 창밖을 보면 가까이에 있는 나무는 빨리 지나가고 멀리 있는 산은 거의 정지해 있는 것처럼 보인다.

① 세계를 입체적으로 지각하기 위해서는 단서가 되는 다양한 시각 정보가 필요하다.
② 단안 단서에는 물체의 상대적 크기, 직선 원근, 결 기울기, 운동 시차 등이 있다.
③ 사고로 한쪽 눈의 시력을 잃은 사람은 입체 지각이 불가능하다.
④ 대상까지의 거리를 인식할 수 있어야 세계를 입체적으로 지각할 수 있다.
⑤ 이동하는 차 안에서 창밖을 보면 가까이에 있는 건물이 멀리 있는 건물보다 더 빨리 지나간다.

06 다음 중 (가) ~ (마) 문단에 대한 설명으로 적절하지 않은 것은?

(가) 신문이나 잡지는 대부분 유료로 판매된다. 반면에 인터넷 뉴스 사이트는 신문이나 잡지의 기사와 같거나 비슷한 내용을 무료로 제공한다. 왜 이런 현상이 발생하는 것일까?

(나) 이 현상 속에는 경제학적 배경이 숨어 있다. 대체로 상품의 가격은 그 상품을 생산하는 데 드는 비용의 언저리에서 결정된다. 생산 비용이 많이 들면 들수록 상품의 가격이 상승하는 것이다. 그런데 인터넷에 게재되는 기사를 생산하는 데 드는 비용은 0에 가깝다. 기자가 컴퓨터로 작성한 기사를 신문사 편집실로 보내 종이 신문에 게재하고, 그 기사를 그대로 재활용하여 인터넷 뉴스 사이트에 올리기 때문이다. 또한, 인터넷뉴스 사이트 방문자 수가 증가하면 사이트에 걸어 놓은 광고에 대한 수입도 증가하게 된다. 이러한 이유로 신문사들은 경쟁적으로 인터넷 뉴스 사이트를 개설하여 무료로 운영했다.

(다) 그런데 무료인터넷 뉴스 사이트를 이용하는 사람들이 폭발적으로 늘어나면서 돈을 내고 신문이나 잡지를 구독하는 사람들이 점점 줄어들기 시작했다. 그 결과 언론사들의 수익률이 감소하여 재정이 악화되었다. 문제는 여기서 그치지 않는다. 언론사들의 재정적 악화는 깊이 있고 정확한 뉴스를 생산하는 그들의 능력을 저하하거나 사라지게 할 수도 있다. 결국, 그로 인한 피해는 뉴스를 이용하는 소비자에게로 되돌아올 것이다.

(라) 그래서 언론사들, 특히 신문사들의 재정 악화 개선을 위해 인터넷 뉴스를 유료화해야 한다는 의견이 있다. 하지만 그러한 주장을 현실화하는 것은 그리 간단하지 않다. 소비자들은 어떤 상품을 구매할 때 그 상품의 가격이 얼마 정도면 구매할 것이고, 얼마 이상이면 구매하지 않겠다는 마음의 선을 긋는다. 이 선의 최대치가 바로 최대지불의사(Willingness To Pay)이다. 소비자들의 머릿속에 한번 각인된 최대지불의사는 좀처럼 변하지 않는 특성이 있다. 인터넷 뉴스의 경우 오랫동안 소비자에게 무료로 제공되었고, 그러는 사이 인터넷 뉴스에 대한 소비자들의 최대지불의사도 0으로 굳어진 것이다. 그런데 이제 와서 무료로 이용하던 정보를 유료화한다면 소비자들은 여러 이유를 들어 불만을 토로할 것이다.

(마) 해외 신문 중 일부 경제 전문지는 이러한 문제를 성공적으로 해결했다. 그들은 매우 전문화되고 깊이 있는 기사를 작성하여 소비자에게 제공하는 대신 인터넷 뉴스 사이트를 유료화했다. 그럼에도 불구하고 많은 소비자가 기꺼이 돈을 내고 이들 사이트의 기사를 이용하고 있다. 전문화되고 맞춤화된 뉴스일수록 유료화 잠재력이 높은 것이다. 이처럼 제대로 된 뉴스를 만드는 공급자와 제값을 내고 제대로 된 뉴스를 소비하는 수요자가 만나는 순간 문제 해결의 실마리를 찾을 수 있을 것이다.

① (가) : 현상을 제시하고 있다.
② (나) : 현상의 발생 원인을 분석하고 있다.
③ (다) : 현상의 문제점을 지적하고 있다.
④ (라) : 현상의 긍정적 측면을 강조하고 있다.
⑤ (마) : 문제의 해결 방안을 시사하고 있다.

07 다음 글을 읽고 추론한 내용으로 가장 적절한 것은?

> 미적인 것이란 내재적이고 선험적인 예술 작품의 특성을 밝히는 데서 더 나아가 삶의 풍부하고 생동적인 양상과 가치, 목표를 예술 형식으로 변환한 것이다. 미(美)는 어떤 맥락으로부터도 자율적이기도 하지만 타율적이다. 미에 대한 자율적 견해를 지닌 칸트도 일견 타당하지만, 미를 도덕이나 목적론과 연관시킨 톨스토이나 마르크스도 타당하다. 우리가 길을 지나다 이름 모를 곡을 듣고서 아름답다고 느끼는 것처럼 순수미의 영역이 없는 것은 아니다. 하지만 그 곡이 독재자를 열렬히 지지하기 위한 선전곡이었음을 안 다음부터 그 곡을 혐오하듯 미(美) 또한 사회 경제적, 문화적 맥락의 영향을 받기도 한다.

① 작품의 구조 자체에 주목하여 문학작품을 감상해야 한다는 절대주의적 관점은 칸트의 견해와 유사하다.
② 톨스토이의 견해에 따라 시를 감상한다면 운율과 이미지, 시상 전개 등을 중심으로 감상해야 한다.
③ 톨스토이와 마르크스는 예술 작품이 내재하고 있는 고유한 특성이 감상에 중요하지 않다고 주장했다.
④ 칸트는 현실과 동떨어진 작품보다 부조리한 사회 현실을 고발하는 작품의 가치를 더 높게 평가하였을 것이다.
⑤ 칸트의 견해에 따르면 예술 작품이 독자에게 어떠한 영향을 미치느냐에 따라 작품의 가치가 달라질 수 있다.

08 다음 글에서 밑줄 친 ㉠~㉤의 수정 방안으로 적절하지 않은 것은?

> 심리학자들은 학습 이후 망각이 생기는 심리적 이유를 다음과 같이 설명하고 있다. 앞서 배운 내용이 나중에 공부한 내용을 밀어내는 순행 억제, 뒤에 배운 내용이 앞에서 배운 내용을 기억의 저편으로 밀어내는 역행 억제, 또한 공부한 두 내용이 서로 비슷해 간섭이 일어나는 유사 억제 등이 작용해 기억을 방해했기 때문이라는 것이다. 이러한 망각을 뇌 속에서 어떤 기억을 잃어버린 것으로 이해해서는 ㉠ 안된다. 기억을 담고 있는 세포들은 내용물을 흘려버리지 않는다. 기억들은 여전히 ㉡ 머리속에 있는 것이다. 우리가 뭔가 기억해 내려고 애쓰는데도 찾지 못하는 것은 기억들이 ㉢ 혼재해 있기 때문이다. ㉣ 그리고 학습한 내용을 일정한 원리에 따라 ㉤ 짜임새 있게 체계적으로 잘 정리한다면 학습한 내용을 어렵지 않게 기억해 낼 수 있다.

① ㉠ : 띄어쓰기가 올바르지 않으므로 '안 된다'로 고친다.
② ㉡ : 맞춤법에 어긋나므로 '머릿속에'로 고친다.
③ ㉢ : 문맥에 어울리지 않으므로 '잠재'로 수정한다.
④ ㉣ : 앞 문장과의 관계를 고려하여 '그러므로'로 고친다.
⑤ ㉤ : 의미가 중복되므로 '체계적으로'를 삭제한다.

※ 다음은 현 직장 만족도에 대하여 조사한 자료이다. 이어지는 질문에 답하시오. **[9~10]**

〈현 직장 만족도〉

만족분야별	직장유형별	2021년	2022년
전반적 만족도	기업	6.9	6.3
	공공연구기관	6.7	6.5
	대학	7.6	7.2
임금과 수입	기업	4.9	5.1
	공공연구기관	4.5	4.8
	대학	4.9	4.8
근무시간	기업	6.5	6.1
	공공연구기관	7.1	6.2
	대학	7.3	6.2
사내분위기	기업	6.3	6.0
	공공연구기관	5.8	5.8
	대학	6.7	6.2

09 2021년 3개 기관의 전반적 만족도의 합은 2022년 3개 기관의 임금과 수입 만족도의 합의 몇 배인가?(단, 소수점 둘째 자리에서 반올림한다)

① 1.4배
② 1.6배
③ 1.8배
④ 2.0배
⑤ 2.2배

10 다음 중 자료에 대한 설명으로 옳지 않은 것은?(단, 비율은 소수점 둘째 자리에서 반올림한다)

① 현 직장에 대한 전반적 만족도는 대학 유형에서 가장 높다.
② 2022년 근무시간 만족도에서는 공공연구기관과 대학의 만족도가 동일하다.
③ 2022년에 모든 유형의 직장에서 임금과 수입의 만족도는 전년 대비 증가했다.
④ 사내분위기 측면에서 2021년과 2022년 공공연구기관의 만족도는 동일하다.
⑤ 2022년 근무시간에 대한 만족도의 전년 대비 감소율은 대학 유형이 가장 크다.

11 다음은 어느 연구소의 직원채용절차에 대한 자료이다. 이를 근거로 1일 총 접수 건수를 처리하기 위한 업무 단계별 총 처리 비용이 두 번째로 큰 업무 단계는?

〈직원채용절차〉

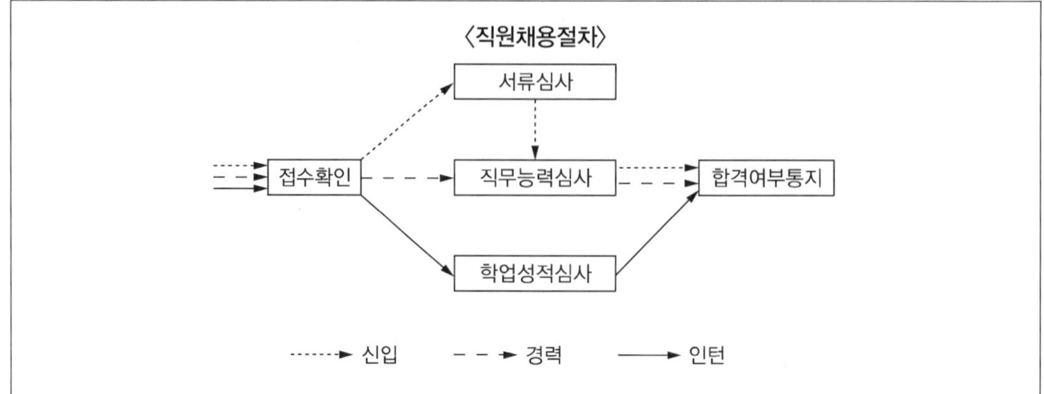

〈지원 유형별 1일 접수 건수〉

지원 유형	접수 건수(건)
신입	20
경력	18
인턴	16

〈업무 단계별 1건당 처리 비용〉

업무 단계	처리 비용(원)
접수확인	500
서류심사	2,000
직무능력심사	1,000
학업성적심사	1,500
합격여부통지	400

※ 직원채용절차에서 중도탈락자는 없다.
※ 업무 단계별 1건당 처리 비용은 지원 유형에 관계없이 동일하다.

① 접수확인
② 서류심사
③ 직무능력심사
④ 학업성적심사
⑤ 합격여부통지

12 다음은 궁능원 관람객 수 추이에 대한 자료이다. 이를 토대로 문화재 관광 콘텐츠의 개발방향을 찾기 위해 옳지 않은 설명을 한 사람은?

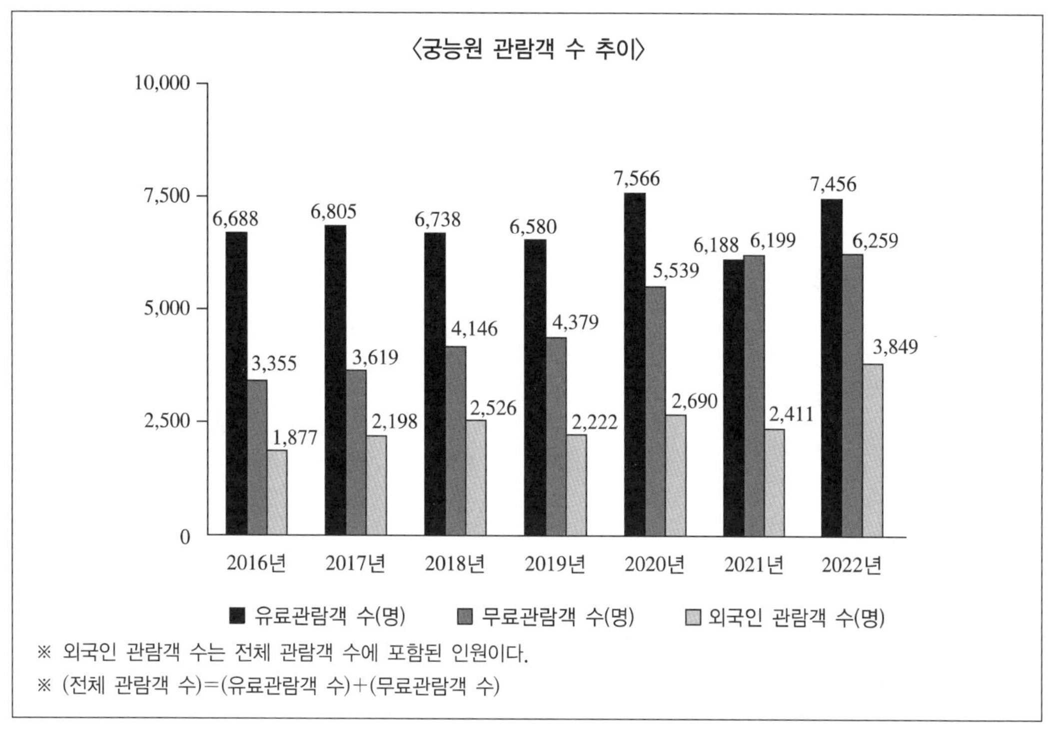

① A씨 : 2022년 외국인 관광객 수는 2016년에 비해 102% 이상 증가했네요. 외국인 관광객에 대한 콘텐츠 개발을 더욱더 확충했으면 좋겠어요.

② B씨 : A씨의 의견이 맞는 것 같아요. 2022년의 전체 관람객 수에서 외국인 관람객이 차지한 비중이 2016년에 비해 10%p 이상 증가했네요. 외국인 관람객을 위한 외국어 안내문과 팸플릿을 개선했으면 좋겠네요.

③ C씨 : 유료관람객은 2021년을 제외하고 항상 많은 비중을 차지하고 있어요. 유료관람객 확대 유치를 위한 콘텐츠가 필요해요.

④ D씨 : C씨의 의견에 덧붙이자면, 유료관람객 수는 2016년 이후로 증가와 감소가 반복되고 있어요. 유료관람객 수의 지속적인 증가를 위해 지역주민에 대한 할인, 한복업체와 연계한 생활한복 무료대여 행사같이 여러 가지 이벤트를 개발했으면 좋겠어요.

⑤ E씨 : 무료관람객 수의 경우 2016년 이후 지속적으로 증가하는 양상을 보였고 2020년에 전년 대비 가장 많이 증가했지만, 2022년에는 전년 대비 가장 적게 증가했어요.

13 다음은 우리나라 지역별 가구 수와 1인 가구 수를 나타낸 자료이다. 이에 대한 설명으로 옳은 것은?

〈지역별 가구 수 및 1인 가구 수〉

(단위 : 천 가구)

구분	전체 가구	1인 가구
서울특별시	3,675	1,012
부산광역시	1,316	367
대구광역시	924	241
인천광역시	1,036	254
광주광역시	567	161
대전광역시	596	178
울산광역시	407	97
경기도	4,396	1,045
강원특별자치도	616	202
충청북도	632	201
충청남도	866	272
전라북도	709	222
전라남도	722	242
경상북도	1,090	365
경상남도	1,262	363
제주특별자치도	203	57
합계	19,017	5,279

① 전체 가구 대비 1인 가구의 비율이 가장 높은 지역은 충청북도이다.
② 서울특별시・인천광역시・경기도의 1인 가구는 전체 1인 가구의 40% 이상을 차지한다.
③ 도 지역의 가구 수 총합보다 서울시 및 광역시의 가구 수 총합이 더 크다.
④ 경기도를 제외한 도 지역 중 1인 가구 수가 가장 많은 지역이 전체 가구 수도 제일 많다.
⑤ 전라북도와 전라남도의 1인 가구 수 합의 2배는 경기도의 1인 가구 수보다 많다.

14 A~G 일곱 팀이 토너먼트로 시합을 하려고 한다. 다음과 같이 한 팀만 부전승으로 올라가 경기를 진행한다고 할 때, 대진표를 작성하는 경우의 수는?

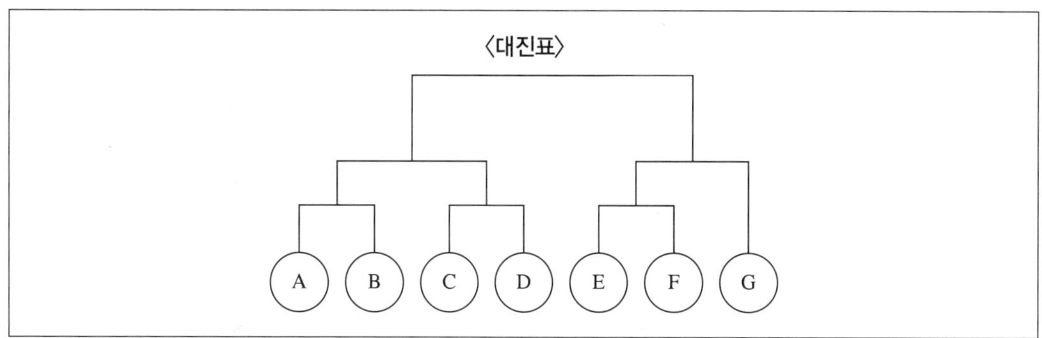

① 300가지
② 315가지
③ 340가지
④ 380가지
⑤ 400가지

15 S농산물은 날마다 가격이 다르다. 7일간의 평균 가격이 다음과 같을 때, 5월 10일의 가격은 얼마인가?

구분	5/7	5/8	5/9	5/10	5/11	5/12	5/13	평균
가격(원)	400	500	300	(　　)	400	550	300	400

① 300원
② 350원
③ 400원
④ 450원
⑤ 500원

16 다음은 한반도 지역별 지진발생 횟수에 대한 자료이다. 이에 대한 설명으로 옳은 것은?

〈한반도 지역별 지진발생 횟수〉

(단위 : 회)

구분	2020년	2021년	2022년
서울·경기·인천	1	1	1
부산·울산·경남	1	6	5
대구·경북	6	179	121
광주·전남	1	1	6
전북	1	1	2
대전·충남·세종	2	6	3
충북	1	0	2
강원	1	1	1
제주	0	1	0
서해	7	6	19
남해	12	11	18
동해	8	16	20
북한	3	23	25
합계	44	252	223

※ 수도권은 서울·경기·인천 지역을 의미한다.

① 연도별로 전체 지진발생 횟수 중 가장 많은 비중을 차지하는 지역은 2020년부터 2022년까지 매년 동일하다.

② 전체 지진발생 횟수 중 북한의 지진발생 횟수가 차지하는 비중은 2021년에 비해 2022년에 5%p 이상 증가하였다.

③ 2020년 전체 지진발생 횟수 중 대전·충남·세종이 차지하는 비중은 2021년 전체 지진발생 횟수 중 동해가 차지하는 비중보다 크다.

④ 전체 지진발생 횟수 중 수도권에서의 지진발생 횟수가 차지하는 비중은 2021년과 2022년 모두 전년 대비 감소하였다.

⑤ 2021년에 지진이 발생하지 않은 지역을 제외하고 2021년 대비 2022년 지진발생 횟수의 증가율이 두 번째로 높은 지역은 서해이다.

17 다음 〈보기〉를 원인 분석 단계의 절차에 따라 순서대로 바르게 나열한 것은?

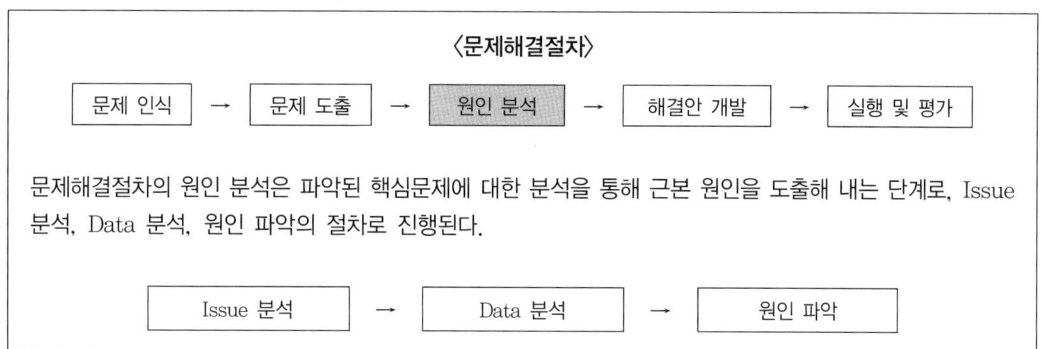

〈문제해결절차〉
문제 인식 → 문제 도출 → 원인 분석 → 해결안 개발 → 실행 및 평가
문제해결절차의 원인 분석은 파악된 핵심문제에 대한 분석을 통해 근본 원인을 도출해 내는 단계로, Issue 분석, Data 분석, 원인 파악의 절차로 진행된다.
Issue 분석 → Data 분석 → 원인 파악

〈보기〉

㉠ 가설검증계획에 의거하여 분석결과를 미리 이미지화한다.
㉡ 데이터 수집계획을 세운 후 목적에 따라 정량적이고 객관적인 사실을 수집한다.
㉢ 인터뷰 및 설문조사 등을 활용하여 현재 수행하고 있는 업무에 가장 크게 영향을 미치는 문제를 선정한다.
㉣ 이슈와 데이터 분석을 통해 얻은 결과를 바탕으로 최종 원인을 확인한다.
㉤ 자신의 경험, 지식 등에 의존하여 이슈에 대한 일시적인 결론을 예측해보는 가설을 설정한다.
㉥ 목적에 따라 수집된 정보를 항목별로 분류·정리한 후 'What', 'Why', 'How' 측면에서 의미를 해석한다.

① ㉠－㉢－㉤－㉡－㉥－㉣
② ㉡－㉥－㉢－㉤－㉠－㉣
③ ㉢－㉤－㉠－㉡－㉥－㉣
④ ㉢－㉠－㉤－㉥－㉡－㉣
⑤ ㉤－㉠－㉢－㉡－㉥－㉣

18 S회사 사무실에 도둑이 들었다. 범인은 2명이고, 용의자로 지목된 A ~ E가 다음 〈보기〉와 같이 진술했다. 이 중 2명이 거짓말을 하고 있다고 할 때, 동시에 범인이 될 수 있는 사람을 나열한 것은?

〈보기〉

A : B나 C 중에 한 명만 범인이에요.
B : 저는 확실히 범인이 아닙니다.
C : 제가 봤는데 E가 범인이에요.
D : A가 범인이 확실해요.
E : 사실은 제가 범인이에요.

① A, B
② B, C
③ B, D
④ C, D
⑤ D, E

※ 다음은 S공사 입사시험 성적 결과표와 직원 채용 규정이다. 이어지는 질문에 답하시오. **[19~20]**

〈입사시험 성적 결과표〉

(단위 : 점)

구분	대학 졸업유무	서류점수	필기시험 점수	면접시험 점수		영어시험 점수
				개인	그룹	
이선빈	유	84	86	35	34	78
유미란	유	78	88	32	38	80
김지은	유	72	92	31	40	77
최은빈	무	80	82	40	39	78
이유리	유	92	80	38	35	76

〈직원 채용 규정〉

- 위 응시자 중 규정에 따라 최종 3명을 채용한다.
- 대학 졸업자 중 (서류점수)+(필기시험 점수)+(개인 면접시험 점수)의 합이 높은 2명을 경영지원실에 채용한다.
- 경영지원실 채용 후 나머지 응시자 3명 중 그룹 면접시험 점수와 영어시험 점수의 합이 가장 높은 1명을 기획조정실에 채용한다.

19 다음 중 직원 채용 규정에 따른 불합격자 2명이 바르게 짝지어진 것은?

① 이선빈, 김지은
② 이선빈, 최은빈
③ 김지은, 최은빈
④ 김지은, 이유리
⑤ 최은빈, 이유리

20 직원 채용 규정을 다음과 같이 변경한다고 할 때, 불합격자 2명이 바르게 짝지어진 것은?

〈직원 채용 규정(변경 후)〉

- 응시자 중 [서류점수(50%)]+(필기시험 점수)+[면접시험 점수(개인과 그룹 중 높은 점수)]의 환산점수가 높은 3명을 채용한다.

① 이선빈, 유미란
② 이선빈, 최은빈
③ 이선빈, 이유리
④ 유미란, 최은빈
⑤ 최은빈, 이유리

21 다음은 S은행에 대한 SWOT 분석 결과이다. 이를 토대로 판단할 때, 빈칸 ㉠~㉢에 들어갈 전략으로 적절하지 않은 것은?

구분	분석 결과
강점(Strength)	• 안정적 경영상태 및 자금흐름 • 풍부한 오프라인 인프라
약점(Weakness)	• 담보 중심의 방어적 대출 운영으로 인한 혁신기업 발굴 및 투자 가능성 저조 • 은행업계의 저조한 디지털 전환 적응력
기회(Opportunity)	• 테크핀 기업들의 성장으로 인해 협업 기회 풍부
위협(Threat)	• 핀테크 및 테크핀 기업들의 금융업 점유율 확대

구분	강점(S)	약점(W)
기회(O)	• 안정적 자금상태를 기반으로 혁신적 기술을 갖춘 테크핀과의 협업을 통해 실적 증대	• 테크핀 기업과의 협업을 통해 혁신적 문화를 학습하여 디지털 전환을 위한 문화적 개선 추진 • ㉠
위협(T)	• ㉡	• 전당포식 대출 운영 기조를 변경하여 혁신금융기업으로부터 점유율 방어 • ㉢

① ㉠ : 테크핀 기업의 기업운영 방식을 벤치마킹 후 현재 운영 방식에 융합하여 디지털 전환에 필요한 혁신 동력 배양

② ㉠ : 금융혁신 기업과의 협업을 통해 혁신기업의 특성을 파악하고 이를 조기에 파악할 수 있는 안목을 키워 도전적 대출 운영에 반영

③ ㉡ : 신생 금융기업에 비해 풍부한 오프라인 인프라를 바탕으로, 아직 오프라인 채널을 주로 이용하는 고령층 고객에 대한 점유율 우위 선점

④ ㉢ : 조직문화를 개방적으로 혁신하여 디지털 전환에 대한 적응력을 제고해 급성장하는 금융업 신생기업으로부터 점유율 우위 확보

⑤ ㉢ : 풍부한 자본을 토대로 한 온라인 채널 투자를 통해 핀테크 및 테크핀 기업의 점유율 확보로부터 방어

※ S공사의 인사팀 팀원 6명이 회식을 하기 위해 이탈리안 레스토랑에 갔다. 다음 〈조건〉을 바탕으로 이어지는 질문에 답하시오. **[22~23]**

〈조건〉

- 인사팀은 토마토 파스타 2개, 크림 파스타 1개, 토마토 리소토 1개, 크림 리소토 2개, 콜라 2잔, 사이다 2잔, 주스 2잔을 주문했다.
- 인사팀은 K팀장, L과장, M대리, S대리, H사원, J사원으로 구성되어 있는데, 같은 직급끼리는 같은 소스가 들어가는 요리를 주문하지 않았고, 같은 음료도 주문하지 않았다.
- 각자 좋아하는 요리가 있으면 그 요리를 주문하고, 싫어하는 요리나 재료가 있으면 주문하지 않았다.
- K팀장은 토마토 파스타를 좋아하고, S대리는 크림 리소토를 좋아한다.
- L과장과 H사원은 파스타면을 싫어한다.
- 대리들 중에 콜라를 주문한 사람은 없다.
- 크림 파스타를 주문한 사람은 사이다도 주문했다.
- 토마토 파스타나 토마토 리소토와 주스는 궁합이 안 맞는다고 하여 함께 주문하지 않았다.

22 다음 중 주문한 결과로 옳지 않은 것은?

① 사원들 중 한 사람은 주스를 주문했다.
② L과장은 크림 리소토를 주문했다.
③ K팀장은 콜라를 주문했다.
④ 토마토 리소토를 주문한 사람은 콜라를 주문했다.
⑤ 사이다를 주문한 사람은 파스타를 주문했다.

23 다음 중 같은 요리와 음료를 주문한 사람을 바르게 연결한 것은?

① J사원, S대리
② H사원, L과장
③ S대리, L과장
④ M대리, H사원
⑤ M대리, K팀장

24 서울에서 열린 관광채용박람회의 해외채용관에는 8개의 부스가 마련되어 있다. A호텔, B호텔, C항공사, D항공사, E여행사, F여행사, G면세점, H면세점이 〈조건〉에 따라 8개의 부스에 각각 위치하고 있을 때, 다음 중 항상 참이 되는 것은?

〈부스 위치〉

1	2	3	4
복도			
5	6	7	8

〈조건〉

- 업종이 같은 종류의 기업은 같은 라인에 위치할 수 없다.
- A호텔과 B호텔은 복도를 사이에 두고 마주 보고 있다.
- G면세점과 H면세점은 양 끝에 위치하고 있다.
- E여행사 반대편에 위치한 H면세점은 F여행사와 나란히 위치하고 있다.
- C항공사는 가장 앞 번호의 부스에 위치하고 있다.

① A호텔은 면세점 옆에 위치하고 있다.

② B호텔은 여행사 옆에 위치하고 있다.

③ C항공사는 여행사 옆에 위치하고 있다.

④ D항공사는 E여행사와 나란히 위치하고 있다.

⑤ G면세점은 B호텔과 나란히 위치하고 있다.

25 **다음 중 브레인스토밍에 대한 설명으로 옳지 않은 것은?**

> 집단에서 의사결정을 하는 대표적인 방법으로 브레인스토밍이 있다. 브레인스토밍은 일정한 테마에 관하여 회의형식을 채택하고, 구성원의 자유발언을 통해 아이디어의 제시를 요구하여 발상을 찾아내려는 방법으로 볼 수 있다.

① 다른 사람이 아이디어를 제시할 때, 비판을 통해 새로운 아이디어를 창출한다.

② 아이디어는 적게 나오는 것보다는 많이 나올수록 좋다.

③ 자유분방하고 엉뚱하기까지 한 의견을 출발점으로 해서 아이디어를 전개시켜 나갈 수 있다.

④ 문제에 대한 제안은 자유롭게 이루어질 수 있다.

⑤ 모든 아이디어들이 제안되고 나면 이를 결합하고 해결책을 마련한다.

26 **다음 상황에서 S기업이 해외 시장 개척을 앞두고 기존의 조직구조를 개편할 경우, S기업이 추가해야 할 조직으로 보기 어려운 것은?**

> S기업은 몇 년 전부터 자체 기술로 개발한 제품의 판매 호조로 인해 기대 이상의 수익을 창출하게 되었다. 경쟁 업체들이 모방할 수 없는 독보적인 기술력을 앞세워 국내 시장을 공략한 결과, 국내 시장에서는 경쟁자가 없다고 할 만큼 탄탄한 시장 점유율을 확보하였다. 이러한 S기업의 M사장은 올 초부터 해외 시장 진출의 꿈을 갖고 필요한 자료를 수집하기 시작하였다. 충분한 자금력을 확보한 S기업은 우선 해외 부품 공장을 인수한 후 현지에 생산 기지를 건설하여 국내에서 생산되는 물량의 절반 정도를 현지로 이전하여 생산하고, 이를 통한 물류비 절감을 통해 주변국들부터 시장을 넓혀가겠다는 야심찬 계획을 세웠다. 한국 본사에서는 내년까지 4 ~ 5곳의 해외 거래처를 더 확보하여 지속적인 해외 시장 개척에 매진한다는 중장기 목표를 대내외에 천명해 둔 상태다.

① 해외관리팀

② 기업회계팀

③ 외환업무팀

④ 국제법무팀

⑤ 통관물류팀

27 다음 중 조해리의 창(Johari's Window) 속 자아와 〈보기〉의 사례가 바르게 연결된 것은?

〈보기〉

㉠ A는 평소 활발하고 밝은 성격으로, 주변 사람들도 모두 A를 쾌활한 사람으로 알고 있다.
㉡ 그러나 A는 자신이 혼자 있을 때 그 누구보다 차분하고 냉정한 편이라고 생각한다.
㉢ 하지만 A를 오랫동안 알고 지낸 친구들은 A가 정이 많으며, 결코 냉정한 성격은 아니라고 말한다.

	㉠	㉡	㉢
①	눈먼 자아	숨겨진 자아	공개된 자아
②	공개된 자아	눈먼 자아	숨겨진 자아
③	공개된 자아	숨겨진 자아	눈먼 자아
④	아무도 모르는 자아	숨겨진 자아	눈먼 자아
⑤	눈먼 자아	공개된 자아	아무도 모르는 자아

28 다음 〈보기〉 중 조직의 환경적응에 대한 설명으로 옳지 않은 것을 모두 고르면?

〈보기〉

ㄱ. 세계화의 기업에 대한 영향은 진출시장, 투자대상 확대 등 기업의 대외적 경영 측면으로 국한된다.
ㄴ. 특정 국가에서의 업무 동향 점검 시에는 거래 기업에 대한 정보와 시장의 특성뿐 아니라 법규에 대하여도 파악하는 것이 필수적이다.
ㄷ. 이문화 이해는 곧 상이한 문화와의 언어적 소통을 가리키므로 현지에서의 인사법 등 예절에 주의하여야 한다.
ㄹ. 이문화 이해는 특정 타 지역에 오랜 기간 형성된 문화를 이해하는 것으로, 단기간에 집중적인 학습으로 신속하게 수월한 언어적 능력을 갖추는 것이 최선이다.

① ㄱ
② ㄴ, ㄷ
③ ㄴ, ㄹ
④ ㄱ, ㄴ, ㄹ
⑤ ㄱ, ㄷ, ㄹ

29 다음 〈보기〉의 (가) ~ (라)에 대한 제품수명주기의 유형을 바르게 연결한 것은?

〈제품수명주기〉

▶ **제품수명주기의 정의**

제품수명주기(Product Life Cycle)는 제품이 출시되는 도입기, 매출이 성장하는 성장기, 성장률이 둔화되는 성숙기, 매출이 감소하는 쇠퇴기를 거쳐서 시장에서 사라지게 되는 과정이다.

▶ **제품수명주기의 4가지 유형**

유형	그래프	설명
주기·재주기형	매출 / 시간	쇠퇴기에 접어들다가 촉진활동 강화 혹은 재포지셔닝에 의해 다시 한 번 성장기를 맞이하는 경우로, 대부분의 제품에 해당한다.
연속성장형	매출 / 시간	새로운 제품 특성이나 용도 등을 발견함으로써 매출성장이 연속적으로 이어지는 경우이다.
패션형	매출 / 시간	한때 유행하였다가 일정시간이 지나 다시 유행하는 형태로 일정주기를 타고 성장, 쇠퇴를 거듭한다.
패드형	매출 / 시간	짧은 시간 내에 소비자들에 의해 급속하게 수용되었다가 매우 빨리 쇠퇴하는 형태를 보인다.

〈보기〉

(가) A전자회사는 에어컨과 난방기를 생산하고 있다. 에어컨은 매년 7 ~ 9월의 여름에 일정하게 매출이 증가하고 있으며 난방기는 매년 12 ~ 2월에 일정하게 매출이 증가하고 있다.

(나) B게임회사는 최근 모바일 게임의 꾸준한 업데이트를 통해 게임 유저들의 흥미를 자극시킴으로써 매출이 계속 성장하고 있다.

(다) C출판사는 자기개발서를 출판하는 회사이다. 최근 자기개발서에 대한 매출이 줄어듦에 따라 광고 전략을 시행하였고 이로 인해 일시적으로 매출이 상승하게 되었다.

(라) D회사는 월드컵을 맞이하여 응원 티셔츠를 제작하여 큰 매출 효과를 가졌다. 그러나 며칠이 지나지 않아 월드컵이 끝난 후 응원 티셔츠에 대한 매력이 떨어져 매출이 급감하게 되었다.

	주기·재주기형	연속성장형	패션형	패드형
①	(다)	(라)	(가)	(나)
②	(다)	(나)	(가)	(라)
③	(가)	(라)	(나)	(다)
④	(나)	(라)	(가)	(다)
⑤	(라)	(다)	(가)	(나)

※ 다음 글을 읽고 이어지는 질문에 답하시오. [30~32]

오토바이용 헬멧 제조업체인 S사는 국내 시장의 한계를 느끼고 미국 시장에 진출해 안전과 가격, 디자인 면에서 호평을 받으며 시장의 최강자가 되었다. 외환위기와 키코사태로 위기 상황에 놓인 적도 있었지만 비상장 및 내실 있는 경영으로 은행에 출자 전환하도록 설득하여 오히려 기사회생하였다.
미국시장 진출 시 OEM 방식을 활용할 수 있었지만 자기 브랜드를 고집한 대표이사의 선택으로 해외에서 개별 도매상들을 상대로 직접 물건을 판매했다. 또한, 평판이 좋은 중소규모 도매상을 선정해 유대관계를 강화했다. 한번 계약을 맺은 도매상과는 의리를 지켰고 그 결과 단단한 유통망을 갖출 수 있었다.
유럽 진출 시에는 미국과는 다른 소비자의 특성에 맞춰 고급스런 디자인의 고가 제품을 포지셔닝하여 모토그랑프리를 후원하고 우승자와 광고 전속 계약을 맺었다. 여기에 신제품인 스피드와 레저를 동시에 즐길 수 있는 실용적인 변신 헬멧으로 유럽 소비자들을 공략해 시장점유율을 높였다.
※ 키코사태(KIKO; Knock In Knock Out) : 환율 변동으로 인한 위험을 줄이기 위해 만들어진 파생상품에 가입한 수출 중소기업들이 2008년 미국발 글로벌 금융위기 여파로 환율이 급등하자 막대한 손실을 보게 된 사건이다.

30 다음 중 S사가 미국시장에 성공적으로 진출할 수 있었던 요인이 아닌 것은?

① OEM 방식을 효율적으로 활용했다.
② 자사 브랜드를 알리는 데 주력했다.
③ 평판이 좋은 유통망을 찾아 계약을 맺었다.
④ 안전과 가격, 디자인 모두에 심혈을 기울였다.
⑤ 한번 계약을 맺은 도매상과는 의리를 지켰다.

31 다음 중 S사가 유럽시장 진출에서 성공을 거둔 요인으로 볼 수 없는 것은?

① 소비자 특성에 맞춘 고가 제품 포지셔닝
② 모토그랑프리 후원 등 전략적 마케팅 실행
③ 중소규모 도매상과 유대관계 강화
④ 하이브리드가 가능한 실용적 제품 개발
⑤ 고급스런 디자인 제품으로 소비자들을 공략

32 다음 〈보기〉 중 S사가 해외 진출 시 분석을 위해 활용한 요소를 모두 고르면?

〈보기〉

㉠ 현지 시장의 경쟁상황
㉡ 경쟁업체
㉢ 시장점유율
㉣ 제품 가격 및 품질
㉤ 공급능력

① ㉠, ㉡, ㉢
② ㉡, ㉢, ㉣
③ ㉢, ㉣, ㉤
④ ㉠, ㉡, ㉢, ㉣
⑤ ㉠, ㉡, ㉢, ㉣, ㉤

33 다음은 데이터베이스에 대한 설명이다. 데이터베이스의 특징으로 적절하지 않은 것은?

> 데이터베이스는 대량의 자료를 관리하고 내용을 구조화해 검색이나 자료 관리 작업을 효과적으로 실행하는 프로그램으로, 삽입·삭제·수정·갱신 등을 통해 항상 최신의 데이터를 유동적으로 유지할 수 있으며, 이와 같은 대량의 데이터는 사용자의 질의에 대한 신속한 응답 처리를 가능하게 한다. 또한 이러한 데이터를 여러 명의 사용자가 동시에 공유가 가능하고, 각 데이터를 참조할 때는 사용자가 요구하는 내용에 따라 참조가 가능함은 물론, 응용프로그램과 데이터베이스를 독립시킴으로써 데이터가 변경되더라도 응용프로그램은 변경되지 않는다.

① 동시 공유
② 실시간 접근성
③ 계속적인 진화
④ 내용에 의한 참조
⑤ 데이터 논리적 의존성

34 다음 〈보기〉 중 정보화 사회의 정보통신 기술 활용 사례와 그 내용이 바르게 연결된 것을 모두 고르면?

〈보기〉

ㄱ. 유비쿼터스 기술(Ubiquitous Technology) : 장소에 제한받지 않고 네트워크에 접속된 컴퓨터를 자신의 컴퓨터와 동일하게 활용하는 기술이다.
ㄴ. 임베디드 컴퓨팅(Embedded Computing) : 네트워크의 이동성을 극대화하여 특정장소가 아닌 어디서든 컴퓨터를 사용할 수 있게 하는 기술이다.
ㄷ. 감지 컴퓨팅 (Sentient Computing) : 센서를 통해 사용자의 상황을 인식하여 사용자가 필요한 정보를 적시에 제공해 주는 기술이다.
ㄹ. 사일런트 컴퓨팅 (Silent Computing) : 장소, 사물, 동식물 등에 심어진 컴퓨터들이 사용자가 의식하지 않은 상태에서 사용자의 요구에 의해 일을 수행하는 기술이다.
ㅁ. 노매딕 컴퓨팅(Nomadic Computing) : 제품에서 특정 작업을 수행할 수 있도록 탑재되는 솔루션이나 시스템이다.

① ㄱ, ㄴ
② ㄱ, ㄷ
③ ㄴ, ㅁ
④ ㄱ, ㄷ, ㄹ
⑤ ㄷ, ㄹ, ㅁ

35 다음 시트에서 [E2:E7] 영역처럼 표시하려고 할 때, [E2] 셀에 입력할 수식으로 옳은 것은?

	A	B	C	D	E
1	순번	이름	주민등록번호	생년월일	백넘버
2	1	박민석 11	831121-1092823	831121	11
3	2	최성영 20	890213-1928432	890213	20
4	3	이형범 21	911219-1223457	911219	21
5	4	임정호 26	870211-1098432	870211	26
6	5	박준영 28	850923-1212121	850923	28
7	6	김민욱 44	880429-1984323	880429	44

① =MID(B2,5,2)
② =LEFT(B2,2)
③ =RIGHT(B2,5,2)
④ =MID(B2,5)
⑤ =LEFT(B2,5,2)

36 다음 글의 빈칸에 들어갈 용어로 가장 적절한 것은?

> ＿＿＿＿＿은/는 웹 서버에 대용량의 저장 기능을 갖추고 인터넷을 통하여 이용할 수 있게 하는 서비스를 뜻한다. 초기에는 대용량의 파일 작업을 하는 디자이너, 설계사, 건축가들이 빈번하게 이루어지는 공동 작업과 자료 교환을 용이하게 하기 위해 각 회사 나름대로 해당 시스템을 구축하게 되었는데, 이와 똑같은 시스템을 사용자에게 무료로 제공하는 웹 사이트들이 생겨나기 시작하면서, 일반인들도 이용하게 되었다.

① RFID
② 인터넷 디스크(Internet Harddisk)
③ 이더넷(Ethernet)
④ 유비쿼터스 센서 네트워크(USN)
⑤ M2M(Machine to Machine)

37 **다음 중 각 검색엔진의 유형에 따른 특징이 잘못 연결된 것은?**

① 키워드 검색 방식 : 키워드가 불명확하게 입력되는 경우 비효율적이다.

② 키워드 검색 방식 : 검색이 편리하다는 장점이 있다.

③ 주제별 검색 방식 : 상위 주제부터 하위 주제까지 분류된 정보들을 선택하는 방식이다.

④ 통합형 검색 방식 : 통합형 검색 방식은 주제별 검색 방식보다는 키워드 검색 방식과 유사하다.

⑤ 통합형 검색 방식 : 자신만의 인덱스 데이터베이스를 소유하여 사용자가 입력하는 검색어들을 다른 검색엔진들에 보내고 이를 통한 검색 결과들을 사용자에게 보여 주는 방식이다.

38 **다음 중 정보처리 절차에 대한 설명으로 옳지 않은 것은?**

① 정보의 기획은 정보의 입수대상, 주제, 목적 등을 고려하여 전략적으로 이루어져야 한다.

② 정보처리는 기획 – 수집 – 활용 – 관리의 순서로 이루어진다.

③ 다양한 정보원으로부터 목적에 적합한 정보를 수집해야 한다.

④ 정보 관리 시에 고려하여야 할 3요소는 목적성, 용이성, 유용성이다.

⑤ 정보 활용 시에는 합목적성 외에도 합법성이 고려되어야 한다.

39 **최근 S은행 영업점 내 PB센터가 리모델링을 통해 PB라운지라는 명칭으로 변경되었다. 라운지 내에는 편의를 위한 고객대기실이 있으며, 고객이 개인업무를 볼 수 있도록 PC가 설치되어 있다. 며칠 후 PC가 작동하지 않는다는 고객의 신고에 귀하는 관리팀에 문의하여 문제를 해결하였다. 다음 중 귀하가 취한 행동으로 옳지 않은 것은?**

귀하	: 안녕하세요. ○○지점의 ◇◇◇행원입니다. PB라운지 내에 고객용 PC가 있는데, 하드디스크가 인식되지 않는다는 경고가 떴네요. 어떻게 조치하면 됩니까?
관리팀 사원	: 네, 우선 ______________을/를 해보세요.
귀하	: 알려주신 방법으로 조치하니 제대로 작동합니다. 감사합니다.

① 메인보드와 연결하는 케이블의 접촉이 불량인지 확인

② 디스크 정리 프로그램을 실행시켜 불필요한 프로그램을 제거

③ 외부의 충격으로 하드디스크가 고장이 나지 않았는지 확인

④ CMOS Setup에서 하드디스크 설정이 올바르게 되어 있는지 확인

⑤ 컴퓨터를 재부팅하여 확인

40 귀하는 최근 회사 내 업무용 개인 컴퓨터의 보안을 강화하기 위하여 다음과 같은 메일을 받았다. 메일 내용을 토대로 귀하가 취해야 할 행동으로 적절하지 않은 것은?

> 발신 : 전산보안팀
>
> ---
>
> 수신 : 전 임직원
>
> 제목 : 업무용 개인 컴퓨터 보안대책 공유
>
> 내용 :
> 안녕하십니까. 전산팀 ○○○ 팀장입니다.
> 최근 개인정보 유출 등 전산보안 사고가 자주 발생하고 있어 각별한 주의가 필요한 상황입니다. 이에 따라 자사에서도 업무상 주요 정보가 유출되지 않도록 보안프로그램을 업그레이드하는 등 전산보안을 더욱 강화하고 있습니다.
> 무엇보다 업무용 개인 컴퓨터를 사용하는 분들이 특히 신경을 많이 써주셔야 철저한 보안이 실천됩니다. 번거로우시더라도 아래와 같은 사항을 따라 주시길 바랍니다.
>
> - 인터넷 익스플로러를 종료할 때마다 검색기록이 삭제되도록 설정해 주세요.
> - 외출 또는 외근으로 장시간 컴퓨터를 켜두어야 하는 경우에는 인터넷 검색기록을 직접 삭제해 주세요.
> - 인터넷 검색기록 삭제 시 기본 설정되어 있는 항목 외에도 '다운로드 기록', '양식 데이터', '암호', '추적방지, ActiveX 필터링 및 Do Not Track 데이터'를 모두 체크하여 삭제해 주세요(단, 즐겨찾기 웹 사이트 데이터 보존 부분은 체크 해제할 것).
> - 인터넷 익스플로러에서 방문한 웹 사이트 목록을 저장하는 기간을 5일로 변경해 주세요.
> - 자사에서 제공 중인 보안프로그램은 항시 업데이트하여 최신 상태로 유지해 주세요.
>
> 위 사항을 적용하는 데 어려움이 있을 경우에는 아래 첨부파일에 이미지와 함께 친절하게 설명되어 있으니 참고하시기 바랍니다.
>
> 〈첨부〉 업무용 개인 컴퓨터 보안대책 적용 방법 설명(이미지).zip

① 자사의 보안프로그램을 실행하고 [설정]에서 업데이트를 실행한다.
② 장시간 외출할 경우에는 [인터넷 옵션]의 '일반' 카테고리에 있는 [삭제]를 클릭해 직접 삭제한다.
③ 검색기록 삭제 시 [인터넷 옵션]의 '일반' 카테고리에 있는 [삭제]를 클릭하여 기존에 설정되어 있는 항목을 포함한 모든 항목을 체크하여 삭제한다.
④ [인터넷 옵션]의 '일반' 카테고리 중 검색기록 부분에서 [설정]을 클릭하고, '기록' 카테고리의 [페이지 보관 일수]를 5일로 설정한다.
⑤ 인터넷 익스플로러에서 [도구(또는 톱니바퀴 모양)]를 클릭하여 [인터넷 옵션]의 '일반' 카테고리에 있는 [종료할 때 검색기록 삭제]를 체크한다.

41 다음은 시간계획을 작성하는 데 필요한 항목이다. 효율적인 시간계획 작성을 순서대로 바르게 나열한 것은?

(가) 일의 우선순위 정하기	(나) 명확한 목표를 설정하기
(다) 시간 계획서 작성하기	(라) 예상 소요시간 결정하기

① (가) – (나) – (다) – (라)
② (나) – (가) – (라) – (다)
③ (나) – (라) – (다) – (가)
④ (다) – (라) – (가) – (나)
⑤ (라) – (다) – (가) – (나)

42 S공사 인사팀은 신입사원 입사를 맞아 워크숍을 가려고 한다. 총 13명의 팀원이 워크숍에 참여한다고 할 때, 다음 중 가장 저렴한 비용으로 이용할 수 있는 교통편의 조합은 무엇인가?

〈이용 가능한 교통편 현황〉

구분	탑승 인원	비용	주유비	비고
소형버스	10명	200,000원	0원	1일 대여 비용
대형버스	40명	500,000원	0원	–
렌터카	5명	80,000원(대당)	50,000원	동일 기간 3대 이상 렌트 시 렌트비용 5% 할인
택시	3명	120,000원(편도)	0원	–
대중교통	제한 없음	13,400원 (1인당, 편도)	0원	10명 이상 왕복티켓 구매 시 총금액에서 10% 할인

① 대형버스 1대
② 소형버스 1대, 렌터카 1대
③ 소형버스 1대, 택시 1대
④ 렌터카 3대
⑤ 대중교통 13명

43 서울에 있는 본사에 근무하는 S과장은 월요일에 사천연수원에서 진행될 세미나에 참석해야 한다. 세미나는 월요일 낮 12시부터 시작이며, 수요일 오후 6시까지 진행된다. 갈 때는 세미나에 늦지 않게만 도착하면 되지만, 올 때는 목요일 회의 준비를 위해 최대한 일찍 본사에 들어가야 한다. 교통비는 회사에 청구하지만 가능한 적은 비용으로 세미나 참석을 원할 때, 교통비는 얼마가 들겠는가?

〈KTX〉

구분	월요일		수요일		가격
서울 – 사천	08:00 ~ 11:00	09:00 ~ 12:00	08:00 ~ 11:00	09:00 ~ 12:00	65,200원
사천 – 서울	16:00 ~ 19:00	20:00 ~ 23:00	16:00 ~ 19:00	20:00 ~ 23:00	66,200원 (10% 할인 가능)

※ 사천역에서 사천연수원까지 택시비는 22,200원이며, 30분이 걸린다(사천연수원에서 사천역까지의 비용과 시간도 동일하다).

〈비행기〉

구분	월요일		수요일		가격
서울 – 사천	08:00 ~ 09:00	09:00 ~ 10:00	08:00 ~ 09:00	09:00 ~ 10:00	105,200원
사천 – 서울	19:00 ~ 20:00	20:00 ~ 21:00	19:00 ~ 20:00	20:00 ~ 21:00	93,200원 (10% 할인 가능)

※ 사천공항에서 사천연수원까지 택시비는 21,500원이며, 30분이 걸린다(사천연수원에서 사천공항까지의 비용과 시간도 동일하다).

① 168,280원
② 178,580원
③ 192,780원
④ 215,380원
⑤ 232,080원

44 다음 중 효과적으로 인맥을 관리하기 위한 방법으로 적절하지 않은 것은?

① SNS상 많은 팔로워를 보유하고 있는 유명 인플루언서 A씨는 자신이 팔로우한 사람들의 SNS에 찾아가 댓글을 남기며 안부를 전한다.
② NQ를 높이는 데 관심이 많은 B씨는 사람들의 경조사에 참석하며 인맥을 관리하고 있다.
③ 인맥을 키워나가기 위해 C씨는 먼저 인맥 지도를 그려 현재 자신의 인맥 상태를 점검하기로 하였다.
④ D씨는 자신의 주변에 있는 인맥을 모두 하나의 인맥관리카드에 작성하여 관리하고 있다.
⑤ 명함관리를 통해 효과적으로 인맥을 관리할 수 있다는 이야기를 들은 E씨는 명함에 상대방의 특징들을 메모해 두기 시작했다.

45 주어진 자료를 참고할 때, 다음 중 하루 동안 고용할 수 있는 최대 인원은?

총예산	본예산	500,000원
	예비비	100,000원
고용비	1인당 수당	50,000원
	산재보험료	(수당)×0.504%
	고용보험료	(수당)×1.3%

① 10명
② 11명
③ 12명
④ 13명
⑤ 14명

46 다음 중 물적자원의 관리를 방해하는 요인에 대한 사례로 적절하지 않은 것은?

① A대리는 부서 예산으로 구입한 공용 노트북을 분실하였다.
② B주임은 세미나를 위해 회의실의 의자를 옮기던 중 의자를 훼손하였다.
③ C대리는 예산의 목적과 달리 겨울에 사용하지 않는 선풍기를 구입하였다.
④ D주임은 사내 비품을 구매하는 과정에서 필요 수량을 약간 초과하여 구입하였다.
⑤ E사원은 당장 필요한 서류철들의 보관 장소를 파악하지 못하였다.

47 S컨벤션 기업의 정대리는 국제회의 행사대행 용역업체 선정을 위해 입찰업체 평가를 하려고 한다. 입찰가격 평가방법을 근거로 판단할 때, 〈보기〉 중 옳지 않은 것을 모두 고르면?

〈입찰업체 평가〉

- 기술능력 평가와 입찰가격 평가의 합산점수가 가장 높은 업체가 우선협상 대상자가 된다.
- 현재 A ~ C업체에 대한 기술능력 평가가 끝났고, 입찰가격 평가만 남았다.
- 발주기관이 당해 입찰에서 예상하는 추정가격은 4억 원이다.

평가 항목		배점	업체		
			A	B	C
기술능력 평가	제안서 평가	60점	55점	52점	49점
	서면 평가	20점	14점	18점	15점
입찰가격 평가		20점	?	?	?
계		100점	?	?	?

〈입찰가격 평가방법〉

- 당해 입찰가격이 추정가격의 100분의 80 이상인 경우

$$(\text{평점})=20\times\frac{(\text{최저 입찰가격})}{(\text{당해 입찰가격})}$$

※ 최저 입찰가격 : 입찰자 중 최저 입찰가격

※ 당해 입찰가격 : 당해 평가대상자의 입찰가격

- 당해 입찰가격이 추정가격의 100분의 80 미만인 경우

$$(\text{평점})=20\times\frac{(\text{최저 입찰가격})}{(\text{추정가격의 }80\%)}+\left[2\times\frac{(\text{추정가격의 }80\%)-(\text{당해 입찰가격})}{(\text{추정가격의 }80\%)-(\text{추정가격의 }60\%)}\right]$$

※ 최저 입찰가격 : 입찰자 중 최저 입찰가격

※ 당해 입찰가격 : 당해 평가대상자의 입찰가격으로 하되, 입찰가격이 추정가격의 100분의 60 미만일 경우에는 100분의 60으로 계산함

※ 점수의 소수점 아래는 버린다.

〈보기〉

ㄱ. B업체가 세 업체 중에 가장 낮은 가격을 입찰하면, B업체는 어떤 경우에도 우선협상 대상자가 된다.

ㄴ. 한 업체가 추정가격의 80% 미만으로 입찰한다면 다른 업체와 관계 없이 해당 업체의 입찰가격 평가점수는 항상 높아진다.

ㄷ. A업체에서 추정가격의 60% 미만으로 입찰하고, B업체가 3억 2천만 원으로 입찰하면, C업체의 입찰 가격과 관계없이 B업체가 우선협상 대상자가 된다.

① ㄱ　　② ㄴ

③ ㄱ, ㄷ　　④ ㄴ, ㄷ

⑤ ㄱ, ㄴ, ㄷ

48 해외지사에서 근무하는 직원들 중 업무성과가 우수한 직원을 선발하여 국내로 초청하고자 한다. 다음 자료를 토대로 할 때, 각국 직원들이 국내에 도착하는 순서를 바르게 나열한 것은?

〈각국 해외지사 직원들의 비행 스케줄〉

출발지	출발지 기준 이륙시각	비행시간 (출발지 → 대한민국)
독일(뮌헨)	2024년 6월 4일(화) 오후 04:20	11시간 30분
인도(뉴델리)	2024년 6월 4일(화) 오후 10:10	8시간 30분
미국(뉴욕)	2024년 6월 4일(화) 오전 07:40	14시간

〈동일 시점에서의 각국의 현지 시각〉

국가(도시)	현지 시각
대한민국(서울)	2024년 6월 4일(화) 오전 06:20
독일(뮌헨)	2024년 6월 3일(월) 오후 11:20
인도(뉴델리)	2024년 6월 4일(화) 오전 03:50
미국(뉴욕)	2024년 6월 3일(월) 오후 05:20

① 인도 – 독일 – 미국
② 인도 – 미국 – 독일
③ 미국 – 독일 – 인도
④ 미국 – 인도 – 독일
⑤ 독일 – 미국 – 인도

49 B사원은 최근 S전자제품 회사의 빔프로젝터를 구입하였으며, 빔프로젝터 고장 신고 전 확인사항 자료를 확인하였다. 이를 참고할 때, 빔프로젝터의 증상과 그에 따른 확인 및 조치사항으로 옳은 것은?

〈빔프로젝터 고장 신고 전 확인사항〉

분류	증상	확인 및 조치사항
설치 및 연결	전원이 들어오지 않음	• 제품 배터리의 충전 상태를 확인해 주세요. • 만약 그래도 제품이 전혀 동작하지 않는다면 제품 옆면의 'Reset' 버튼을 1초간 누르시기 바랍니다.
	전원이 자동으로 꺼짐	• 본 제품은 약 20시간 지속 사용 시 제품의 시스템 보호를 위해 전원이 자동 차단될 수 있습니다.
	외부기기가 선택되지 않음	• 외부기기 연결선이 신호 단자에 맞게 연결되었는지 확인하고, 연결 상태를 점검해 주시기 바랍니다.
메뉴 및 리모컨	리모컨이 동작하지 않음	• 리모컨의 건전지 상태 및 건전지가 권장 사이즈에 부합하는지 확인해 주세요. • 리모컨 각도와 거리가(10m 이하) 적당한지, 제품과 리모컨 사이에 장애물이 없는지 확인해 주세요.
	메뉴가 선택되지 않음	• 메뉴의 글자가 회색으로 나와 있지 않은지 확인해 주세요. 회색의 글자 메뉴는 선택되지 않습니다.
화면 및 소리	영상이 희미함	• 리모컨 메뉴창의 초점 조절 기능을 이용하여 초점을 조절해 주세요. • 투사거리가 초점에서 너무 가깝거나 멀리 떨어져 있지 않은지 확인해 주세요(권장거리 1 ~ 3m).
	제품에서 이상한 소리가 남	• 이상한 소리가 계속해서 발생할 경우 사용을 중지하고 서비스센터로 문의해 주시기 바랍니다.
	화면이 안 나옴	• 제품 배터리의 충전 상태를 확인해 주세요. • 본체의 발열이 심할 경우 화면이 나오지 않을 수 있습니다.
	화면에 줄, 잔상, 경계선 등이 나타남	• 일정시간 정지된 영상을 지속적으로 표시하면 부분적으로 잔상이 발생합니다. • 영상의 상·하·좌·우의 경계선이 고정되어 있거나 빛의 투과량이 서로 상이한 영상을 장시간 시청 시 경계선에 자국이 발생할 수 있습니다.

① 언젠가부터 화면에 잔상이 나타나 제품과 리모콘 배터리의 충전 상태를 확인하였다.

② 메뉴가 선택되지 않아 외부기기와 연결선이 제대로 연결되었는지 확인하였다.

③ 일주일째 이상한 소리가 나 제품 배터리가 충분히 충전된 상태인지 살펴보았다.

④ 영상이 너무 희미해 초점과 투사거리를 확인하여 조절하였다.

⑤ 영화를 보는 중에 갑자기 전원이 꺼진 것은 본체의 발열이 심해서 그런 것이므로 약 20시간 동안 사용을 중지하였다.

※ 다음은 음식물건조처리기 '에밀리'의 사용설명서이다. 이어지는 질문에 답하시오. **[50~52]**

〈음식물건조처리기 '에밀리' 사용설명서〉

■ 설치방법

1. 제품을 올려놓을 자리에 수평을 맞춥니다.

- 에밀리는 프리스탠딩타입으로 어느 곳이든 공간과 전원코드만 있다면 설치가 가능합니다.
- 콘센트를 연결하시고, 수평만 잘 맞추어 주시면 누구나 손쉽게 설치할 수 있습니다.
- 냄새나 소음이 감지되었을 경우에 환기가 잘 되는 베란다 등에 설치할 수도 있습니다.
- 수평이 맞지 않으면 제품의 진동에 의해 소음이 발생됩니다.

2. 콘센트에 전원플러그를 꽂아 주시고 전원램프를 확인합니다.

- 전원플러그를 꽂고 전원버튼을 누른 후 램프가 켜지는지를 확인합니다.
- 전원램프가 켜지면 '3HOURS', '6HOURS', '8HOURS' 중 하나를 선택하여 누른 후 버튼의 램프도 켜지는지를 확인합니다.
- 두 버튼의 램프 중 하나라도 켜지지 않으면 소비자 상담실에 문의하십시오.

3. 원활한 공기 흐름을 위하여 뒷면을 벽면에서 10cm 이상 틈을 주십시오.

- 에밀리의 건조처리 시스템은 외부공기를 안으로 유입시켜 열풍으로 변환하여 건조시키는 방식으로 공기의 흐름이 원활하게 이루어져야 건조율이 좋습니다. 공기의 원활한 공급을 위하여 벽면에서 최소 10cm 이상 떨어지게 하여 주십시오.

■ 사용방법

1. 건조바스켓에 남은 음식들을 담아 제품 안에 넣습니다.

- 제품 안의 물받이와 건조바스켓을 꺼내 싱크대거름망에 걸러진 남은 음식물을 넣습니다.
- 건조바스켓에 표시된 용량에 의한 시간에 맞추어 '3HOURS', '6HOURS', '8HOURS' 중 하나를 눌러 줍니다.
- 상단의 'MAX'라고 표기된 선을 넘기면 작동되지 않으니 반드시 그 아래까지만 채우고 작동하십시오.

2. 전원버튼을 누르고 시간버튼을 누르면 작동이 됩니다.

- 전원버튼을 누르고 남은 음식물 양에 맞춰 시간버튼을 누르면 작동이 됩니다.
- 문이 닫혀야 작동이 되며, 작동 중에 문을 열면 작동이 멈추게 됩니다.
- 최초 작동 시 히터부분만 작동을 하며, 5분 정도 후에 열풍팬이 작동이 되는 시스템입니다.
- 처리가 끝난 이후에도 냉각팬이 30분 정도 더 작동됩니다. 전원버튼이 꺼졌을 때 바스켓을 꺼내십시오.

3. 고기, 전분류 등 건조가 잘 되지 않는 남은 음식물의 처리

- 남은 음식물의 양이 적다 하더라도 기름기 많은 고기류, 전분이 함유된 중국 음식물 등은 다른 음식물에 비해 건조가 잘 되지 않으니 '6 ~ 8HOURS' 버튼을 눌러 작동시켜 주시고, 기름기가 너무 많아 8시간에도 건조처리가 잘 안 되었을 경우에는 3시간만 더 건조시키면 완전히 해결됩니다.

4. 건조처리가 끝나면 전용용기에 따로 보관하십시오.

- 처리된 건조물은 별도의 보관용기에 모아 두었다가 한 번에 버리시면 됩니다. 가급적 처리가 끝나고 바로 보관용기에 비워 주십시오.
- 처리된 건조물은 비닐봉지에 넣어 두 손으로 가볍게 비벼 주시면 부피가 더 줄어들어 많은 양을 보관할 수 있습니다.
- 에밀리는 타제품에 비해 건조상태가 월등하여 한 번 건조된 건조물은 일정기간 동안 다시 부패되지 않습니다.

5. 건조처리 전에 굳이 이물질을 골라낼 필요가 없습니다.

- 건조처리 전에 지저분하게 음식물 속에서 굳이 먼저 골라낼 필요가 없습니다. 완전 건조 후 이물질을 편하게 골라내면 됩니다.
- 밥이나 전분류가 뭉쳐있으면 건조가 잘 안 될 수가 있으니 가급적 틀을 이용하여 흩뜨려서 바스켓에 넣어 주세요.

6. 건조바스켓의 청소
• 건조바스켓을 비우고 바스켓에 붙은 이물질은 물을 담은 용기에 30분 정도 담가 놓은 후 꺼내서 수세미로 가볍게 문지르면 깨끗하게 처리됩니다.

7. 일반쓰레기로 분류되는 물질
• 조개껍데기, 계란껍데기, 과일껍질, 조리하지 않은 채소류(마늘껍질, 파 뿌리, 양파 등의 껍질이나 다발) 등은 일반쓰레기로 분류됩니다. • 수박이나 과일, 채소 등 부피가 큰 것들은 최대한 잘게 잘라서 넣어야 더 많은 양을 건조시킬 수 있으며 더욱 빨리 처리할 수 있습니다.

50 다음 중 에밀리를 설치하여 사용하던 중에 진동에 의한 소음이 발생하였을 때, 해결 방법으로 가장 적절한 것은?

① 전원램프가 켜졌는지 확인한다.
② 벽면에서 10cm 이상 떨어지게 한다.
③ 음식물의 양을 줄인다.
④ 에밀리의 수평을 맞춘다.
⑤ 이물질을 골라낸다.

51 다음 중 에밀리를 사용하여 음식물을 건조하는 과정으로 적절하지 않은 것은?

① 마늘껍질은 일반쓰레기로 처리한다.
② 기름이 많은 고기류는 '6～8HOURS' 버튼을 눌러 작동시킨다.
③ 음식물 건조처리 전에 이물질을 골라낸다.
④ 수박은 최대한 잘게 잘라 넣는다.
⑤ 건조처리가 잘 안 되었을 경우 3시간 더 건조시킨다.

52 에밀리에 남은 음식물을 넣어 전원램프를 확인한 후 시간버튼을 눌렀는데 작동되지 않았다. 다음 중 해결 방법으로 가장 적절한 것은?

① 전원코드가 꽂혀있는지 확인한다.
② 음식물의 양을 줄인다.
③ 바스켓을 청소한다.
④ 틀을 이용하여 음식물을 흩뜨린다.
⑤ 소비자 상담실에 문의한다.

53 다음 중 기술능력에 대한 설명으로 옳지 않은 것은?

① 직업인으로서 요구되는 기술적인 요소들을 이해하고, 적절한 기술을 선택하여 적용하는 능력을 말한다.
② 기술능력이 뛰어난 사람은 주어진 한계 속에서 제한된 자원을 가지고 일한다.
③ 기술능력이 부족한 사람은 기술적 해결에 대한 효용성을 평가한다.
④ 기술능력을 향상시키기 위해 전문연수원, OJT, 상급학교 진학 등이 있다.
⑤ 기술교양은 기술을 사용하고 운영하고 이해하는 능력이다.

54 다음 중 기술혁신 과정의 핵심적인 역할로 옳지 않은 것은?

① 아이디어 모방
② 챔피언
③ 프로젝트 관리
④ 정보 수문장
⑤ 후원

55 다음은 제품 매뉴얼과 업무 매뉴얼을 설명한 글이다. 이에 대한 내용으로 적절하지 않은 것은?

> 제품 매뉴얼이란 사용자를 위해 제품의 특징이나 기능 설명, 사용방법과 고장 조치방법, 유지 보수 및 A/S, 폐기까지 제품에 관련된 모든 서비스에 대해 소비자가 알아야 할 모든 정보를 제공하는 것을 말한다. 다음으로 업무 매뉴얼이란 어떤 일의 진행 방식, 지켜야 할 규칙, 관리상의 절차 등을 일관성 있게 여러 사람이 보고 따라할 수 있도록 표준화하여 설명하는 지침서이다.

① 제품 매뉴얼은 제품의 설계상 결함이나 위험 요소를 대변해야 한다.
② '재난대비 국민행동 매뉴얼'은 업무 매뉴얼의 사례로 볼 수 있다.
③ 제품 매뉴얼은 혹시 모를 사용자의 오작동까지 고려하여 만들어져야 한다.
④ 제품 매뉴얼과 업무 매뉴얼 모두 필요한 정보를 빨리 찾을 수 있도록 구성되어야 한다.
⑤ 제품 매뉴얼은 제품의 의도된 안전한 사용과 사용 중 해야 할 일 또는 하지 말아야 할 일까지 정의해야 한다.

56 다음은 S은행의 ARS 서비스 기능을 설명하고 있다. A씨가 누른 코드로 옳지 않은 것은?

〈코드별 ARS 서비스 기능〉

코드	서비스
1	보이스 피싱 및 분실 신고
2	B카드 연결
3	잔액 조회
4	B은행 송금
5	타 은행 송금
6	거래내역 조회
7	다시 듣기
0	상담사 연결

〈사례〉

S은행의 고객인 A씨는 ARS 서비스를 통해 잔액 조회를 해 보고 생각보다 돈이 적게 남아 있다는 사실에 놀라 거래내역을 조회해 보았다. 조회 결과, 타 은행으로 거액이 송금되어 있는 내역을 확인했고, 9일 전 보험 회사의 전화를 받아 개인 정보를 알려준 것을 기억해냈다. 상담사에게 상황에 대해 물어 보니 보이스 피싱 의심이 된다고 신고를 하라고 하였고, 그 즉시 보이스 피싱 피해 신고를 접수하였다.

① 1
② 3
③ 5
④ 6
⑤ 0

57 상대방을 설득시키기 위한 전략으로는 여러 가지 전략을 볼 수 있다. 다음 글에서 설명하는 설득전략으로 가장 적절한 것은?

어떤 과학적인 논리보다도 동료나 사람들의 행동에 의해서 상대방 설득을 진행하는 것이 협상과정상에서 갈등해결이 더 쉬울 수 있다. 즉, 사람은 과학적 이론보다 자신의 동료나 이웃의 말이나 행동에 의해서 쉽게 설득된다는 것이다. 예를 들어 광고를 내보내서 고객들로 하여금 자신의 제품을 구매하도록 설득하는 것보다, 소위 '입 소문'을 통해서 설득하는 것이 매출에 더 효과적임 알 수 있다.

① See Feel Change 전략
② 호혜 관계 형성 전략
③ 헌신과 일관성 전략
④ 사회적 입증 전략
⑤ 희소성 해결 전략

58 다음 중 S기업 신입사원 간의 대화를 통해 이들이 이야기하는 직업의 의미로 적절하지 않은 것은?

① 예솔 : 나는 S기업에 들어와서 너무 행복해. 월급을 안 받아도 여기서 직업을 유지하고 싶어.
② 대영 : S기업 사원은 나에게 첫 직업이야. 직업을 위해 모든 노력을 다 하겠어.
③ 종우 : 지금까지 내가 거친 직업은 너무 짧은 시간동안 해왔던 거라서 직업이라고 말하기 어려워. 이제는 S기업에서 지속적으로 내 직업을 유지하고 싶어.
④ 다연 : 내 직업이 나뿐만 아니라 우리 사회를 위해서도 활용되었으면 좋겠어.
⑤ 미림 : 내 능력을 활용하여 가족의 생계를 책임지고 있어. 앞으로도 계속 하고 싶어.

59 S팀장은 자신의 경력을 개발하기 위한 계획을 수립하려고 한다. 다음 중 S팀장이 경력개발 계획을 수립하기 위한 과정을 순서대로 바르게 나열한 것은?

㉠ 경력개발 전략수립	㉡ 경력목표 설정
㉢ 직무정보 탐색	㉣ 자신과 환경이해

① ㉠-㉣-㉢-㉡
② ㉡-㉢-㉣-㉠
③ ㉢-㉣-㉡-㉠
④ ㉢-㉡-㉣-㉠
⑤ ㉣-㉢-㉠-㉡

60 S사원은 매사에 허둥지둥 바쁘고 정신이 없어 업무 처리에 어려움을 겪는다. 인사 평가를 앞두고 자기관리의 필요성을 깨달은 S사원은 지난번 자기개발 관련 강연을 듣고 메모한 내용을 살펴보았다. ㉠~㉤ 중 자기관리 절차와 그에 대한 사례가 잘못 연결된 것은?

〈'자기개발 어떻게 할 것인가?' 강연을 듣고〉

… (중략) …

1. 자기관리란?
   자신의 행동 및 업무 수행을 통제·관리·조정하는 것
2. 자기관리 절차
   ㉠ 비전 및 목적 설정 : 책상에 자신의 목표를 적어 둔다.
   ㉡ 과제 발견 : 각 계획에 우선순위를 정한다(예 1순위 : 가장 긴급한 일).
   ㉢ 일정 수립 : 우선순위에 따라 오늘의 계획 → 이번 주 계획 → 이번 달 계획 순서로 일정을 구체적으로 수립한다.
   ㉣ 수행 : 계획한 대로 수행한다.
   ㉤ 반성 및 피드백 : 자신이 잘한 일, 결정한 일에 대한 반성 등을 적는다.

① ㉠
② ㉡
③ ㉢
④ ㉣
⑤ ㉤

61 다음은 자아인식, 자기관리, 경력개발의 의미를 설명한 것이다. 〈보기〉 중 자기관리에 해당하는 질문을 모두 고르면?

자아인식	직업생활과 관련하여 자신의 가치, 신념, 흥미, 적성, 성격 등을 통해 자신이 누구인지 아는 것이다.
자기관리	자신의 목표성취를 위해 자신의 행동 및 업무수행을 관리하고 조정하는 것이다.
경력개발	개인의 일과 관련된 경험에서 목표와 전략을 수립하고, 실행하며, 피드백하는 과정이다.

〈보기〉

(가) 자기관리 계획은 어떻게 수립하는 것일까?
(나) 나의 업무수행에 있어 장단점은 무엇인가?
(다) 나는 언제쯤 승진하고, 퇴직을 하게 될까?
(라) 나의 직업흥미는 무엇인가?
(마) 나의 업무에서 생산성을 높이기 위해서는 어떻게 해야 할까?
(바) 경력개발과 관련된 최근 이슈는 어떤 것이 있을까?
(사) 내가 설계하는 나의 경력은 무엇인가?
(아) 다른 사람과의 대인관계를 향상시키기 위한 방법은 무엇인가?
(자) 나의 적성은 무엇인가?

① (가), (마), (아)
② (나), (라), (바)
③ (다), (마), (사)
④ (라), (사), (자)
⑤ (마), (바), (아)

62 S씨는 외국어능력을 키우기 위해서 영어학원에 등록을 했다. 그런데 몸이 안 좋거나 다른 약속이 생겨서 뜻대로 참석하지 못하고 있다. 다음 중 S씨의 자기개발을 방해하는 요인과 비슷한 사례는?

① A는 외국계 회사로 이직했다. 이직 후 A는 이전과는 다른 회사 분위기에 적응하느라 2주째 동호회에 나가지 못하고 있다.

② 신입사원 B는 직장 선배에게 회사 일도 중요하지만 개인적인 능력개발도 중요하다는 이야기를 들었다. 하지만 B는 어디서부터 어떤 것을 시작해야 할지 혼란스럽다.

③ C는 주말마다 봉사활동을 다니고 있지만 잦은 회식과 과음으로 최근엔 봉사활동에 나가지 못하고 있다.

④ D는 입사한 지 5년이 지났지만 아직 자신이 잘하는 일이 무엇인지 알 수 없어 고민이다.

⑤ E는 대기업에서 근무하고 있지만 하고 있는 업무가 적성에 맞지 않아 고민이다. 그렇다고 적성에 맞는 일을 찾아가기에는 너무 늦은 것 같다.

63 다음 중 밑줄 친 ㉠의 이유로 적절하지 않은 것은?

> 샐러던트(Saladent)란 '봉급생활자'를 뜻하는 '샐러리맨(Salary man)'과 '학생'을 뜻하는 '스튜던트(Student)'가 합쳐져서 만들어진 신조어로, ㉠ 현재 직장에 몸담고 있으면서 지속적으로 현 분야 또는 새로운 분야에 대해서 공부를 하는 직장인을 의미한다.

① 업무의 성과 향상을 위해

② 변화하는 환경에 적응하기 위해

③ 회사가 추구하는 목표를 성취하기 위해

④ 긍정적인 인간관계를 형성하기 위해

⑤ 삶의 질을 향상시키고, 보람된 삶을 살기 위해

64 다음 중 자기개발 계획 수립 시 설계 전략으로 적절하지 않은 것은?

① 나의 욕구·흥미·적성 및 기대 등을 고려하여 5년 후의 목표를 수립해야겠어.

② 5년 후의 목표를 위해 단기간 내 달성할 수 있는 목표도 함께 수립해야겠어.

③ 몰론 인간관계도 고려해야겠지.

④ 나의 목표가 현재의 직무와 관련이 없으므로 이를 고려할 필요는 없겠어.

⑤ 목표 달성을 위해 최대한 구체적인 방법으로 계획해야겠어.

65 **최대리의 업무 스타일에 따라 멤버십 유형을 판단할 때, 최대리에 대한 리더의 시각으로 옳은 것을 〈보기〉에서 모두 고르면?**

> 최대리는 스스로 나서서 업무를 추진하는 경우가 없으며, 판단뿐만 아니라 사고 자체를 항상 리더에게 의존한다. 또한 상급자로부터 지시가 주어져야만 업무 수행을 위한 행동에 나선다.

〈보기〉

ㄱ. 수행하는 업무가 미진하다.
ㄴ. 업무 수행에 반드시 감독이 이루어져야 한다.
ㄷ. 냉소적이다.
ㄹ. 고집이 세다.

① ㄱ, ㄴ
② ㄱ, ㄷ
③ ㄴ, ㄷ
④ ㄴ, ㄹ
⑤ ㄷ, ㄹ

66 **S레스토랑에서 근무하는 A씨는 아래와 같은 손님의 불만을 듣게 되었다. 다음 중 A씨의 고객 응대 방안으로 가장 적절한 것은?**

> (음식 주문 5분 후) 아니 음식 기다린 지가 언제인데 아직도 안 나오는 거예요? 아까부터 말했는데 너무 안 나오네. 이거 테이블보도 너무 더러운 것 같아요. 이거 세탁한 지 얼마나 된 거예요? 수저도 너무 무거워요. 좀 가벼운 수저 없나요? 의자에 물자국도 있는데 닦기는 한 건가요?

① 흥분이 가라앉을 때까지 가만히 내버려 둔다.
② 정중하게 잘 모르겠다고 대답한다.
③ 잘못이 없음을 타당하게 설명한다.
④ 경청하고 맞장구치며 설득한다.
⑤ 분명한 증거를 내세우며 반박한다.

67 과거에는 한 사람의 출세와 성공에 가장 큰 영향을 주는 것은 학교 성적, 즉 공부를 잘하는 것이라고 생각하였다. 그러나 최근의 연구 결과를 보면, 대인관계능력이 높은 사람이 성공하는 경우가 더 많았으며, 학교 성적은 성공과 크게 관련이 없다는 것이 밝혀졌다. 대인관계능력이 성공과 밀접한 관련이 있다고 할 경우, 직장생활에서 가장 성공하기 어려운 사람은?

> • B가 근무하는 부서에 신입사원 A가 입사하였다. 평소 B는 입사 때 회사 선배로부터 일을 제대로 못 배워 동기들보다 승진이 늦어졌다고 생각하여, A에게 일을 제대로 가르친다는 생각으로 잘한 점은 도외시하고 못한 점만 과장하여 지적하여 A가 항상 긴장 상태에서 일 처리를 하도록 하였다.
> • C의 입사동기이자 업무능력이 뛰어난 동료 D는 회사의 큰 프로젝트를 담당하고 있으며, 이 프로젝트를 성공리에 완수할 경우 올해 말에 C보다 먼저 승진할 가능성이 높았음에도 불구하고, D가 업무 도움을 요청하자 C는 흔쾌히 D의 업무를 도와주었다.
> • E는 자기 팀이 작년 연말평가에서 최하 등급을 받아서 팀 내 분위기가 어수선해지자, 팀의 발전이 자신의 발전이라고 생각하여 매일 아침에 모닝커피를 타서 팀원 전체에게 돌리고, 팀 내의 힘들고 궂은일을 솔선수범하여 처리하였다.
> • F는 대인관계에서 가장 중요한 것은 인간관계 기법과 테크닉이라고 생각하여, 진심에서 우러나오지 않지만 항상 무엇을 말하느냐, 어떻게 행동하느냐를 중시하였다.

① B, C
② B, F
③ C, E
④ C, F
⑤ E, F

68 총무 고객처에서 일하는 A사원은 신입사원인 B에게 고객을 대응하는 올바른 직원의 자세에 대해 설명하려 한다. 다음 중 교육 내용으로 적절하지 않은 것은?

① 모든 직원은 명찰을 착용하여야 하며 본인의 소속부서와 이름을 고객에게 밝혀야 합니다.

② 고객을 5분 이상 기다리게 해서는 안 되며, 담당직원이 부재중일 땐 대기예정시간을 알려드려야 합니다.

③ 고객창구는 항상 청결한 상태로 유지하여야 하며 고객이 이용하시는 데 불편해서는 안 됩니다.

④ 고객이 방문을 원하실 경우 담당직원이 방문 가능한 시간대를 제시하고 그중에서 고객이 편하신 시간대를 선택하도록 합니다.

⑤ 고객이 인터넷 상담을 요청하신 경우 회신이 될 때까지 지정된 담당자가 처리상황 등을 알려드려야 합니다.

69 B사원은 고객 응대에 대한 실전감각을 기르기 위해 교육 후 모의 연습을 실시하였다. B사원이 잘못을 지적 받았다면, 어떤 점이겠는가?

(전화벨이 두 번 울린 후)
B사원 : 감사합니다. S공사 도시재생계획처의 ○○○입니다. 무엇을 도와드릴까요?
고객 : 네, 안녕하세요? 제가 궁금한 게 있어서 전화했습니다. 제가 주거지원을 받을 수 있는지 알고 싶은데요.
B사원 : 아, 그러시군요. 죄송하지만, 주거지원사업에는 여러 가지가 있는데 어떤 종류의 지원을 원하시는지 좀 더 자세한 설명을 부탁드려도 될까요?
고객 : 제가 지방에 사는 고등학생인데 다른 지방에 있는 대학교에 들어가게 됐어요. 근데 집 구하는 게 만만치가 않아서…. S공사에서 이것과 관련된 사업을 한다고 이야기를 들어서 전화했습니다.
B사원 : 그러셨군요. 네, 저희 공사에서 고객님과 같은 상황에 있는 분들을 도와드리기 위해 행복주택, 전세임대주택 등 여러 사업을 시행하고 있습니다만, 죄송하게도 제가 관련 부서가 아니라 정확하게 안내해 드릴 수 없는 점 양해 부탁드립니다.
고객 : 아, 그럼 제가 어디로 전화를 해야 할까요?
B사원 : 행복주택사업처로 전화하시면 자세히 안내받으실 수 있을 겁니다. 담당직원은 △△△이고, 전화번호는 1234입니다.
고객 : 알겠습니다. 감사합니다.
B사원 : 궁금한 점을 정확하게 안내해 드리지 못해 정말 죄송합니다. 그럼 좋은 하루 되십시오, 감사합니다.

① 전화를 신속하게 받지 않았다.

② 본인의 소속부서와 이름을 정확하게 밝히지 않았다.

③ 다른 직원에게 바로 연결하지 않고 고객이 별도로 전화를 걸도록 유도하였다.

④ 다른 직원의 정보를 고객에게 알리지 않았다.

⑤ 전화 종료 후 인사말을 하지 않았다.

70 다음 중 (가) ~ (마)의 사례에 대하여 효과적인 동기부여 방법을 제시한다고 할 때, 옳지 않은 방법은?

> (가) K사원은 부서에서 최고의 성과를 올리는 영업사원으로 명성이 자자하지만, 서류 작업을 정시에 마친 적이 한 번도 없다. 그가 서류 작업을 지체하기 때문에 팀 전체의 생산성에 차질이 빚어지고 있다.
> (나) 팀의 프로젝트 진행에 문제가 생겨서 일정이 지연되고 있다. S사원은 프로젝트를 일정 안에 끝내기 위해 밤늦게까지 일에 매진하고 있다. 그는 조금도 불평하지 않은 채, 최선을 다해 프로젝트를 수행하고 있다. 그의 노력에 힘입어 프로젝트는 예정된 일정대로 무사히 마무리되었고, 기대 이상의 좋은 결과도 얻었다.
> (다) A사원의 업무 속도가 점점 나빠지고 있다. 그는 업무에 눈곱만큼도 관심이 없는 것 같고, 업무 자체를 지겨워하는 것처럼 보인다.
> (라) B사원은 2년간 당신의 부하직원으로 일했는데, 업무능력이 대단히 뛰어났다. 최근 들어 당신은 그에게 회사 뉴스레터를 새로 디자인하라고 지시했는데, 결과물은 의외로 좋지 않았다. B사원이 레이아웃 프로그램을 익숙하게 다루지 못해 뉴스레터에서 아마추어 분위기가 심하게 난 것이다.
> (마) D사원은 업무에 있어 성실하고 잘 해내는 편이지만, 업무에 대한 자신감이 없고 소심한 성격으로 인해 점차 업무에 대한 능률이 떨어져 가고 있다.

① (가) : K사원에게 서류 작업을 지체함으로써 팀 전체의 생산성에 어떠한 차질을 빚고 있는지를 자세히 설명하고, 이 문제와 관련해 최소한 두 가지 정도의 해결책을 스스로 찾아내도록 격려한다.

② (나) : S사원에게 프로젝트를 뛰어나게 수행했다는 점과 그에 대해 높이 평가하고 있다는 점을 알려, 그의 태도를 훌륭한 본보기로 삼아 팀원들에게 동기부여를 하도록 한다.

③ (다) : A사원에게 현재의 행동이 징계의 원인이 될 수 있다는 점과 새로운 직원이 채용될 수 있다는 점을 알려, 업무 속도를 스스로 변화시킬 수 있도록 유도한다.

④ (라) : B사원이 레이아웃 프로그램을 익숙하게 다루지 못해 일어난 일이므로 프로그램을 능숙하게 다루는 직원을 B사원과 함께 일하게 하거나, B사원이 프로그램을 능숙하게 다룰 수 있도록 지원한다.

⑤ (마) : D사원으로 하여금 새로 입사한 직원을 직접 교육할 수 있는 기회를 부여하거나, 그에게 다른 팀의 직원들과 함께 일하도록 해서 자신감을 불어넣을 수 있는 업무를 맡겨보도록 한다.

※ 다음 글을 읽고 이어지는 질문에 답하시오. [71~72]

박민수는 한국건설 비서실에서 사장 비서로 근무하고 있으며, 비서실에서 하진우 비서실장, 정선아 대리와 함께 사장을 보좌하고 있다. 군대를 제대하고 입사한 박민수와 정선아 대리는 동갑이지만, 정선아 대리가 입사 선배이므로 비서실에서 선후배로 지내고 있다.

71 다음 중 비서실 내에서의 바람직한 인간관계를 유지하기 위한 설명으로 적절하지 않은 것은?

① 선배 비서의 업무처리 방식이 자신의 방식과 다르더라도 선배의 업무스타일을 존중하고 맞추도록 노력하는 것이 좋다.
② 사장을 보좌하는 비서이지만, 비서실장의 지휘하에 업무를 수행하도록 한다.
③ 사장에게 보고할 내용이 있으면 비서실장에게 먼저 보인 후 사장에게 보고한다.
④ 비서실장과 선배 비서가 갈등 관계에 있다면 사장에게 조언을 구한 후 지시에 따른다.
⑤ 업무를 모르는 일이 있다면 독단적으로 처리하지 말고 선배 비서 등에게 조언을 구한다.

72 박민수 비서는 최근 정선아 선배가 다른 임원 비서에게 자신의 험담을 하는 것을 듣게 되어 선배 비서에게 약간의 실망감을 느꼈다. 다음 중 박민수 비서와 선배 비서와의 갈등을 해결하는 방법으로 가장 적절한 것은?

① 선배가 나에 대해 부정적이라는 것을 알았으므로 되도록 공동의 업무를 줄여나간다.
② 다른 임원 비서에게 오해를 적극적으로 해명하고 정선아 대리와의 관계를 설명해 준다.
③ 업무 시간이 끝난 후 회식 등의 모임에서 정선아 선배에게 다가가려고 노력하여 친구로 지낸다.
④ 정선아 선배가 가입한 사내 등산모임에 가입하여 자연스럽게 오해를 풀도록 노력한다.
⑤ 업무이외의 사적인 이야기는 아예 꺼내지 않도록 한다.

※ 다음 대화를 보고 이어지는 질문에 답하시오. [73~74]

(빈자리에 있는 전화가 3번 정도 울리고, 신입사원 A씨는 전화를 당겨 받았다)
A씨 : ㉠ 네, S회사 A입니다.
B씨 : 안녕하세요. 저는 Z부품회사에 근무하는 B라고 합니다. 자재팀에 C대리님 자리에 계신가요?
A씨 : ㉡ 자리에 안 계십니다.
B씨 : C대리님 언제쯤 들어오시는지 알 수 있을까요? 급한 건이라서 5시 전에는 통화해야 돼서요.
A씨 : ㉢ 대리님 언제 들어오실지 모르겠습니다. ㉣ 급한 건이시면, 핸드폰으로 직접 걸어보는 게 어떠신지요?
B씨 : 대리님 개인연락처를 몰라서. 핸드폰 번호 알려주실 수 있으신가요?
A씨 : 잠시만요. ㉤ 대리님 연락처는 010-1234-1234입니다.
B씨 : 감사합니다.

73 C씨는 신입사원 B씨의 전화 예절에 대해 주의를 주려 한다. 다음 중 가장 적절한 것은?

① 부재 시 전화를 당겨 받지 말아야 한다.
② 처음에 회사 이름을 바로 말하지 말고 본인 이름만 말해야 한다.
③ 개인정보를 함부로 알려주면 안 된다.
④ 메모를 남길 때 용건과 성명 없이 상대방의 전화번호만 남긴다.
⑤ 간단한 용건이라도 대신 처리하지 않는다.

74 밑줄 친 ㉠~㉤ 중 올바른 전화 예절에 해당하는 것은?

① ㉠
② ㉡
③ ㉢
④ ㉣
⑤ ㉤

75 **다음 중 개인윤리와 직업윤리에 대한 설명으로 옳은 것은?**

① 개인윤리에서 폭력은 용인될 수 없으나, 직업윤리 측면에서 군인에게는 폭력이 허용된다.

② 개인윤리와 직업윤리가 배치되는 경우 직업인은 개인윤리를 우선한다.

③ 직업윤리는 개인윤리에 포함되지 않는 독립적인 윤리이다.

④ 모든 사람은 직업의 성격에 따라 각각 다른 개인윤리를 지닌다.

⑤ 규모가 큰 공동의 재산, 정보 등을 개인의 권한에 위임하면 개인윤리와 직업윤리가 조화를 이루지 못한다.

76 **성희롱의 성립요건 중 다음 사례에서 찾을 수 있는 내용으로 적절하지 않은 것은?**

> S사에 근무하는 남성인 B사원은 최근 직장생활에 큰 고민이 생겼다. 자신의 직속상사이자 기혼인 여자 팀장 C씨 때문이다. C씨는 신입인 B사원에게 업무를 가르쳐 준다는 이유로 옆에 앉혀 놓고 하체가 튼튼하게 생겼다며 허벅지를 만지고 심지어 회식 날에는 자신의 옆에 앉혀 놓고 허벅지와 가슴을 더듬기도 했다.
> B씨는 참다못해 대표이사를 찾아가 면담을 했지만 대표이사는 "남자가 무슨 성적 수치심이냐."라며 B씨의 의견을 묵살했다. 결국 B씨는 C팀장을 성추행 혐의로 고소했다. 이런 상황에도 불구하고 S사의 대표이사는 회사 분위기가 망가진다면서 B씨에게 고소를 취하하고 C팀장과 합의를 보기를 종용했다.

① 지위를 이용하거나 업무와의 관련성이 있을 것

② 성적인 언어와 행동 또는 이를 조건으로 하는 행위일 것

③ 성적 굴욕감을 유발하여 고용환경을 악화시키는 경우일 것

④ 고용상의 불이익을 초래할 것

⑤ 성희롱의 당사자 요건일 것

77 다음 대화 내용을 토대로 〈보기〉 중 B선임이 취했어야 할 적절한 행동을 순서대로 바르게 나열한 것은?

> A팀장 : 자네 정신이 있는 겐가? 임원회의에서 PT를 맡은 사람이 지각하면 어떡하나? 그러고도 프로젝트 관리자야?
> B선임 : 죄송합니다. 하지만 어쩔 수 없는 사정이 있었습니다.
> A팀장 : 무슨 큰일이라도 있었나?
> B선임 : 출근길에 앞서 가던 할머니께서 계단을 오르다 심하게 넘어지셔서 병원에 모셔다 드릴 수밖에 없었습니다.

〈보기〉

㉠ 구급대원의 도착을 확인하고 회사로 이동한다.
㉡ 가장 가까운 병원을 검색한다.
㉢ 상사에게 상황을 보고하고 조치한다.
㉣ 할머니를 최대한 빨리 병원으로 모시고 간다.
㉤ 119에 신고한다.

① ㉡ – ㉢ – ㉣
② ㉡ – ㉢ – ㉤
③ ㉢ – ㉡ – ㉣
④ ㉤ – ㉢ – ㉠
⑤ ㉤ – ㉣ – ㉠

78 직장생활에서 나타나는 다음 대화 중 호칭에 대한 예절로 적절하지 않은 것은?

> (A) 이부장 : 김대리, 내가 말한 기획서는 완성되었나?
> 김대리 : 네, 부장님. 아침회의 때 바로 보고드리겠습니다.
>
> (B) 김사원 : 과장님, 김대리가 이 자료를 전달하라고 했습니다.
> 이과장 : 그런가? 이리 갖고 와 보게.
>
> (C) (김대리와 최대리는 동급자이다)
> 김대리 : 최대리, 다음 주에 회식 어때?
> 최대리 : 미안하지만 선약이 있어.
>
> (D) 박대리 : 최○○씨, 제가 부탁한 자료 준비되었나요?
> 최사원 : 네, 대리님. 준비되었습니다.
>
> (E) 김부장 : 다음으로 회장님 말씀이 있겠습니다.

① (A)
② (B)
③ (C)
④ (D)
⑤ (E)

※ 다음 대화를 보고 이어지는 질문에 답하시오. **[79~80]**

매장 매니저 : 어서 오십시오. 무엇을 도와드릴까요?
고객 : 제가 엊그제 여기서 이 스마트폰을 사가지고 갔는데 액정에 잔상이 생겨서요.
매장 매니저 : 잠시만 기다리십시오. 담당 직원을 불러드리겠습니다.
(당시 스마트폰을 판매한 판매사원 A를 부른다)
판매사원 A : 네, 고객님. 무슨 문제가 있으신가요?
고객 : 네, 지난번 여기서 구매한 스마트폰을 며칠 사용하다 보니 화면에 계속 잔상이 생겨서요.
판매사원 A : 판매 시에 확인을 다 해 드렸던 것으로 기억하는데요. 제가 한 번 확인해 보겠습니다. (스마트폰을 확인한 후) 이전에 이 C사 스마트폰을 사용해 보신 적이 있으신가요?
고객 : 아니요. D사 제품을 계속 쓰다가 이번에 처음 C사 제품을 샀어요.
판매사원 A : 네, 그러시군요. 고객님이 처음이시고 잘 모르셔서 그런데 이런 현상은 별 문제는 없습니다. 쓰시다 보면 괜찮을 겁니다.
고객 : 네? 무슨 말씀이신지… 제가 쓰다가 불편을 느껴서 교환이나 환불을 받으려고 온 건데 원래 그렇다니요.
판매사원 A : 그건 고객님이 모르셔서 하시는 말씀이에요. 쓰시다 보면 자연스럽게 없어집니다.
고객 : 전 이해가 안 가는데요. 원인을 설명해 주시거나 새 제품으로 교환을 해 주시든지 환불해 주세요.
매장 매니저 : (고객에게 양해를 구한 후) A씨, 잠시 저 좀 볼까요?

79 다음 중 윗글의 내용과 관련된 고객응대 상황에서 판매사원 A가 고객서비스에 문제를 일으킨 부분으로 적절하지 않은 것은?

① 고객에게 잔상이 생기는 원인을 친절하고 명확하게 설명해 주지 않았다.
② 고객이 가져온 제품의 상태를 먼저 살펴보았다.
③ 고객의 지식과 경험을 무시하는 어투로 응대했다.
④ 고객의 요구나 요청사항에 대해 묻고 경청하지 않았다.
⑤ 고객의 요구를 존중하지 않았다.

80 다음 중 매장 매니저가 판매사원 A를 불러서 이야기해야 하는 내용으로 적절하지 않은 것은?

① A씨, 적당히 이야기해서 돌려보내시고 C사에 제품에 대해 문의해 주세요.
② A씨, 잔상이 발생한 원인에 대해서 먼저 고객이 이해할 수 있도록 설명해 주는 게 좋지 않겠어요?
③ A씨, 고객님이 말씀하시는 내용에 대해 좀 더 귀를 기울여 듣는 게 좋겠습니다.
④ A씨, 고객님이 교환이나 환불을 원하시면 처리해 주세요.
⑤ A씨, 고객님이 요청하는 사항을 먼저 경청하는 자세를 가지는 게 좋겠습니다.

합격의공식
SD
에듀

서울교통공사
9호선 운영부문 고객안전직

최종모의고사
정답 및 해설

서울교통공사 9호선 운영부문 고객안전직 필기시험

제1회 모의고사 정답 및 해설

01	02	03	04	05	06	07	08	09	10
⑤	⑤	③	②	①	③	③	④	①	⑤
11	12	13	14	15	16	17	18	19	20
③	③	②	③	④	②	③	②	②	①
21	22	23	24	25	26	27	28	29	30
①	②	①	⑤	⑤	①	①	⑤	④	①
31	32	33	34	35	36	37	38	39	40
①	③	⑤	③	②	①	①	④	①	④
41	42	43	44	45	46	47	48	49	50
④	③	⑤	②	②	④	④	①	①	②
51	52	53	54	55	56	57	58	59	60
③	④	③	⑤	③	②	③	③	④	⑤
61	62	63	64	65	66	67	68	69	70
③	②	⑤	⑤	①	④	③	①	③	②
71	72	73	74	75	76	77	78	79	80
②	③	②	①	②	⑤	①	③	②	③

01 정답 ⑤

두 번째 문단의 여섯 번째 문장 '즉, 총과 사람의 ~ 가지게 된다.'에서 잡종 행위자가 만들어졌다는 표현은 있으나, 총기 사용 규제에 대한 내용은 없다. 또한, 라투르는 총기 사용 규제를 주장하는 사람과 반대하는 사람을 모두 비판하며 어느 한 쪽의 의견을 주장하지 않았다.

오답분석

① 첫 번째 문단의 마지막 문장 '이렇게 라투르는 ~ 된다고 하였다.'에서 기술이 우리 사회의 훌륭한 행위자 역할을 한다고 표현했다.
② 첫 번째 문단에서 '과속방지 둔덕'이 교통경찰의 역할을 대신한다고 표현했고, 세 번째 문단의 마지막 문장에서 이런 기술이 능동적 역할을 했다고 표현했으므로 옳은 내용이다.
③ 세 번째 문단의 마지막 문장 '결국 라투르는 ~ 극복하고자 하였다.'에서 라투르는 기술의 능동적 역할에 주목하면서 자연 / 사회, 주체 / 객체의 이분법을 극복하려 했음을 알 수 있다.
④ 세 번째 문단의 첫 번째 문장 '라투르는 ~ 비판한다.'에서 확인할 수 있는 내용이다.

02 정답 ⑤

단순히 젊은 세대의 문화만을 존중하거나 기존 세대의 문화만을 따르는 것이 아닌, 두 문화가 어우러질 수 있도록 기업 차원에서 분위기를 만드는 것이 문제의 본질적인 해결법으로 가장 적절하다.

오답분석

① 급여 받은 만큼만 일하게 되는 악순환이 반복될 것이므로 제시문에서 언급된 문제를 해결하는 기업 차원의 방법으로는 적절하지 않다.
② 기업의 전반적인 생산성 향상을 이룰 수 없으므로 기업 차원의 방법으로 적절하지 않다.
③ 젊은 세대의 채용을 기피하는 분위기가 생길 수 있으므로 적절하지 않다.
④ 젊은 세대의 특성을 받아들이기만 하면, 전반적인 생산성 향상과 같은 기업의 이득은 배제하게 되는 문제점이 발생한다.

03 정답 ③

마지막 문단의 '이러한 점을 반영하여 유네스코에서는 한글을 문화유산으로 등록함은 물론, 세계적으로 문맹 퇴치에 이바지한 사람에게 '세종대왕'의 이름을 붙인 상을 주고 있다.'라는 문장을 통해 추론할 수 있다.

오답분석

① 문자와 모양의 의미를 외워야 하는 것은 문자 하나하나가 의미를 나타내는 표의문자인 '한자'에 해당한다.
② 한글이 표음문자인 것은 맞지만, 기본적으로 24개의 문자를 익혀야 학습할 수 있다.
④ '세종이 만든 28자는 세계에서 가장 훌륭한 알파벳'이라고 평가한 사람은 미국의 다이아몬드(J. Diamond) 교수이다.
⑤ 한글이 세계 언어학계에 본격적으로 알려진 것은 1960년대이다.

04 정답 ②

제시문에서는 OECD 회원국 가운데 꼴찌를 차지한 한국인의 부족한 수면 시간에 대해 언급하며, 이로 인해 수면장애 환자가 늘어나고 있음을 설명하고 있다. 또한 불면증, 수면무호흡증, 렘수면 행동장애 등 다양한 수면장애를 설명하며, 이러한 수면장애들이 심혈관계질환, 치매, 우울증 등의 원인이 될 수 있다는 점을 통해 심각성을 이야기한다. 마지막으로 이러한 수면장애를 방치해서는 안 되며, 전문적인 치료가 필요하다고 제시하고 있다. 따라서 제시문을 바탕으로 '한국인의 수면 시간'과 관련된 글을 쓴다고 할 때, 글의 주제로 적절하지 않은 것은 수면 마취제와 관련된 내용인 ②이다.

05

정답 ①

제시된 문단은 신탁 원리의 탄생 배경인 12세기 영국의 상황에 대해 이야기하고 있다. 따라서 이어지는 내용은 (가) 신탁 제도의 형성과 위탁자, 수익자, 수탁자의 관계 등장 → (다) 불안정한 지위의 수익자 → (나) 적극적인 권리 행사가 허용되지 않는 연금 제도에 기반한 신탁 원리 → (라) 연금 운용 권리를 현저히 약화시키는 신탁 원리와 그 대신 부여된 수탁자 책임의 문제점 순서로 나열하는 것이 적절하다.

06

정답 ③

찬성 측은 공공 자전거 서비스 제도의 효과에 대해 예상하나, 구체적인 근거를 제시하고 있지는 않다.

오답분석

① 반대 측은 자전거를 이용하지 않는 사람들도 공공 자전거 서비스 제도에 필요한 비용을 지불해야 하므로 형평성의 문제가 발생할 수 있다고 보았다.
② 반대 측은 찬성 측의 공공 자전거 서비스는 사람들 모두가 이용할 수 있다는 주장에 대해 '물론 그렇게 볼 수도 있습니다만'과 같이 대답하며 찬성 측의 주장을 일부 인정하고 있다.
④ 반대 측은 공공 자전거 서비스 제도로 도로에 자전거와 자동차가 섞이게 되는 상황을 예상하면서 찬성 측의 주장에 대해 의문을 제기하고 있다.
⑤ 찬성 측은 공공 자전거 서비스 제도로 교통 체증 문제를 완화할 수 있다고 보았으며, 반대 측은 도로에 자전거와 자동차가 섞이게 되어 교통 혼잡 문제가 발생할 수 있다고 봄으로써 서로 대립하는 논점을 가짐을 알 수 있다.

07

정답 ③

두 번째 문단에서 부조화를 감소시키는 행동은 비합리적인 면이 있는데, 그러한 행동들이 자신들의 문제에 대해 실제적인 해결책을 찾지 못하도록 할 수 있다고 하였다.

오답분석

① 인지부조화는 불편함을 유발하기 때문에 사람들은 이것을 감소시키려고 한다.
② 제시문에는 부조화를 감소시키는 행동의 합리적인 면이 나타나 있지 않다.
④ 부조화를 감소시키는 행동으로 사람들은 자신의 긍정적인 측면의 이미지를 유지하게 되는데, 이를 통해 부정적인 이미지를 감소시키는지는 알 수 없다.
⑤ 제시문에서 부조화를 감소시키려는 자기방어적인 행동은 부정적인 결과를 초래한다고 하였다.

08

정답 ④

제시문에 따르면 인지부조화 이론에서 '사람들은 현명한 사람을 자기 편, 우매한 사람을 다른 편이라 생각할 때 마음이 편안해질 것이다.'라고 하였다. 따라서 자신의 의견과 동일한 주장을 하는 글은 논리적인 글을 기억하고, 자신의 의견과 반대되는 주장을 하는 글은 형편없는 글을 기억할 것이라 예측할 수 있다.

09

정답 ①

- 남자의 고등학교 진학률 : $\frac{861,517}{908,388}\times 100 \fallingdotseq 94.8\%$
- 여자의 고등학교 진학률 : $\frac{838,650}{865,323}\times 100 \fallingdotseq 96.9\%$

10

정답 ⑤

공립 중학교의 남녀별 졸업자 수가 알려져 있지 않으므로 계산할 수 없다.

11

정답 ③

제품별 밀 소비량 그래프에서 라면류와 빵류의 밀 사용량의 10%는 각각 6.6톤, 6.4톤이다. 따라서 과자류에 사용될 밀 소비량은 총 $42+6.6+6.4=55$톤이다.

12

정답 ③

A ~ D과자 중 밀을 가장 많이 사용하는 과자는 45%를 사용하는 D과자이고, 가장 적게 사용하는 과자는 15%인 C과자이다. 따라서 두 과자의 밀 사용량 차이는 $42\times(0.45-0.15)=42\times0.3=12.6$톤이다.

13

정답 ②

처리 건수 중 인용 건수 비율을 구하면 2019년이 $\frac{3,667}{32,737}\times 100 \fallingdotseq 11.20\%$, 2022년이 $\frac{3,031}{21,080}\times 100 \fallingdotseq 14.38\%$이므로 그 차이는 $14.38-11.20=3.18\%$p이다.

오답분석

ㄱ. 기타처리 건수의 전년 대비 감소율은 다음과 같다.

- 2020년 : $\frac{12,871-16,674}{16,674}\times 100 \fallingdotseq -22.81\%$
- 2021년 : $\frac{10,166-12,871}{12,871}\times 100 \fallingdotseq -21.02\%$

• 2022년 : $\frac{8,204-10,166}{10,166}\times100≒-19.30\%$

따라서 기타처리 건수의 감소율은 매년 감소하였다.

ㄷ. 조정합의 건수의 처리 건수 대비 비율은 2020년이 $\frac{2,764}{28,744}\times100≒9.62\%$로, 2021년의 $\frac{2,644}{23,573}\times100≒11.22\%$보다 낮다.

ㄹ. 조정합의 건수 대비 의견표명 건수 비율은 2019년이 $\frac{467}{2,923}\times100≒15.98\%$, 2020년이 $\frac{474}{2,764}\times100≒17.15\%$, 2021년이 $\frac{346}{2,644}\times100≒13.09\%$, 2022년이 $\frac{252}{2,567}\times100≒9.82\%$이다. 조정합의 건수 대비 의견표명 건수 비율이 높은 순서로 나열하면 2020년 – 2019년 – 2021년 – 2022년이다. 또한, 평균처리일이 짧은 순서로 나열하면 2020년 – 2022년 – 2019년 – 2021년이다. 따라서 평균처리일이 짧은 해일수록 조정합의 건수 대비 의견표명 건수 비율이 높다는 설명은 옳지 않다.

14

정답 ③

일본에 수출하는 용접 분야 기업의 수는 96개이고, 중국에 수출하는 주조 분야 기업의 수는 15개이므로 96÷15=6.4이다. 따라서 7배는 되지 않는다.

오답분석

① 열처리 분야 60개 기업 중 중국에 수출하는 기업은 13개 기업으로, $\frac{13}{60}\times100≒21.67\%$이므로 20% 이상이다.

② 금형 분야 기업의 수는 전체 기업 수의 40%인 1,016개보다 적으므로 옳은 설명이다.

④ 소성가공 분야 기업 중 미국에 수출하는 기업의 수(94개)가 동남아에 수출하는 기업의 수(87개)보다 많다.

⑤ 주조 분야 기업 중 일본에 24개의 기업이 수출하므로 가장 많은 기업이 수출하는 국가이다.

15

정답 ④

• 준엽 : 국내 열처리 분야 기업이 가장 많이 수출하는 국가는 중국(13개)이며, 가장 많이 진출하고 싶어 하는 국가도 중국(16개)으로 같다.

• 진경 : 용접 분야 기업 중 기타 국가에 수출하는 기업 수는 77개로, 용접 분야 기업 중 독일을 제외한 유럽에 진출하고 싶어 하는 기업의 수인 49개보다 많다.

오답분석

• 지현 : 가장 많은 수의 금형 분야 기업이 진출하고 싶어 하는 국가는 유럽(독일 제외)이다.

• 찬영 : 표면처리 분야 기업 중 유럽(독일 제외)에 진출하고 싶어 하는 기업은 13개로, 미국에 진출하고 싶어하는 기업인 7개의 2배인 14개 미만이다.

16

정답 ②

㉠ 근로자가 총 90명이고 전체에게 지급된 임금의 총액이 2억 원이므로 근로자당 평균 월 급여액은 $\frac{2억\ 원}{90명}$≒222만 원이다. 따라서 평균 월 급여액은 230만 원 이하이다.

㉡ 월 210만 원 이상 급여를 받는 근로자 수는 26+12+8+4=50명이다. 따라서 총 90명의 절반인 45명보다 많으므로 옳은 설명이다.

오답분석

㉢ 월 180만 원 미만의 급여를 받는 근로자 수는 6+4=10명이다. 따라서 전체에서 $\frac{10}{90}≒11\%$의 비율을 차지하고 있으므로 옳지 않은 설명이다.

㉣ '월 240만 원 이상 270만 원 미만'의 구간에서 월 250만 원 이상 받는 근로자의 수는 주어진 자료만으로는 확인할 수 없다. 따라서 옳지 않은 설명이다.

17

정답 ③

조건에 의해서 각 팀은 새로운 과제를 3, 2, 1, 1, 1개 맡아야 한다. 기존에 수행하던 과제를 포함해서 한 팀이 맡을 수 있는 과제는 최대 4개라는 점을 고려하면 다음과 같은 경우가 나온다.

구분	기존 과제 수	새로운 과제 수		
(가)팀	0	3	3	2
(나)팀	1	1	1	3
(다)팀	2	2	1	1
(라)팀	2	1	2	1
(마)팀	3	1		

ㄱ. a는 새로운 과제 2개를 맡는 팀이 수행하므로 (나)팀이 맡을 수 없다.

ㄷ. 기존에 수행하던 과제를 포함해서 과제 2개를 맡을 수 있는 팀은 기존 과제 수가 0개이거나 1개인 (가)팀과 (나)팀인데 위의 세 경우 모두 과제 2개를 맡는 팀이 반드시 있다.

오답분석

ㄴ. f는 새로운 과제 1개를 맡는 팀이 수행하므로 (가)팀이 맡을 수 없다.

18

정답 ②

두 번째, 다섯 번째 조건과 여덟 번째 조건에 따라 회계직인 D는 미국 서부의 해외사업본부로 배치된다.

19

정답 ②

주어진 조건에 따르면 가능한 경우는 총 2가지로 다음과 같다.

구분	인도네시아	미국 서부	미국 남부	칠레	노르웨이
경우 1	B	D	A	C	E
경우 2	C	D	B	A	E

㉠ 경우 2로 B는 미국 남부에 배치된다.
㉣ 경우 1, 2 모두 노르웨이에는 항상 회계직인 E가 배치된다.

오답분석

㉡ 경우 1로 C는 칠레에 배치된다.
㉢ 경우 1일 때 A는 미국 남부에 배치된다.

20

정답 ①

세 번째와 다섯 번째 정보로부터 A사원은 야근을 3회, 결근을 2회 하였고, 네 번째와 여섯 번째 정보로부터 B사원은 지각을 2회, C사원은 지각을 3회 하였음을 알 수 있다. C사원의 경우 지각을 3회 하였으므로 결근과 야근을 각각 1회 또는 2회 하였는데, 근태 총 점수가 −2점이므로 지각에서 −3점, 결근에서 −1점, 야근에서 +2점을 얻어야 한다. 마지막으로 B사원은 결근을 3회, 야근을 1회 하여 근태 총 점수가 −4점이 된다. 이를 표로 정리하면 다음과 같다.

(단위 : 회)

구분	A	B	C	D
지각	1	2	3	1
결근	2	3	1	1
야근	3	1	2	2
근태 총 점수(점)	0	−4	−2	0

따라서 C사원이 지각을 가장 많이 하였다.

21

정답 ①

20번의 결과로부터 A사원과 B사원이 지각보다 결근을 많이 하였음을 알 수 있다.

22

정답 ②

ㄱ. 한류의 영향으로 한국 제품을 선호하므로 한류 배우를 모델로 하여 적극적인 홍보 전략을 추진한다.
ㄷ. 빠른 제품 개발 시스템이 있기 때문에 소비자 기호를 빠르게 분석하여 제품 생산에 반영한다.

오답분석

ㄴ. 인건비 상승과 외국산 저가 제품 공세 강화로 인해 적절한 대응이라고 볼 수 없다.
ㄹ. 선진국은 기술 보호주의를 강화하고 있으므로 적절한 대응이라고 볼 수 없다.

23

정답 ①

먼저 16진법으로 표현된 수를 10진법으로 변환하여야 한다.

$43=4\times16+3=67$

$41=4\times16+1=65$

$54=5\times16+4=84$

변환된 수를 아스키 코드표를 이용하여 해독하면 67=C, 65=A, 84=T임을 확인할 수 있다. 따라서 철수가 장미에게 보낸 문자의 의미는 CAT이다.

24

정답 ⑤

두 번째 조건과 세 번째 조건에 따라 3학년이 앉은 첫 번째 줄과 다섯 번째 줄의 바로 옆줄인 두 번째 줄과 네 번째 줄, 여섯 번째 줄에는 3학년이 앉을 수 없다. 즉, 두 번째 줄, 네 번째 줄, 여섯 번째 줄에는 1학년 또는 2학년이 앉아야 한다. 이때 3학년이 앉은 줄의 수가 1학년과 2학년이 앉은 줄의 수와 같다는 네 번째 조건에 따라 남은 세 번째 줄은 반드시 3학년이 앉아야 한다. 따라서 ⑤는 항상 거짓이 된다.

오답분석

① 두 번째 줄에는 1학년 또는 2학년이 앉을 수 있다.
② 책상 수가 몇 개인지는 알 수 없다.
③ 학생 수가 몇 명인지는 알 수 없다.
④ 여섯 번째 줄에는 1학년 또는 2학년이 앉을 수 있다.

25

정답 ⑤

직원의 포상, 징계 및 복무관리에 관한 사항은 주로 인사팀이 담당하는 업무이다. 빅데이터실은 데이터와 관련된 업무를 담당하며, 빅데이터실 산하의 급여정보운영부는 S공사의 직원이 아닌 전 국민의 이용 정보를 대상으로 모니터링시스템을 설계하고 구축하는 등의 업무를 담당한다.

26

정답 ①

제시된 신제품 판매 동향 보고서를 보면 판매 부진 원인은 독특한 향 때문인 것으로 나타났다. 그러므로 독특한 향을 개선, 즉 제품 특성을 개선하면 판매 부진을 면할 수 있을 것이다.

27

정답 ①

기준에서 '인적자원개발 강조', '새로운 자원 발굴', '목표달성과 경쟁에서 이기는 것 강조', '영속성과 안정성 강조'의 내용을 볼 때 전략적 강조점이 기준 척도로 가장 적절함을 알 수 있다.

28

정답 ⑤

기계적 조직과 유기적 조직의 특징을 통해 안정적이고 확실한 환경에서는 기계적 조직이, 급변하는 환경에서는 유기적 조직이 적합함을 알 수 있다.

기계적 조직과 유기적 조직의 특징

기계적 조직	유기적 조직
• 구성원들의 업무가 분명하게 정의된다. • 많은 규칙과 규제들이 있다. • 상하 간 의사소통이 공식적인 경로를 통해 이루어진다. • 엄격한 위계질서가 존재한다. • 대표적인 기계조직으로 군대를 볼 수 있다.	• 의사결정 권한이 조직의 하부구성원들에게 많이 위임되어 있다. • 업무가 고정되지 않고, 공유 가능하다. • 비공식적인 상호의사소통이 원활하게 이루어진다. • 규제나 통제의 정도가 낮아 변화에 따라 의사결정이 쉽게 변할 수 있다.

29

정답 ④

제시된 운항시설처의 업무분장표에서 항공기 화재진압훈련과 관련된 업무는 찾아볼 수 없다.

오답분석

①·② 기반시설팀 : 운항기반시설 제설작업 및 장비관리 업무, 전시목표(활주로 긴급 복구) 및 보안시설 관리 업무
③ 항공등화팀 : 항공등화시설 개량계획 수립 및 시행 업무
⑤ 운항안전팀 : 야생동물 위험관리 업무

30

정답 ①

이동지역 내의 안전관리를 담당하는 운항안전팀이 발간하는 안전회보에는 이동지역 내의 안전과 관련된 내용을 싣는 것이 적절하다. 따라서 여객터미널에서 실시하는 대테러 종합훈련은 운항안전팀의 안전회보에 실릴 내용으로 적절하지 않다.

31

정답 ①

• (가) : 총무(總務)는 총회나 회의에서 결정된 사항을 실행하고, 각 부서의 회의를 주관하며, 부서 간의 상호 협조와 활동을 지원하는 업무로 볼 수 있다. 이를 통해 이사회 개최 관련 업무, 집기비품 및 소모품의 구입과 관리, 사무실 임차 및 관리 등의 업무로 (가)는 총무부에 해당된다.
• (나) : 인사(人事)는 조직에 필요한 인원을 확보하여 적절한 자리에 배치하고 보충하는 일로 볼 수 있으며, 조직기구의 개편 및 조정, 업무분장 및 조정, 인력수급계획 및 관리 등의 업무로 (나)는 인사부에 해당된다.
• (다) : 기획(企劃)은 어떤 대상에 대해 그 대상의 변화를 가져올 목적을 확인하고, 그 목적을 성취하는 데 가장 적합한 행동을 설계하는 것을 의미한다. 이에 해당하는 경영계획 및 전략 수립, 중장기 사업계획의 종합 및 조정 등의 업무를 볼 때, (다)는 기획부에 해당된다.
• (라) : 회계(會計)는 합리적인 경제적 의사결정을 하는 데 유용한 재무적 정보를 제공하기 위한 일련의 과정으로 볼 수 있으며, 따라서 재무상태 및 경영실적 보고, 결산 관련 업무 등으로 (라)는 회계부에 해당된다.
• (마) : 영업(營業)은 영리를 목적으로 사업 업무를 수행하는 것을 말한다. 판매 계획, 판매예산의 편성, 시장조사 등의 업무로 (마)는 영업부에 해당된다.

32

정답 ③

백화점에 모여 있는 직원과 고객은 조직의 특징인 조직의 목적과 구조가 없고, 목적을 위해 서로 협동하는 모습도 볼 수 없으므로 조직의 사례로 적절하지 않다.

33

정답 ⑤

[F3] 셀은 최대 매출액을 구해야 하므로 MAX 함수를 사용한다.

• MAX : 최댓값을 구한다.
• MIN : 최솟값을 구한다.

34

정답 ③

SUM 함수는 인수들의 합을 구할 때 사용한다.

• [B12] : 「=SUM(B2:B11)」
• [C12] : 「=SUM(C2:C11)」

오답분석

① REPT : 텍스트를 지정한 횟수만큼 반복한다.
② CHOOSE : 인수 목록 중에서 하나를 고른다.
④ AVERAGE : 인수들의 평균을 구한다.
⑤ DSUM : 지정한 조건에 맞는 데이터베이스에서 필드 값들의 합을 구한다.

35

정답 ②

i가 4이기 때문에 case 4부터 시작한다. k는 2이고, k+=5를 하면 7이 되고, Case 5에서 k-=20을 하면 -13이 되며, default에서 1이 증가하여 결괏값은 -12가 된다.

36

정답 ①

[휴지통]에 들어 있는 자료는 언제든지 복원 가능하다. 단, [휴지통] 크기를 0%로 설정한 후, 파일을 삭제하면 복원이 불가능하다.

37

정답 ①

㉠ 다음 팟 인코더 : 다음에서 제작한 동영상 편집 및 인코더 프로그램으로, 인터페이스가 적절하고 어려운 용어 사용도 적어서 초보가 사용하기 좋다.

㉡ 무비메이커 : 무료 영상 편집 프로그램으로, 윈도우 사용자에게는 진입 장벽도 낮아 사람들이 흔히 사용하는 동영상 편집 프로그램이다.

오답분석

㉢ 프리미어 프로 : 어도비사의 영상 편집 소프트웨어로, 실시간 및 타임라인 기반으로 유튜버들도 많이 사용한다.

㉣ 베가스 프로 : MAGIX의 영상 편집 소프트웨어 패키지로 전문 비선형 편집 시스템을 위한 영상 편집 소프트웨어 패키지이다.

㉤ 스위시 맥스 : 인터랙티브 및 크로스 플랫폼 영화, 애니메이션 및 프레젠테이션을 만드는 데 일반적으로 사용되는 Flash, 동적 HTML 및 벡터 그래픽 생성 도구이다.

38

정답 ④

- QuickTime MOV 파일 : 애플사의 컴퓨터인 Mac PC에서 사용되는 압축 기술로, JPEG와 비슷한 이미지 파일들을 압축해서 사용하며 Windows에서는 실행이 불가능하기 때문에 Quick Time for Windows라는 프로그램이 필요하다.
- MPEG(Moving Picture Experts Group) 파일 : 1988년에 설립된 표준화 동영상 전문 그룹으로 동영상뿐만 아니라 오디오 데이터도 압축이 가능하며, 프레임 간 연관성을 고려하여 중복 데이터를 제거하는 손실 압축 기법을 사용한다.

오답분석

① AVI(Audio Video Interleave) : 마이크로소프트에서 1992년에 처음 선보였고, 비디오 포 윈도우 기술의 일부인 멀티미디어 컨테이너 포맷이다. AVI 파일은 소리와 영상이 함께 재생되는 소리, 영상 데이터를 표준 컨테이너 안에 둘 다 포함할 수 있다.

② DVI(Digital Visual Interface) : LCD 모니터를 위한 장치 간을 이어주는 부분인 고화질의 디지털 인터페이스이다.

③ DivX : CD 1 ~ 2장 분량으로 DVD와 유사한 수준의 화질로 영화를 볼 수 있게 해 주는 파일로, 영화를 컴퓨터로 쉽게 감상할 수 있게 해준다.

⑤ ASF(Advanced Systems Format) : 디지털 소리와 영상을 담는 포맷이며, 윈도우 미디어 프레임워크의 일부로 표준 형식 파일이다. 인터넷이 연결되어 있지 않은 로컬 컴퓨터에서도 재생할 수 있다.

39

정답 ①

그래픽카드가 아닌 설치된 CPU 정보에 해당하는 내용이다. 제시된 화면에서 그래픽카드에 대한 정보는 알 수 없다.

40

정답 ④

워크시트의 화면 하단에서는 통합문서를 기본, 페이지 레이아웃, 페이지 나누기 미리보기 3가지 형태로 볼 수 있다. 머리글이나 바닥글을 쉽게 추가할 수 있는 형태는 페이지 레이아웃이며, 페이지 나누기 미리보기에서는 파란색 실선을 이용해서 페이지를 손쉽게 나눌 수 있다.

41

정답 ④

제품군별 지급해야 할 보관료는 다음과 같다.

- A제품군 : 300×0.01=3억 원
- B제품군 : 2,000×20,000=4천만 원
- C제품군 : 500×80,000=4천만 원

따라서 S기업이 보관료로 지급해야 할 총금액은 3억 8천만 원(=3억+4천만+4천만)이다.

42

정답 ③

수인이가 베트남 현금 1,670만 동을 환전하기 위해 수수료를 제외한 한국 돈은 1,670만 동×483원/만 동=806,610원이다.

우대사항에서 50만 원 이상 환전 시 70만 원까지 수수료가 0.4%로 낮아진다. 70만 원의 수수료는 0.4%가 적용되고 나머지는 0.5%가 적용되어 총 수수료를 구하면 (700,000×0.004)+[(806,610−700,000)×0.005]=2,800+533.05≒3,330원이다.

따라서 수수료와 수인이가 원하는 금액을 환전하기 위해서 필요한 총금액은 806,610+3,330=809,940원임을 알 수 있다.

43

정답 ⑤

연차 일정을 정리하면 다음과 같다.

일	월	화	수	목	금	토
			1 김창은 최하람	2 임미리 김창은	3 개천절	4
5	6 임미리 정지수 유소정	7 임미리 조유라 유소정	8 최한결 최하람	9 한글날	10 최한결 유라희	11
12	13 최한결	14	15	16	17	18

하루에 3명 이상 연차를 쓸 수 없으므로 6일과 7일의 연차 일정을 수정해야 한다. 이때 신청한 사람들 중 선택지에 제시된 한 명만 수정한다면 유소정이 연차 날짜를 옮기는 것이 가장 적절하다.

44

정답 ②

조건에 따라 각자의 총점이 0이고 각 영역의 점수 합이 0이므로, 인화력 점수를 매긴 후 경우의 수를 확인하면 다음과 같이 4개의 결과표가 가능하다.

영역 사원	업무 능력	리더십	인화력
A	−1	0	1
B	0	0	0
C	1	0	−1

영역 사원	업무 능력	리더십	인화력
A	−1	0	1
B	1	−1	0
C	0	1	−1

영역 사원	업무 능력	리더십	인화력
A	0	−1	1
B	0	0	0
C	0	1	−1

영역 사원	업무 능력	리더십	인화력
A	0	−1	1
B	−1	1	0
C	1	0	−1

45

정답 ②

주어진 자료를 토대로 모델별 향후 1년 동안의 광고효과를 계산하면 다음과 같다.

(단위 : 백만 원, 회)

모델	1년 광고비	1년 광고횟수	1회당 광고효과	총 광고효과
A	180−120 =60	60÷2.5 =24	140+130 =270	24×270 =6,480
B	180−80 =100	100÷2.5 =40	80+110 =190	40×190 =7,600
C	180−100 =80	80÷2.5 =32	100+120 =220	32×220 =7,040
D	180−90 =90	90÷2.5 =36	80+90 =170	36×170 =6,120
E	180−70 =110	110÷2.5 =44	60+80 =140	44×140 =6,160

따라서 광고효과가 가장 높은 B가 TV광고 모델로 적합하다.

46

정답 ④

- C강사 : 셋째 주 화요일 오전, 목요일, 금요일 오전에 스케줄이 비어 있으므로 목요일과 금요일에 이틀간 강의가 가능하다.
- E강사 : 첫째, 셋째 주 화 ~ 목요일 오전에 스케줄이 있으므로 수요일과 목요일 오후에 강의가 가능하다.

오답분석

- A강사 : 매주 수 ~ 목요일에 스케줄이 있으므로 화요일과 금요일 오전에 강의가 가능하지만 강의가 연속 이틀에 걸쳐 진행되어야 한다는 조건에 부합하지 않는다.
- B강사 : 화요일과 목요일에 스케줄이 있으므로 수요일 오후와 금요일 오전에 강의가 가능하지만 강의가 연속 이틀에 걸쳐 진행되어야 한다는 조건에 부합하지 않는다.
- D강사 : 수요일 오후와 금요일 오전에 스케줄이 있으므로 화요일 오전과 목요일에 강의가 가능하지만 강의가 연속 이틀에 걸쳐 진행되어야 한다는 조건에 부합하지 않는다.

47

정답 ④

다음은 일정 순서를 표로 나타낸 것이다.

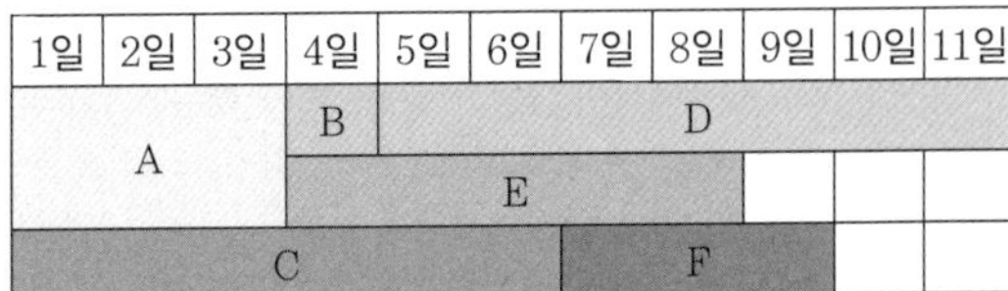

선결업무와 묶어서 생각해야 한다. D업무는 A업무와 B업무를 끝마친 후 실시해야 하므로 A(3일)+B(1일)+D(7일)=11일이 걸린다. E업무는 A업무 다음으로 실시해야 하므로 A(3일)+E(5일)=8일이 걸린다. F업무는 B, C업무를 끝낸 후 시작해야 하지만 B, C업무는 묶어진 업무가 아니므로 두 업무 중 기간이 더 걸리는 C업무가 끝난 후 시작하면 C(6일)+F(3일)=9일이 걸린다. 가장 오래 걸리는 업무 기간이 모든 업무를 완료하는 최소 소요 기간이므로 최소 소요 기간은 11일이 된다.

48

정답 ①

㉠ B업무의 소요 기간이 4일로 연장된다면 3일이 늘어난 것이므로 D업무를 마칠 때까지 3+4+7=14일이 소요된다.

㉡ D업무의 선결업무가 없다면 가장 마지막에 마치는 업무는 F가 되고 모든 업무를 마치는 데 최소 9일이 소요된다.

오답분석

㉢ E업무의 선결업무에 C업무가 추가된다면 최소 소요 기간은 6+5=11일이 된다(A, C는 동시에 진행해도 된다).

㉣ C업무의 소요 기간이 2일 연장되면 C(8일)+F(3일)=11일로 최소 소요 기간은 변하지 않는다.

49

정답 ①

기술선택을 위한 우선순위 결정요인

- 제품의 성능이나 원가에 미치는 영향력이 큰 기술
- 기술을 활용한 제품의 매출과 이익 창출 잠재력이 큰 기술
- 쉽게 구할 수 없는 기술
- 기업 간에 모방이 어려운 기술
- 기업이 생산하는 제품 및 서비스에 보다 광범위하게 활용할 수 있는 기술
- 최신 기술로 진부화될 가능성이 적은 기술

50

정답 ②

기술선택을 위한 절차

- 외부환경 분석 : 수요 변화 및 경쟁자 변화, 기술 변화 등 분석
- 중장기 사업목표 설정 : 기업의 장기비전, 중장기 매출목표 및 이익목표 설정
  - 사업전략 수립 : 사업 영역 결정, 경쟁우위 확보 방안 수립
  - 요구기술 분석 : 제품 설계・디자인 기술, 제품 생산 공정, 원재료・부품 제조기술 분석
  - 기술전략 수립 : 기술획득 방법 결정
  - 핵심기술 선택
- 내부역량 분석 : 기술능력, 생산능력, 마케팅・영업능력, 재무능력 등 분석

51

정답 ③

추운 지역의 LPG는 따뜻한 지역보다 프로판 비율이 높다.

52

정답 ④

본 제품에는 배터리 보호를 위하여 과충전 보호회로가 내장되어 있어 적정 충전시간을 초과하여도 배터리에 큰 손상이 없으므로 고장의 원인으로 적절하지 않다.

53

정답 ③

청소기 전원을 끄고 이물질 제거 후 전원을 켜면 파워브러시가 재작동하며 평상시에도 파워브러시가 멈추었을 때는 전원 스위치를 껐다 켜면 재작동한다.

54

정답 ⑤

사용 중 갑자기 흡입력이 떨어지는 이유는 흡입구를 커다란 이물질이 막고 있거나, 먼지 필터가 막혀 있거나, 먼지통 내에 오물이 가득 차 있을 경우이다.

55

정답 ③

기술선택을 위한 절차는 '(ㄱ) 외부환경 분석 → 중장기 사업목표 설정 → (ㄴ) 내부역량 분석' 순서로 이루어진다. 외부환경 분석은 수요 변화 및 경쟁자 변화, 기술 변화 등에 대한 분석이고, 중장기 사업목표 설정은 기업의 장기비전, 중장기 매출목표 및 이익목표에 대한 설정이며, 내부역량 분석은 기술능력, 생산능력, 마케팅・영업능력, 재무능력 등에 대한 분석이다. 또한, 중장기 사업목표 설정은 '사업전략 수립 → (ㄷ) 요구기술 분석 → (ㄹ) 기술전략 수립 → 핵심기술 선택' 순서로 이루어진다. 사업전략 수립은 사업 영역 결정, 경쟁우위 확보 방안에 대한 수립이고, 요구기술 분석은 제품 설계・디자인 기술, 제품 생산 공정, 원재료・부품 제조기술에 대한 분석이며, 기술전략 수립은 핵심기술을 선택하거나, 기술 획득 방법을 결정하는 것이다.

56

정답 ②

화상 방지 시스템을 개발한 이유가 이용자들의 화상을 염려하였다는 점임을 볼 때, 기술이 필요한 이유를 설명하는 노와이의 사례로 적절하다.

57

정답 ③

C사원은 자기개발에 대한 구체적인 방법을 몰라서 계획을 실천하지 못한 것이 아니다. 업무와 관련한 자격증 강의 듣기, 체력 관리, 친목 다지기 등 계획 자체는 꽤 구체적으로 세웠기 때문이다.

오답분석

C사원이 계획을 제대로 실천하지 못한 이유는 직장에 다니고 있기 때문에 개인 시간에 한계가 있는데 그에 비해 계획이 과했기 때문이다(⑤). 그리고 다른 욕구를 이기지 못한 것도 원인이다. 몸이 아파서(내부), 회사 회식에 빠지기 어려워서(외부), 즉 쉬고 싶은 욕구와 다른 사람과 어울리고 싶은 욕구가 계획 실천 욕구보다 강했다(①・④). 이때 C사원은 자신에게는 그럴 만한 이유가 있었다고 생각했을 것이다(②).

58

정답 ③

ⓒ 흥미나 적성검사를 통해 자신에게 알맞은 직업을 도출할 수는 있으나 이러한 결과가 직업에서의 성공을 보장해 주는 것은 아니다. 실제 직장에서는 직장문화, 풍토 등 외부적인 요인에 의해 적응을 하지 못하는 경우가 발생하기 때문에 기업의 문화와 풍토를 잘 이해하고 활용할 필요가 있다.

ⓔ 일을 할 때는 너무 커다란 업무보다는 작은 단위로 나누어 수행한다. 작은 성공의 경험들이 축적되어 자신에 대한 믿음이 강화되면 보다 큰일을 할 수 있게 되기 때문이다.

59

정답 ④

자기 브랜드 PR 방법

- 소셜 네트워크 활용 : 소셜 네트워크는 자신의 실무지식과 업무 경험, 성과물 등을 직접적으로 연결할 수 있으며, 형식의 제약 없이 자유롭게 자신을 표현할 수 있다. 또한, 별도의 비용이나 전문적인 기술 없이 이용할 수 있어 편리하다는 장점이 있다.
- 인적 네트워크 활용 : 자신에 대한 긍정적인 말을 전하는 적극적인 지지자를 확보하기 위해 인간관계를 잘 관리하는 것도 한 방법이다.
- 자신만의 명함 제작 : 명함은 자신의 얼굴이자 강력한 마케팅의 도구가 될 수 있기 때문에 자신의 명함을 기억할 수 있도록 변화를 주어야 한다.
- 경력 포트폴리오 생성 : 자신의 전문적인 능력이 무엇인지, 자신이 그동안 어떻게 인간관계를 쌓아왔고 어떠한 자기개발 노력을 해왔는지를 다른 사람에게 명확하게 보여줄 수 있다.

60

정답 ⑤

S사원은 신입사원을 보면서 자기개발의 필요성을 깨닫고 있다. 따라서 S사원이 자기개발을 하기 위해 가장 먼저 해야 할 일은 자신의 흥미·적성 등이 무엇인지 파악하는 것이다.

61

정답 ③

경력에는 직무와 관련된 역할이나 활동뿐만 아니라 업무에 영향을 주고받는 환경적 요소가 포함된다. 경력이 전문적인 일이나 특정 직업에만 한정된 개념은 아니다.

62

정답 ②

경력개발 계획 시 고려해야 하는 조직 요구사항에는 경영전략의 변화, 승진적체, 직무 환경의 변화, 능력주의 문화의 확대 등이 있다. 이외에 사회 환경의 변화와 개인의 요구 등도 경력개발에 고려사항이다. 그러나 중견사원의 이직 증가는 제시된 내용에서 언급하지 않았다.

63

정답 ⑤

성찰은 지속적인 연습을 통하여 보다 잘 할 수 있게 되므로, 성찰이 습관화되면 문제가 발생하였을 때 축적한 노하우를 발현하여 이를 해결할 수 있다. 이러한 성찰 연습 방법으로는 매일 자신이 잘한 일과 잘못한 일을 생각해 보고, 그 이유와 개선점 등을 생각나는 대로 성찰노트에 적는 방법이 있다. 따라서 한 번의 성찰로 같은 실수를 반복하지 않도록 도와준다는 ⑤는 조언으로 적절하지 않다.

64

정답 ⑤

사람들은 자신이 달성하고자 하는 목표를 성취하기 위해 자기개발을 한다. 자기개발을 하기 위해서는 자신의 비전을 발견하고 장단기 목표를 설정하는 일이 선행되어야 한다. 이를 통하여 자기개발의 필요성을 인식하고 자기개발의 방향과 방법을 설정할 수 있다. 따라서 비전과 장단기 목표 설정은 자기개발보다 앞서 이루어져야 하므로 뒤따른다는 ⑤는 옳지 않다.

오답분석

① 자기개발능력에 대한 정의로 옳은 설명이다.
② 자기개발은 변화하는 환경에 적응하기 위해 이루어진다. 우리가 가지고 있는 지식이나 기술이 과거의 것이 되지 않도록 환경변화에 따른 지속적인 자기개발의 노력이 요구된다.
③ 직장생활에서의 자기개발은 효과적으로 업무를 처리하기 위하여, 즉 업무의 성과를 향상시키기 위하여 이루어진다.
④ 자기개발이라는 말은 국내외를 막론하고 20세기 후반에 들어와서 사용되기 시작하였다.

65

정답 ①

B사원은 A대리가 느끼는 부담감을 알지 못하거나 인지하고는 있지만 어떻게 해야 할지 모르는 상황일 수도 있다. 이럴 때는 서로 마음을 터놓고 이야기하며 함께 해결하고자 하는 태도를 가져야 한다.

66

정답 ④

사람 사이에서는 갈등이 없을 수 없다. 회피하는 것보다는 갈등 그대로를 마주하고 해결을 위해 노력해야 한다. 대부분의 갈등은 어느 정도의 시간이 지난 뒤 겉으로 드러나기 때문에 갈등이 인지되었다면 해결이 급한 상황일 가능성이 높다. 따라서 시간을 두고 지켜보는 것은 옳지 않다.

67

정답 ③

팀 에너지를 최대로 활용하는 효과적인 팀을 위해서는 팀원들 개인의 강점을 인식하고 활용해야 한다. A씨의 강점인 꼼꼼하고 차분한 성격과 B씨의 강점인 친화력을 인식하고 A씨에게 재고 관리 업무를, B씨에게 영업 업무를 맡긴다면 팀 에너지를 향상시킬 수 있다.

오답분석

①·②·⑤ 효과적인 팀을 위해서 필요하지만, S부장의 상황에 적절한 조언은 아니다.
④ 효과적인 팀의 조건으로는 문제 해결을 위해 모두가 납득할 수 있는 객관적인 결정이 필요하다.

68

정답 ①

대인관계는 이해와 양보의 미덕을 기반으로 이루어진다. 신입사원 A는 팀원들과 교류가 없는 선임과 같이 일을 하면서 그를 이해하게 되고 적극적으로 다가가면서 관계가 가까워졌다.

69

정답 ③

다른 팀원들이 선임과 개방적으로 의사소통을 하지도 않고, 건설적으로 해결하려는 모습을 보여주고 있지 않은 상황이기 때문에 신입사원 A는 팀의 좋은 영향을 미치지 못할 것이라고 판단하고 있다.

70

정답 ②

신입사원 A의 한 선임과 다른 팀원들 사이에서 갈등이 일어나 팀워크가 저해되고 있는 상황이므로 갈등을 해결해서 팀워크를 개발해야 한다. 갈등은 시간이 지남에 따라 점점 더 커지기 때문에 바로 해결하는 것이 좋으며, 팀원들의 갈등이 발견되면 제삼자가 중재하는 것이 갈등 해결에 도움이 된다.

71

정답 ②

최주임은 조직에 대해 명령과 계획이 빈번하게 변경되고, 리더와 부하 간에 비인간적인 풍토가 만연하다고 생각하는 실무형 멤버십 유형에 해당한다. 실무형 멤버십 유형은 조직의 운영방침에 민감하고, 규정과 규칙에 따라 행동한다. 동료 및 리더는 이러한 유형에 대해 개인의 이익을 극대화하기 위한 흥정에 능하며, 적당한 열의와 평범한 수완으로 업무를 수행한다고 평가한다. 업무 수행에 있어 감독이 필수적이라는 판단은 수동형 멤버십 유형에 대한 동료와 리더의 시각에 해당한다.

72

정답 ③

어떠한 비난도 하지 않고 문제를 해결하는 것이 고객 불만에 대응하는 적절한 방법이다.

오답분석

① 회사 규정을 말하며 변명을 하는 것은 오히려 화를 키울 수 있다.
② 먼저 사과를 하고 이야기를 듣는 것이 더 효과적이다.
④ 실현 가능한 최선의 대안을 제시해야 한다.
⑤ 내 잘못이 아니라는 것을 고객에게 알리는 것은 화를 더 키울 수 있다.

73

정답 ②

(A) 경제적 책임 : 사회적으로 필요한 상품과 서비스를 생산·판매하여 이윤과 고용을 창출해야 하는 책임이다.
(B) 법적 책임 : 국가와 사회가 규정한 법에 의거하여 경영·경제 활동을 해야 하는 책임이다.
(C) 윤리적 책임 : 사회의 윤리의식에 합치되도록 경영·경제 활동을 해야 하는 책임이다.
(D) 자선적 책임 : 경제·경영 활동과는 직접 관련이 없는 기부·문화 활동 등을 자발적으로 해야 하는 책임이다.

74

정답 ①

구매팀 김차장은 자신의 역할과 책무를 충실히 수행하고 책임을 다하는 태도가 부족하다. 따라서 책임 의식이 필요하다.

오답분석

② 준법 의식 : 법과 규칙을 준수하여 업무에 임하는 태도이다.
③ 근면 의식 : 정해진 시간을 준수하며 생활하고, 보다 부지런하고 적극적인 자세로 임하는 태도이다.
④ 직분 의식 : 자신의 자아실현을 통해 사회와 기업이 성장할 수 있다고 보는 태도이다.
⑤ 소명 의식 : 신이 맡은 일은 하늘에 의해 맡겨진 일이라고 생각하는 태도이다.

75

정답 ②

김차장에게는 잘못을 저질렀을 때, 맡은 바 역할을 타인에게 전가하지 않고 책임을 다하는 자세가 필요하다.

76

정답 ⑤

운전 중 스마트폰은 사용하지 않도록 한다.

오답분석

① 사무실에서 알림은 무음으로 설정하여 타인에게 폐를 끼치지 않도록 한다.
② 중요한 내용에 대해 상대방의 대답이나 반응을 확인해야 할 경우는 음성 통화를 이용하도록 한다.
③ SNS 사용은 업무에 지장을 줄 수 있으므로 휴식시간에 이용하도록 한다.
④ 타인과 대화할 때 스마트폰 사용은 자제하고, 타인과의 대화에 집중해야 한다.

77

정답 ①

성희롱 문제는 개인의 문제뿐만 아니라 사회적 문제이기 때문에 제도적인 차원에서의 제재도 필요하다. 따라서 사전에 방지하고 효과적으로 처리하는 방안이 필요하다.

78

정답 ③

되도록 출근 직후나 퇴근 직전, 점심시간 전후 등 바쁜 시간은 피하여 전화해야 한다.

79

정답 ②

A과장은 회사 직원이 아닌 지인들과 인근 식당에서 식사를 하고, C팀장이 지적을 하자 거짓으로 둘러댄 것이 들키면서 징계를 받았다. 따라서 늘 정직하게 임하려는 태도가 요구됐다.

80

정답 ③

사회생활에 있어 신뢰가 기본이 되기 때문에 신뢰가 없으면 사회생활에 지장이 생긴다.

서울교통공사 9호선 운영부문 고객안전직 필기시험

제2회 모의고사 정답 및 해설

01	02	03	04	05	06	07	08	09	10
⑤	②	⑤	④	①	④	①	⑤	⑤	②
11	12	13	14	15	16	17	18	19	20
⑤	③	④	③	①	②	②	①	②	①
21	22	23	24	25	26	27	28	29	30
④	④	③	④	②	①	③	②	①	⑤
31	32	33	34	35	36	37	38	39	40
②	④	①	③	③	①	⑤	③	⑤	⑤
41	42	43	44	45	46	47	48	49	50
④	②	②	⑤	④	④	③	④	③	②
51	52	53	54	55	56	57	58	59	60
④	②	④	④	⑤	①	⑤	③	③	②
61	62	63	64	65	66	67	68	69	70
④	⑤	⑤	②	⑤	④	⑤	④	①	①
71	72	73	74	75	76	77	78	79	80
④	③	①	③	②	④	①	②	①	③

01

정답 ⑤

공화당의 경우 코커스를 포함한 하위 전당대회에서 특정 대선후보를 지지하여 당선된 대의원이 상위 전당대회에서 반드시 같은 후보를 지지해야 하는 것은 아니었다.

오답분석

① 주에 따라 의회선거구 전당대회는 건너뛰기도 한다고 하였으므로 주 전당대회에 참석할 대의원이 모두 의회선거구 전당대회에서 선출된 것은 아니다.
② 아이오와 코커스가 1월로 옮겨지기 전까지는 단지 주별로 5월 둘째 월요일까지만 코커스를 개최하면 되었다. 따라서 아이오와 주보다 이른 시기에 코커스를 실시한 주가 있었을 수도 있다.
③ 1972년 아이오와주 민주당의 코커스는 1월에 열렸는데, 각급 선거 간에 최소 30일의 시간적 간격을 두어야 한다는 규정으로 인해 주 전당대회는 코커스 이후 최소 90일이 지나야 가능했다.
④ 1972년 아이오와주 민주당 코커스는 1월에 열렸으나 공화당 코커스는 여전히 5월에 열렸으며, 1월로 옮겨진 것은 1976년부터이다.

02

정답 ②

S공사의 '5대 안전서비스 제공을 통한 스마트도시 시민안전망'과 관련한 업무 협약을 맺었다고 시작하는 (다), 앞서 소개한 오산시의 다양한 정책을 소개하는 (나), 오산시에 구축할 5가지 시민안전망에 대해 설명하는 (가)와 (마), 마지막으로 기존의 문제점을 보완하며 인프라 구축을 예고하는 (라) 문단이 차례로 오는 것이 적절하다.

03

정답 ⑤

문서의 마지막에 반드시 '끝.'자를 붙여서 마무리해야 하는 문서는 공문서이다.

04

정답 ④

㉠에서는 오랑우탄이 건초더미를 주목한 연구 결과를 통해 유인원도 다른 개체의 생각을 미루어 짐작하는 능력이 있다고 주장한다. 오랑우탄이 건초더미를 주목한 것은 B가 상자 뒤에 숨었다는 사실을 모르는 A의 입장이 되었기 때문이라는 것이다. 그러나 오랑우탄이 단지 건초더미가 자신에게 가까운 곳에 있었기 때문에 주목한 것이라면, 다른 개체의 입장이 아닌 자신의 입장에서 생각한 것이 되므로 ㉠은 약화된다.

오답분석

① 외모의 유사성은 제시문에 나타난 연구 내용과 관련이 없다.
② 사람에게 동일한 실험을 한 후 비슷한 결과가 나왔다는 것은 사람도 유인원처럼 다른 개체의 생각을 미루어 짐작하는 능력이 있다는 것이므로 오히려 ㉠을 강화할 수 있다.
③ 새로운 오랑우탄을 대상으로 동일한 실험을 한 후 비슷한 결과가 나왔다는 것은 ㉠을 강화할 수 있다.
⑤ 제시문에서는 나머지 오랑우탄 10마리에 대해 언급하고 있지 않다.

05

정답 ①

제시문은 급격하게 성장하는 호주의 카셰어링 시장을 언급하면서 이러한 성장 원인에 대해 분석하고 있으며, 호주 카셰어링 시장의 성장 가능성과 이에 따른 전망을 이야기하고 있다. 따라서 글의 제목으로 ①이 가장 적절하다.

06

정답 ④

세 번째 문단에 따르면 호주에서 차량 2대를 소유한 가족의 경우 차량 구매 금액을 비롯하여 차량 유지비에 쓰는 비용만 최대 연간 18,000호주 달러에 이른다고 하였다. 이처럼 차량 유지비에 대한 부담이 크기 때문에 차량 유지비가 들지 않는 카셰어링 서비스를 이용하려는 사람이 늘어나고 있다.

07

정답 ①

제시문은 고대 그리스, 헬레니즘, 로마 시대를 순서대로 나열하여 설명하였다. 따라서 역사적 순서대로 주제의 변천에 대해 서술하고 있다.

08

정답 ⑤

제시된 문단은 과거 의사소통능력 수업에 대한 문제를 제기하고 있다. 따라서 이에 대한 문제점인 ㉢이 제시된 문단 다음에 이어지는 것이 적절하다. ㉡은 과거 문제점에 대한 해결법으로 문제중심학습(PBL)을 제시하므로 ㉢ 다음에 오는 것이 적절하며, ㉠ 역시 문제중심학습에 대한 장점으로 ㉡ 다음에 오는 것이 적절하다. 마지막으로 ㉣의 경우 문제중심학습에 대한 주의할 점으로 마지막에 오는 것이 가장 적절하다. 따라서 ㉢-㉡-㉠-㉣ 순으로 나열해야 한다.

09

정답 ⑤

D대리의 청렴도 점수를 a점으로 가정하고, 승진심사 평점 계산식을 세우면 다음과 같다.

$(60\times0.3)+(70\times0.3)+(48\times0.25)+(a\times0.15)=63.6$

$\rightarrow a\times0.15=12.6$

$\therefore a=\frac{12.6}{0.15}=84$

따라서 D대리의 청렴도 점수는 84점임을 알 수 있다.

10

정답 ②

B과장의 승진심사 평점은 $(80\times0.3)+(72\times0.3)+(78\times0.25)+(70\times0.15)=75.6$점이다.

따라서 B과장이 승진후보에 들기 위해 필요한 점수는 $80-75.6=4.4$점임을 알 수 있다.

11

정답 ⑤

평균근속연수는 2018년 이후 지속적으로 감소하고 있으며, 남성 직원이 여성 직원보다 재직기간이 길다.

오답분석

① 기본급은 2021년도에 전년 대비 감소하였다.
② 2023년도에는 1인당 평균 보수액이 남성과 여성 직원이 같다.
③ 1인당 평균 보수액은 2019년도에 가장 많다.
④ 상시 종업원 수는 2019년 이후 지속적으로 늘고 있으며, 여성 직원의 비율은 전체 상시 종업원 580명 중 213명으로 약 37%에 달한다.

12

정답 ③

원 그래프는 일반적으로 내역이나 내용의 구성비를 원을 분할하여 나타낸다.

오답분석

① 점 그래프 : 종축과 횡축에 2요소를 두고, 보고자 하는 것이 어떤 위치에 있는가를 알고자 할 때 쓴다.
② 방사형 그래프 : 원 그래프의 일종으로 레이더 차트, 거미줄 그래프라고도 한다. 비교하는 수량을 직경 또는 반경으로 나누어 원의 중심에서의 거리에 따라 각 수량의 관계를 나타내는 그래프이다. 대표적으로 비교하거나 경과를 나타내는 용도로 활용된다.
④ 막대 그래프(봉 그래프) : 비교하고자 하는 수량을 막대 길이로 표시하고 그 길이를 비교하여 각 수량 간의 대소 관계를 나타내는 것이다. 가장 간단한 형태이며, 선 그래프와 같이 각종 그래프의 기본을 이룬다. 막대 그래프는 내역・비교・경과・도수 등을 표시하는 용도로 쓰인다.
⑤ 선(절선) 그래프 : 시간의 경과에 따른 수량의 변화를 절선의 기울기로 나타내는 그래프이다. 대체로 경과・비교・분포(도수・곡선 그래프)를 비롯하여 상관관계(상관선 그래프・회귀선) 등을 나타낼 때 쓴다.

13

정답 ④

현재기온이 가장 높은 수원은 이슬점 온도는 가장 높지만, 습도는 65%로, 95%의 백령도보다 낮으므로 옳지 않다.

오답분석

① 파주의 시정은 20km로 가장 좋다.
② 수원이 이슬점 온도와 불쾌지수 모두 가장 높다.
③ 불쾌지수 70을 초과한 지역은 수원과 동두천, 2곳이다.
⑤ 시정이 0.4km로 가장 좋지 않은 백령도의 경우 풍속이 4.4m/s로 가장 강하다.

14

정답 ③

S기업의 복사지 한 달 사용량 : 20,000장÷10개월=2,000장/개월

S기업의 현재부터 한 달 사용량 : 2,000장×2=4,000장

따라서 4,000장×4=16,000장이므로 4개월 후에 연락해야 한다.

15

정답 ①

주어진 자료를 분석하면 다음과 같다.

생산량(개)	0	1	2	3	4	5
총 판매수입 (만 원)	0	7	14	21	28	35
총 생산비용 (만 원)	5	9	12	17	24	33
이윤(만 원)	−5	−2	+2	+4	+4	+2

ㄱ. 2개를 생산할 때와 5개를 생산할 때의 이윤은 2만 원으로 동일하다.

ㄴ. 자료를 통해 이윤이 극대화되면서 가능한 최대 생산량은 4개임을 알 수 있다.

오답분석

ㄷ. 생산량을 4개에서 5개로 늘리면 이윤은 2만 원으로 감소한다.

ㄹ. 1개를 생산하면 −2만 원이지만, 생산하지 않을 때는 −5만 원이다.

16

정답 ②

원 중심에서 멀어질수록 점수가 높아지는데, B국의 경우 공격보다 미드필드가 원 중심에서 먼 곳에 표시가 되어 있으므로 B국은 공격보다 미드필드에서의 능력이 뛰어남을 알 수 있다.

17

정답 ②

ㄱ. LNG 구매력이 우수하다는 강점을 이용해 북아시아 가스관 사업이라는 기회를 활용하는 것은 SO전략에 해당된다.

ㄷ. 수소 자원 개발이 고도화되고 있는 기회를 이용하여 높은 공급단가라는 약점을 보완하는 것은 WO전략에 해당된다.

오답분석

ㄴ. 북아시아 가스관 사업은 강점이 아닌 기회에 해당되므로 ST전략에 해당된다고 볼 수 없다.

ㄹ. 높은 LNG 확보 능력이라는 강점을 이용해 높은 가스 공급단가라는 약점을 보완하려는 것은 WT전략에 해당된다고 볼 수 없다.

18

정답 ①

1순위부터 3순위 품목들을 20세트 구매 시 배송비를 제외한 총금액은 다음과 같다.

- 1순위 : 소고기, 62,000×20×0.9=1,116,000원
- 2순위 : 참치, 31,000×20×0.9=558,000원
- 3순위 : 돼지고기, 37,000×20=740,000원

2순위인 참치 세트 총금액이 1순위인 소고기 세트보다 1,116,000−558,000=558,000원 저렴하므로 세 번째 조건에 따라 차순위인 참치 세트를 준비한다. 마지막 조건에 따라 배송비를 제외한 총금액이 50만 원 이상이므로 6순위 김 세트는 준비하지 않는다. 따라서 S공사에서 설 선물로 준비하는 상품은 B업체의 참치이다.

19

정답 ②

B는 뒷면을 가공한 이후 A의 앞면 가공이 끝날 때까지 5분을 기다려야 한다. 즉, 뒷면 가공(15분) → 5분 기다림 → 앞면 가공(20분) → 조립(5분)이 이루어지므로 총 45분이 걸리고, 유휴 시간은 5분이다.

20

정답 ①

첫 번째 조건에서 원탁 의자에 임의로 번호를 적고 회의 참석자들을 앉혀 본다.

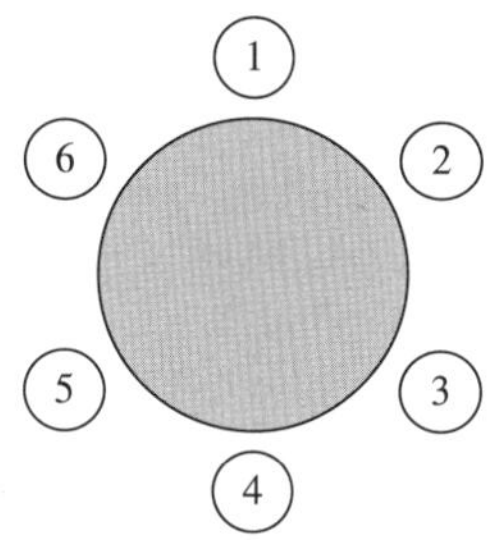

네 번째 조건에서 A와 B 사이에 2명이 앉으므로 임의로 1번 자리에 A가 앉으면 4번 자리에 B가 앉는다. 그리고 B자리 바로 왼쪽에 F가 앉기 때문에 F는 5번 자리에 앉는다. 만약 6번 자리에 C 또는 E가 앉게 되면 2번과 3번 자리에 D와 E 또는 D와 C가 나란히 앉게 되어 세 번째 조건에 부합하지 않는다. 따라서 6번 자리에 D가 앉아야 하고 두 번째 조건에서 C가 A 옆자리에 앉아야 하므로 2번 자리에 C가, 나머지 3번 자리에는 E가 앉게 된다. 따라서 나란히 앉게 되는 참석자들은 선택지 중 A와 D이다.

21

정답 ④

주어진 조건에 따라 면접 순서를 정리하면 다음과 같다.

구분	1번	2번	3번	4번	5번	6번
경우 1	F	B	C	A	D	E
경우 2	F	E	C	A	D	B
경우 3	F	C	A	D	E	B
경우 4	E	F	C	A	D	B

따라서 총 4가지 경우가 있다.

22

정답 ④

21번으로부터 어떠한 경우에도 C는 항상 F보다 늦게 면접을 본다는 것을 알 수 있다.

오답분석

① 경우 1에서 D는 B보다 늦게 면접을 본다.

② 경우 1, 2, 4에서 C는 세 번째로 면접을 본다.

③ 경우 1, 3에서 A는 E보다 일찍 면접을 본다.

⑤ 경우 1, 3에서 E는 D보다 늦게 면접을 본다.

23

정답 ③

21번으로부터 어떠한 경우에도 D는 항상 오후에 면접을 본다는 것을 알 수 있다.

24

정답 ④

상궁 연봉은 $(11\times5)+(1\times7.12)=62.12$냥으로, 보병 연봉의 2배인 $(3\times5)+(9\times2.5)\times2=37.5\times2=75$냥보다 적다.

오답분석

① 1냥의 가치는 보병 연봉을 기준으로 계산하면 $1,500,000\div[(3\times5)+(9\times2.5)]=40,000$원/냥이다. 따라서 18세기 조선의 1푼의 가치는 400원/푼이므로 옳은 내용이다.
② 기병 연봉은 종9품 연봉보다 콩 1섬, 면포 9필이 더 많고, 정5품보다는 쌀 10섬만큼 적고, 콩 1섬, 면포 9필만큼 많다. 따라서 쌀 10섬이 50냥이고, 콩 1섬과 면포 9필이 $(1\times7.12)+(9\times2.5)=29.62$냥이므로 정5품 연봉이 더 많다.
③ 정1품 관료의 12년치 연봉은 $12\times[(25\times5)+(3\times7.12)]=1,756.32$냥이고, 100칸 기와집의 가격은 2,165냥이므로 기와집의 가격이 더 높다.
⑤ 나인의 1년치 연봉은 $(5\times5)+(1\times7.12)=32.12$냥으로, 소고기 40근 가격인 $40\times0.7=28$냥 이상이다.

25

정답 ②

B대리는 상대방이 제시한 아이디어를 비판하고 있다. 따라서 브레인스토밍에 적절하지 않은 태도를 보였다.

브레인스토밍 규칙

- 다른 사람이 아이디어를 제시할 때는 비판하지 않는다.
- 문제에 대한 제안은 자유롭게 이루어질 수 있다.
- 아이디어는 많이 나올수록 좋다.
- 모든 아이디어가 제안되고 나면 이를 결합하고 해결책을 마련한다.

26

정답 ①

조직의 규칙과 규정은 조직의 목표나 전략에 따라 수립되어 조직구성원들이 활동 범위를 제약하고 일관성을 부여하는 기능을 한다. 예를 들어 인사규정, 총무규정, 회계규정 등이 있다.

27

정답 ③

1 ~ 2월 이앙기 관리 방법에 모두 방청유를 발라 녹 발생을 방지한다는 내용이 있다.

오답분석

① 트랙터의 브레이크 페달 작동 상태는 2월의 점검 목록이다.
② 이앙기에 커버를 씌워 먼지 및 이물질에 의한 부식을 방지하는 것은 1월의 점검 목록이다.
④ 트랙터의 유압실린더와 엔진 누유 상태의 점검은 트랙터 사용 전 점검이 아니라 보관 중 점검 목록이다.
⑤ 매뉴얼에 없는 내용이다.

28

정답 ②

C주임은 최대 작업량을 잡아 업무를 진행하면 능률이 오를 것이라는 오해를 하고 있다. 하지만 이럴 경우 시간에 쫓기게 되어 오히려 능률이 떨어질 가능성이 있다. 실현 가능한 목표를 잡고 우선순위를 세워 진행하는 것이 옳다.

29

정답 ①

사무인수인계는 문서에 의함을 원칙으로 하나, 기밀에 속하는 사항은 구두 또는 별책으로 인수인계할 수 있도록 한다.

30

정답 ⑤

효과적인 회의의 5가지 원칙 중 E는 매출성장이라는 목표를 공유하여 긍정적 어법으로 회의에 임하였다. 또한 주제를 벗어나지 않고 적극적으로 임하였으므로 가장 효과적으로 회의에 임한 사람은 E이다.

오답분석

① A : 부정적인 어법을 사용하고 있다.
② B : 적극적인 참여가 부족하다.
③ C : 주제와 벗어난 이야기를 하고, 좋지 못한 분위기를 조성하고 있다.
④ D : 적극적인 참여를 하지 못하고, 회의 안건을 미리 준비하지 않았다.

31

정답 ②

각종 위원회 위원 위촉에 관한 전결규정은 없다. 단, 대표이사의 부재중에 부득이하게 위촉을 해야 하는 경우가 발생했다면 차하위자(전무)가 대결을 할 수는 있다.

32

정답 ④

차별화 전략은 조직이 생산품이나 서비스를 차별화하여 고객에게 가치가 있고 독특하게 인식되도록 하는 전략으로, S사는 창의적인 발상을 통해 애니메이션을 차별화하고 관객에게 가치가 있고 독특하게 인식되도록 하였다.

오답분석

① 윈윈 전략 : 한 기업과 경쟁기업 모두 이익을 얻고자 하는 경영 전략이다.
② 관리 전략 : 관리조직, 정보시스템이나 인재 양성 같은 관리면에서 경쟁의 우위에 서려고 하는 전략이다.
③ 집중화 전략 : 특정 시장이나 고객에게 한정된 전략으로, 원가우위나 차별화 전략이 산업전체를 대상으로 하는 것과 달리 특정 산업을 대상으로 한다.
⑤ 원가우위 전략 : 원가 절감을 통해 해당 산업에서 우위를 점하는 전략이다.

33

정답 ①

팀명을 구하기 위한 함수식은 「=CHOOSE(MID(B3,2,1),"홍보팀","기획팀","교육팀")」이다. 따라서 CHOOSE 함수와 MID 함수가 사용되었다.

34

정답 ③

㉡ 데이터베이스를 이용하면 다량의 데이터를 정렬해 저장하게 되므로 검색 효율이 개선된다.
㉢ 데이터가 중복되지 않고 한 곳에만 기록되어 있으므로, 오류 발견 시 그 부분만 수정하면 되기 때문에 데이터의 무결성을 높일 수 있다.

오답분석

㉠ 대부분의 데이터베이스 관리 시스템은 사용자가 정보에 대한 보안 등급을 정할 수 있게 해 준다. 따라서 부서별로 읽기 권한, 읽기와 쓰기 권한 등을 구분해 부여하여 안정성을 높일 수 있다.
㉣ 데이터베이스를 형성하여 중복된 데이터를 제거하면 데이터 유지비를 감축할 수 있다.

35

정답 ③

제시문은 몸에 부착하거나 착용하여 사용하는 전자장치인 웨어러블 디바이스에 대한 설명이다. 이는 손으로 들고 있어야 하는 불편함이 있던 기존 전자장치에서 한 단계 진보하여 아예 입어서 착용할 수 있는 스마트 장치이다.

오답분석

① 그리드 컴퓨팅 : 모든 컴퓨팅 기기를 하나의 초고속 네트워크로 연결하여, 컴퓨터의 계산능력을 극대화한 차세대 디지털 신경망 서비스를 말한다.
② 디바이스 프리 : 콘텐츠를 서버에 저장해 스마트폰·태블릿 PC·노트북 등 다양한 모바일 디바이스를 통해 언제든 이용할 수 있는 서비스를 말한다.
④ 유비쿼터스 : 언제 어디서나 편리하게 컴퓨터 자원을 활용할 수 있도록 현실 세계와 가상 세계를 결합시킨 것으로, 장소에 상관없이 자유롭게 네트워크에 접속할 수 있는 환경을 말한다.
⑤ 클라우드 컴퓨팅 : 이용자의 모든 정보를 인터넷상의 서버에 저장하고, 이 정보를 각종 IT 기기를 통하여 언제 어디서든 이용할 수 있는 컴퓨팅 환경을 말한다.

36

정답 ①

World Wide Web(WWW)에 대한 설명으로, 웹은 3차 산업혁명에 큰 영향을 미쳤다.

오답분석

② 3D프린팅에 대한 설명이다.
③ 클라우드 컴퓨팅에 대한 설명이다.
④ 스마트 팜에 대한 설명이다.
⑤ 사물인터넷에 대한 설명이다.

37

정답 ⑤

게시판 사용 네티켓

- 글의 내용은 간결하게 요점만 작성한다.
- 제목에는 글의 내용을 파악할 수 있는 함축된 단어를 사용한다.
- 글을 쓰기 전에 이미 같은 내용의 글이 없는지 확인한다.
- 글의 내용 중에 잘못된 점이 있으면 빨리 수정하거나 삭제한다.
- 게시판의 주제와 관련 없는 내용은 올리지 않는다.

38

정답 ③

연번	기호	연산자	검색조건
ㄱ	*, &	AND	두 단어가 모두 포함된 문서를 검색함
ㄴ	l	OR	두 단어가 모두 포함되거나, 두 단어 중 하나만 포함된 문서를 검색함
ㄷ	–, !	NOT	'–' 기호나 '!' 기호 다음에 오는 단어는 포함하지 않는 문서를 검색함
ㄹ	~, near	인접검색	앞/뒤의 단어가 가깝게 인접해 있는 문서를 검색함

따라서 정보 검색 연산자에 대한 내용으로 옳지 않은 것은 ㄴ, ㄷ이다.

39

정답 ⑤

ㄷ. 워드프로세서의 주요 기능으로는 입력 기능, 표시 기능, 저장 기능, 편집 기능, 인쇄 기능을 꼽을 수 있다.
ㄹ. 스프레드 시트의 구성단위는 셀, 열, 행, 영역 4가지이다. 셀은 정보를 저장하는 단위이며, 처리하고자 하는 숫자와 데이터를 셀에 기입하고 이 셀들을 수학 방정식에 연결하면 셀 내용이 바뀌면서 그와 연결된 셀 내용들이 바뀌게 된다.

오답분석

ㄱ. 여러 형태의 문서를 작성, 편집, 저장, 인쇄할 수 있는 프로그램을 워드프로세서라고 한다. 스프레드 시트는 수치 계산, 통계, 도표와 같은 작업을 효율적으로 할 수 있는 응용프로그램이다.

ㄴ. 사용자가 컴퓨터를 더 쉽게 사용할 수 있도록 도와주는 소프트웨어(프로그램)를 '유틸리티 프로그램'이라고 하고 줄여서 '유틸리티'라고 한다. 유틸리티 프로그램은 본격적인 응용 소프트웨어라고 하기에는 크기가 작고 기능이 단순하다는 특징을 가지고 있다.

40 정답 ⑤

개인정보는 다양한 분야에서 사용할 수 있다. 개인정보는 일반정보, 가족정보, 교육 및 훈련정보, 병역정보, 부동산 및 동산 정보, 소득정보, 법적정보 등 다양하게 분류된다. ㄱ은 가족정보, ㄴ은 교육정보, ㄷ은 기타 수익정보, ㄹ은 법적정보에 해당한다.

41 정답 ④

위험 한 단위당 기대수익률은 '(기대수익률)÷(표준편차)'로 구할 수 있다. E는 8÷4=2이며, F는 6÷3=2이다. 따라서 E와 F는 위험 한 단위당 기대수익률이 같다.

오답분석

① E는 B와 G에 비해 표준편차는 낮지만, 기대수익률 역시 낮으므로 우월하다고 볼 수 없다.
② 위험 한 단위당 기대수익률이 높은 투자 대안을 선호한다고 하였으므로 A, B, C, D 중에서 D가 가장 낫다고 평가할 수 있다.
③ G가 기대수익률이 가장 높지만 표준편차도 가장 높기 때문에 가장 바람직한 대안이라고 볼 수 없다.
⑤ 지배원리에 의해 동일한 기대수익률이면 최소의 위험을 선택하여야 하므로, 동일한 기대수익률인 A와 E, C와 F는 표준편차를 기준으로 우열을 가릴 수 있다.

42 정답 ②

성과급 지급 기준에 따라 영업팀의 성과를 평가하면 다음과 같다.

구분	성과평가 점수	성과평가 등급	성과급 지급액
1/4분기	(8×0.4)+(8×0.4)+(6×0.2)=7.6	C	80만 원
2/4분기	(8×0.4)+(6×0.4)+(8×0.2)=7.2	C	80만 원
3/4분기	(10×0.4)+(8×0.4)+(10×0.2)=9.2	A	100+10=110만 원
4/4분기	(8×0.4)+(8×0.4)+(8×0.2)=8.0	B	90만 원

따라서 영업팀에게 1년간 지급된 성과급의 총액은 80+80+110+90=360만 원이다.

43 정답 ②

시간계획의 기본 원리 설명에 기본 원칙으로 '60 : 40의 원칙'을 정의하였다. 마지막 문단에서는 좀 더 구체적으로 설명해 주는 것이므로 바로 앞 문단을 한 번 더 되풀이한다고 생각하면 된다. 따라서 ㉠은 계획 행동, ㉡은 계획 외 행동, ㉢은 자발적 행동이다.

44 정답 ⑤

S기업은 전자가격표시기 도입으로 작업 소요 시간을 일주일 평균 31시간에서 3.8시간으로 단축하였다. 기업의 입장에서 작업 소요 시간을 단축하게 되면 생산성 향상, 가격 인상, 위험 감소, 시장 점유율 증가의 효과를 얻을 수 있다. 그러나 고용 인력 증가와 같은 효과는 얻을 수 없다.

45 정답 ④

7월 20~21일은 주중이며 출장 혹은 연수 일정이 없고 부서이동 전에 해당되므로 K대리가 B시 본부의 정기 점검을 수행할 수 있는 일정이다.

오답분석

① 7월 6~7일은 K대리의 연수 참석 기간이므로 정기 점검을 진행할 수 없다.
② 7월 11~12일은 주말인 11일을 포함하고 있다.
③ 7월 14~15일 중 15일은 목요일로, K대리가 C시 본부로 출장을 가는 날짜이다.
⑤ 7월 27~28일은 K대리가 7월 27일부터 부서를 이동한 이후이므로, K대리가 아니라 후임자가 B시 본부의 정기 점검을 간다.

46 정답 ④

대리와 이사장은 2급 이상 차이 나기 때문에 A대리는 이사장과 같은 호텔 등급의 객실에서 묵을 수 있다.

오답분석

① 비행기 요금은 실비이기 때문에 총비용은 변동이 있을 수 있다.
② 숙박비 5만 원, 교통비 2만 원, 일비 6만 원, 식비 4만 원으로 C차장의 출장비는 17만 원이다.
③ 같은 조건이라면 이사장과 이사는 출장비가 같다.
⑤ 부장과 차장은 출장비가 다르기 때문에 부장이 더 많이 받는다.

47

정답 ③

• K부장의 숙박비 : 80,000×9=720,000원
• P차장의 숙박비 : 50,000×9=450,000원

따라서 P차장의 호텔을 한 단계 업그레이드했을 때, 720,000−450,000=270,000원 이득이다.

48

정답 ④

첫 번째 지원계획을 보면 지원금을 받는 모임의 구성원은 5명 이상 9명 미만이므로 E모임은 제외한다. 나머지 A, B, C, D모임의 총 지원금을 구하면 다음과 같다.

• A모임 : 1.3×(1,500+120×5)=2,730천 원
• B모임 : 1,500+100×6=2,100천 원
• C모임 : 1.3×(1,500+120×8)=3,198천 원
• D모임 : 2,000+100×7=2,700천 원

따라서 D모임이 세 번째로 많은 지원금을 받는다.

49

정답 ③

기술 발전에 있어 환경 보호를 추구하는 점을 볼 때, 지속가능한 개발의 사례로 볼 수 있다. 지속가능한 개발은 경제 발전과 환경 보전의 양립을 위하여 새롭게 등장한 개념으로 볼 수 있으며, 미래 세대가 그들의 필요를 충족시킬 수 있는 가능성을 손상시키지 않는 범위에서 현재 세대의 필요를 충족시키는 개발인 것이다.

오답분석

① 개발독재 : 개발도상국에서 개발이라는 이름으로 행해지는 정치적 독재를 말한다.
② 연구개발 : 자연과학기술에 대한 새로운 지식이나 원리를 탐색하고 해명해서 그 성과를 실용화하는 일을 말한다.
④ 개발수입 : 기술이나 자금을 제3국에 제공하여 미개발 자원 등을 개발하거나 제품화하여 수입하는 것을 말한다.
⑤ 조직개발 : 기업이 생산능률을 높이기 위하여 기업조직을 개혁하는 일을 말한다.

50

정답 ②

매뉴얼 작성을 위한 TIP

• 내용이 정확해야 한다.
• 사용자가 알기 쉽게 쉬운 용어를 사용해야 한다.
• 사용자의 심리적 배려가 있어야 한다.
• 사용자가 찾고자 하는 정보를 쉽게 찾을 수 있어야 한다.
• 사용하기 쉬워야 한다.

51

정답 ④

'피재해자는 전기 관련 자격이 없었으며, 복장은 일반 안전화, 면장갑, 패딩점퍼를 착용한 상태였다.'는 문장에서 불안전한 행동·상태, 작업 관리상 원인, 작업 준비 불충분이란 것을 확인할 수 있다. 그러나 기술적 원인은 제시문에서 찾을 수 없다.

오답분석

① 불안전한 행동 : 위험 장소 접근, 안전장치 기능 제거, 보호장비의 미착용 및 잘못 사용, 운전 중인 기계의 속도 조작, 기계·기구의 잘못된 사용, 위험물 취급 부주의, 불안전한 상태 방치, 불안전한 자세와 동작, 감독 및 연락 잘못 등
② 불안전한 상태 : 시설물 자체 결함, 전기 시설물의 누전, 구조물의 불안정, 소방기구의 미확보, 안전 보호 장치 결함, 복장·보호구의 결함, 시설물의 배치 및 장소 불량, 작업 환경 결함, 생산 공정의 결함, 경계 표시 설비의 결함 등
③ 작업 관리상 원인 : 안전 관리 조직의 결함, 안전 수칙 미제정, 작업 준비 불충분, 인원 배치 및 작업 지시 부적당 등
⑤ 작업 준비 불충분 : 작업 관리상 원인의 하나로, 피재해자는 경첩의 높이가 높음에도 불구하고 작업 준비에 필요한 자재를 준비하지 않은 채 불안전한 자세로 일을 시작함

52

정답 ②

와이어로프가 파손되어 중량물이 떨어지는 사고를 나타낸 그림이다. 해당 그림은 '④ 물체에 맞음'에 더 적합하다.

오답분석

① 대형설비나 제품 위에서 작업 중에 떨어지는 사고를 나타낸 그림이다.
③ 화물자동차 위에서 적재 및 포장작업을 하는 과정에서 떨어지는 사고를 나타낸 그림이다.
④ 사다리에 올라가 작업하는 도중 미끄러져 떨어지는 사고를 나타낸 그림이다.
⑤ 지붕 위에서 보수작업 등을 하는 과정에서 선라이트가 부서져 떨어지는 사고를 나타낸 그림이다.

53

정답 ④

'④ 물체에 맞음'의 아래에 있는 사고발생 원인과 사망재해 예방 대책의 내용이 서로 관계성이 낮다는 것을 알 수 있다. 물론 지게차와 관련한 사고발생 원인으로 언급한 부분은 있으나, 전반적인 원인들과 대조해 보았을 때 예방 대책을 모두 포괄하고 있다고 보기는 어렵다.

54

정답 ④

당직근무 배치가 원활하지 않아 일어난 사고는 배치의 불충분으로 일어난 산업재해의 경우로, 4M 중 Management(관리)에 해당된다고 볼 수 있다.

오답분석

① 개인의 부주의에 따른 개인의 심리적 요인은 4M 중 Man에 해당된다.
② 작업 공간 불량은 4M 중 Media에 해당된다.
③ 점검, 정비의 결함은 4M 중 Machine에 해당된다.
⑤ 안전보건교육 부족은 4M 중 Management에 해당된다.

55

정답 ⑤

- (가) : 구명밧줄이나 공기 호흡기 등을 준비하지 않아 사고가 발생했음을 알 수 있다. 따라서 보호구 사용 부적절로 4M 중 Media(작업정보, 방법, 환경)의 사례로 적절하다.
- (나) : 안전장치가 제대로 작동하지 않았음을 볼 때, Machine(기계, 설비)의 사례로 적절하다.

56

정답 ①

시스템적인 관점에서 인식하는 능력은 기술적 능력에 대한 것으로, 기술경영자보다는 기술관리자에게 요구되는 능력이다.

오답분석

②·③·④·⑤ 기술경영자의 능력에 해당한다.

기술경영자의 능력

- 기술을 기업의 전반적인 전략 목표에 통합시키는 능력
- 빠르고 효과적으로 새로운 기술을 습득하고 기존의 기술에서 탈피하는 능력
- 기술을 효과적으로 평가할 수 있는 능력
- 기술 이전을 효과적으로 할 수 있는 능력
- 새로운 제품 개발 시간을 단축할 수 있는 능력
- 크고 복잡하고 서로 다른 분야에 걸쳐 있는 프로젝트를 수행할 수 있는 능력
- 조직 내의 기술 이용을 수행할 수 있는 능력
- 기술 전문 인력을 운용할 수 있는 능력

57

정답 ⑤

ㄱ. 자기개발은 크게 자아인식, 자기관리, 경력개발로 이루어진다.
ㄷ. 경력개발이 아닌 자기관리에 대한 설명이다.
ㄹ. 자기관리가 아닌 경력개발에 대한 설명이다.

오답분석

ㄴ. 자신의 가치, 신념, 흥미, 적성, 성격 등을 바르게 인식하는 자아인식은 자기개발의 첫 단계가 되며, 자신이 어떠한 특성을 가지고 있는지를 바르게 인식할 수 있어야 적절한 자기개발이 이루어질 수 있다.

58

정답 ③

자기개발은 자아인식, 자기관리, 경력개발로 이루어지며, ③은 자기관리에 해당하는 사례이다.

오답분석

①·②·④·⑤ 경력개발에 해당한다.

59

정답 ③

김대리는 의지와 욕구는 있지만 업무 전환에 대한 인식과 자기이해 노력이 부족했다. 직업인으로서 자신이 원하는 직업을 갖고 일을 효과적으로 수행하기 위해서는 장기간에 걸친 치밀한 준비와 노력이 필요하며, 자신을 분명하게 아는 것이 선행되어야 좋은 결과를 이끌어낼 수 있다.

60

정답 ②

김대리는 현재 자신의 외면을 구성하는 외모나 나이 같은 외면적 요소가 아닌 자신의 내면을 구성하는 적성, 흥미, 성격, 가치관 등의 내면적 자아의 요소를 고려하고 있다. 내면적 요소는 측정하기 어려운 특징을 가지고 있다.

61

정답 ④

김대리는 현 시점에서 욕구와 의지가 있으므로 단기적인 돌파구를 마련하기보다는 자신을 좀 더 이해하고 장기적인 관점에서 성장할 방안을 고려해야 한다. 따라서 자신에 내면에 대해 좀 더 이해해야 한다.

오답분석

① 단기적인 대응책보다는 장기적인 관점에서 성장할 방법을 찾아야 할 필요가 있다.
② 과거에 했던 일과 지금 하는 일을 모두 고려하여 자신의 흥미에 대해 고민해야 한다.
③ 업무에 대한 의지와 욕구는 가지고 있다.
⑤ 자기개발로 지향하는 바는 개별적인 과정으로 사람마다 다르다.

62

정답 ⑤

김대리는 자기개발의 목표(해외 근무를 지원하기 위한 자격증·어학 공부)와 일상생활(시부모님이 편찮으셔서 돌봐야 함) 간의 갈등으로 인해 자기개발 계획 수립이 어려운 상황이다.

오답분석

① 자기정보의 부족 : 자신의 흥미, 장점, 가치, 라이프스타일을 충분히 이해하지 못해 자기개발 계획 수립이 어려운 것이다.
② 내부 작업정보의 부족 : 회사 내의 경력기회 및 직무 가능성에 대해 충분히 알지 못해 자기개발 계획 수립이 어려운 것이다.
③ 외부 작업정보의 부족 : 다른 직업이나 회사 밖의 기회에 대해 충분히 알지 못해 자기개발 계획 수립이 어려운 것이다.
④ 의사결정 시 자신감의 부족 : 자기개발과 관련된 결정을 내릴 때 자신감이 부족해 자기개발 계획 수립이 어려운 것이다.

63 정답 ⑤

일을 할 때에 너무 큰 단위로 하지 않고 작은 단위로 나누어 수행하는 것이 좋다. 작은 성공의 경험들이 축적되어 자신에 대한 믿음이 강화되면 보다 큰 일을 할 수 있기 때문이다. 즉, 작은 단위의 업무로 조금씩 성취감을 느끼는 것이 흥미와 적성을 개발하는 데 적절하다.

64 정답 ②

브랜드를 소유하거나 사용해 보고 싶다는 동기를 유발하는 것처럼, 사람들로부터 자신을 찾게 하기 위해서는 다른 사람과 다른 차별성을 가질 필요가 있다. 이를 위해서는 시대를 앞서 나가 다른 사람과 구별되는 능력을 끊임없이 개발해야 한다.

65 정답 ⑤

화가 난 고객을 응대하는 데 있어서 고객을 안정시키는 것이 최우선이며, 이후에 고객이 이해할 수 있는 수준의 대응을 제시해야 한다.

66 정답 ④

- 김대리 : 안건에 대한 승패를 나누는 태도는 조직 내 갈등을 증폭시키는 원인이 된다.
- 임주임 : 공동의 목표를 달성할 필요성을 느끼지 않는 것은 조직 내 갈등을 증폭시키는 원인이 된다.
- 박대리 : 자신이 경험한 일을 감정적으로 업무에 연결하는 태도는 조직 내 갈등을 증폭시키는 원인이 된다.

오답분석

- 최대리 : 회사의 본질적 목표인 수익 창출 측면에서 R&D의 중요성을 피력하고 있을 뿐, 갈등 증폭과 관련된 내용은 찾아볼 수 없다.

67 정답 ⑤

추후 고객에게 연락하여 고객이 약속 날짜 전에 옷을 받았는지 확인 후 배송 착오에 대해 다시 사과해야 한다.

오답분석

① "화나신 점 충분히 이해합니다."라고 공감표시를 하였다.
② 배송 착오에 대해 "정말 죄송합니다."라고 사과표시를 하였다.
③ "최대한 빠른 시일 내로 교환해 드릴 수 있도록 최선을 다하겠습니다."라고 말하며 해결약속을 하였다.
④ 구매 내역과 재고 확인을 통해 정보를 파악하였다.

68 정답 ④

- 김대리 : 업무를 수행하다 보면, 아무리 계획을 체계적으로 세웠다고 하더라도 여러 가지 방해요인에 의해 좌절감을 경험하기도 한다. 또한 방해요인 중에는 신속히 제거되는 것이 있고, 오래 지속되며 업무효율을 저하시키는 요인도 있다.
- 차주임 : 방해요인들은 잘 활용하면 오히려 도움이 되는 경우도 있으므로 이를 효과적으로 통제하고 관리할 필요가 있다.
- 정주임 : 과중한 업무 스트레스는 개인뿐만 아니라 조직에도 부정적인 결과를 가져와 과로나 정신적 불안감을 조성하고 심한 경우 우울증, 심장마비 등의 질병에 이르게 한다. 그러나 적정수준의 스트레스는 사람들을 자극하여 개인의 능력을 개선하고 최적의 성과를 내게 하기도 하므로 완전히 해소하는 것이 바람직한 것만은 아니다.

오답분석

- 박사원 : 다른 사람들의 방문, 인터넷, 전화, 메신저 등과 같이 업무계획과 관계없이 갑자기 찾아오는 경우는 모두 업무 방해요인에 해당한다. 그러나 무조건적으로 다른 사람들과 대화를 단절하는 것은 비현실적이고 바람직하지도 않으므로, 이를 효과적으로 통제할 수 있도록 응답시간을 정해놓는 등의 방법을 쓰는 것이 좋다.

69 정답 ①

조직은 다양한 사회적 경험과 사회적 지위를 토대로 한 개인의 집단이므로 동일한 내용을 제시하더라도 각 구성원은 서로 다르게 받아들이고 반응한다. 그렇기 때문에 조직 내에서 적절한 의사소통을 형성한다는 것은 결코 쉬운 일이 아니다.

오답분석

② 메시지는 고정되고 단단한 덩어리가 아니라 유동적이고 가변적인 요소이기 때문에 상호작용에 따라 다양하게 변형될 수 있다.
③·④·⑤ 제시된 갈등 상황에서는 표현 방식의 문제보다는 서로 다른 의견이 문제가 되고 있으므로 적절하지 않다.

70 정답 ①

A씨는 소외형 팔로워에 해당한다. 소외형 팔로워는 동료들이나 리더의 시각에서는 냉소적이며 부정적이고 조직에 대한 소외형 사람은 적절한 보상이 없으며 자신을 인정해 주지 않고 불공정하고 문제가 있다고 느끼는 사람이다.

오답분석

② 순응형 : 질서를 따르는 것이 중요하고 획일적인 태도와 행동에 익숙한 유형으로, 팀플레이를 하며 리더나 조직을 믿고 헌신해야 한다고 생각한다. 동료의 시각에서는 아이디어가 없고 인기 없는 일은 하지 않으며, 조직을 위해 자신과 가족의 요구를 양보하는 사람으로 비춰질 수 있다.

③ 실무형 : 규정의 준수를 강조하며 조직이 명령과 계획은 빈번하게 변경하고 리더와 부하 간의 비인간적인 풍토가 있다고 생각하는 유형으로, 조직의 운영방침에 민감하고 사건을 균형 잡힌 시각으로 본다. 동료의 시각에서는 개인의 이익을 극대화하기 위한 흥정에 능하고 적당한 열의와 평범한 수완으로 업무를 수행하는 사람이다.
④ 수동형 : 조직이 나의 아이디어를 원치 않으며 노력과 공헌을 해도 아무 소용이 없다고 느낀다. 판단과 사고를 리더에 의존하고 지시가 있어야 행동한다. 동료의 시각에서는 수행하는 일이 없고 업무 수행에는 감독이 반드시 필요한 사람으로 보이는 유형이다.
⑤ 주도형 : 가장 이상적인 유형으로 독립적이면서 혁신적인 사고 측면에서 스스로 생각하고 건설적 비판을 하며, 자기 나름의 개성이 있고 혁신적이며 창조적인 특성을 가지는 사람이다. 적극적 참여와 실천 측면에서 솔선수범하고 주인의식을 가지고 있으며, 기대이상의 성과를 내려고 노력하는 특성을 가진다.

71

정답 ④

리더십 유형 중 파트너십 유형의 특징이다. 파트너십 리더십은 리더가 조직에서 구성이 되기도 하며, 집단의 비전 및 책임 공유를 하는 특징을 가진다. 따라서 팀워크를 촉진시키는 방법과는 거리가 멀다.

72

정답 ③

책임감에 대한 부담을 덜어주는 것이 아니라, 책임을 부여하고 자신의 역할과 행동에 책임감을 가지도록 하는 환경을 제공해야 한다.

73

정답 ①

신입을 고참자에게 먼저 소개하는 것이 옳은 방향이다.

74

정답 ③

군인은 하나의 직업으로, 직업을 가진 사람이라면 누구나 반드시 지켜야 할 직업윤리를 가진다. 직업윤리는 기본적으로 개인윤리를 바탕으로 성립되는 규범이기는 하지만 상황에 따라 개인윤리와 직업윤리는 서로 충돌하는 경우가 발생한다. 즉, 제시된 사례의 경우 S씨의 입장에서 타인에 대한 물리적 행사는 절대 금지되어 있다고 생각되는 개인윤리와 군인의 입장에서 필요한 경우 물리적 행사가 허용된다는 직업윤리가 충돌하고 있다. 이러한 상황에서 직업인이라면 직업윤리를 개인윤리보다 우선하여야 한다는 조언이 가장 적절하다.

75

정답 ②

정품 유류를 공급받아 소비자들에게 정량을 공급하는 원칙을 철저히 지키는 모습을 통해 정직이 신뢰를 형성하고 유지하는 데 매우 중요함을 알 수 있다. 정직은 신뢰를 형성하고 유지하는 데 가장 기본적이고 필수적인 규범으로, 사람과 사람 사이에 함께 살아가는 사회시스템이 유지되려면, 정직에 기반으로 둔 신뢰가 있을 때 가능하다.

76

정답 ④

ㄱ. 정보기기를 이용하여 음란물을 전송하는 행위는 시각적 성희롱에 해당된다.
ㄷ. 개인정보 유출을 방지하는 것은 직장 차원에서의 바람직한 대응에 해당된다.
ㄹ. 직장은 성희롱 가해자에 대하여 납득할 만한 수준의 조치를 취하고, 결과를 피해자에게 통지하여야 한다.

오답분석

ㄴ. 성희롱에 대하여 외부단체 및 상담기관에 도움을 요청하는 것도 바람직한 개인적 대응에 해당된다. 물론 조직 내부의 대응 및 도움 요청도 병행되어야 한다.

77

정답 ①

직업윤리 덕목은 다음과 같다.

- 소명 의식 : 나에게 주어진 일이라 생각하는, 반드시 해야 하는 일이다.
- 천직 의식 : 태어나면서 나에게 주어진 재능이다.
- 직분 의식 : 내 자아 실현을 통해 사회와 기업이 성장할 수 있다는 자부심이다.
- 책임 의식 : 책무를 충실히 수행하고 책임을 다하는 태도이다.
- 전문가 의식 : 자신의 일이 누구나 할 수 있는 것이 아니라 해당 분야의 지식과 교육을 바탕으로 성실히 수행해야만 가능한 것이라고 믿고 수행하는 태도이다.
- 봉사 의식 : 소비자에게 내가 한 일로 인해 행복함을 주는 태도이다.

따라서 책임 의식과 전문가 의식에 어긋난 행동이다.

78

정답 ②

더글러스씨는 소음방지 장치를 약속할 수 없다고 하면서 이스턴 항공사와 계약을 못해 매출로 인한 단기적 이익 및 주변의 부러움을 포기하였지만, 직업윤리를 선택함으로써 명예로움과 양심을 얻었다.

79

정답 ①

업무상 소개를 할 때는 직장 내에서의 서열과 나이를 고려해야 한다. 이때 성별은 고려의 대상이 아니다.

80

정답 ③

- (가) 공리주의 : 최대 다수를 위한 최대 행복이 의사결정의 합리적 판단 기준이 된다.
- (나) 권리 : 헌법과 법에 의해 보호되는 기본적인 권리를 의사결정의 기준으로 삼는다.
- (다) 공정성 : 이익과 비용에 대한 공평한 배분과 공정한 과정을 중시한다.

서울교통공사 9호선 운영부문 고객안전직 필기시험

제3회 모의고사 정답 및 해설

01	02	03	04	05	06	07	08	09	10
⑤	④	③	③	②	④	①	④	①	④
11	12	13	14	15	16	17	18	19	20
④	①	④	③	③	②	①	①	③	①
21	22	23	24	25	26	27	28	29	30
②	①	②	⑤	①	⑤	②	④	③	③
31	32	33	34	35	36	37	38	39	40
①	③	①	③	①	①	①	④	③	④
41	42	43	44	45	46	47	48	49	50
④	③	④	①	①	①	④	②	④	⑤
51	52	53	54	55	56	57	58	59	60
②	④	③	①	④	⑤	④	④	③	①
61	62	63	64	65	66	67	68	69	70
②	③	④	②	②	②	②	⑤	③	③
71	72	73	74	75	76	77	78	79	80
③	②	④	③	③	⑤	④	⑤	④	①

01

정답 ⑤

U-City 사업이 지능화시설물 구축 혹은 통합운영센터의 건설로 표면화되었지만, 공공주도 및 공급자 중심의 스마트도시 시설투자는 정책 수혜자인 시민의 체감으로 이어지지 못하는 한계가 발생하게 된다. 또한 대기업의 U-City 참여 제한 등으로 성장 동력이 축소되는 과정을 겪어왔다.

02

정답 ④

성과 이름은 붙여 쓰고 이에 덧붙는 호칭어, 관직명 등은 띄어 써야 하므로 '김민관 씨'가 올바른 표기이다. 따라서 ④는 옳지 않다.

03

정답 ③

제시문은 철학에서의 '부조리'에 대한 개념을 설명하는 글이다. 따라서 부조리의 개념을 소개하는 (나) 문단이 나오고, 부조리라는 개념을 도입하고 설명한 알베르 카뮈에 대해 설명하고 있는 (라) 문단이 나오는 것이 적절하다. 다음으로 앞 문단의 연극의 비유에 관해 설명하고 있는 (가) 문단이 오고, 이에 대한 결론을 제시하는 (다) 문단 순서로 나열하는 것이 적절하다.

04

정답 ③

문장은 되도록 간결체로 쓰는 것이 의미 전달에 효과적이며, 행은 문장마다 바꾸는 것이 아니라 그 내용에 따라 적절하게 바꾸어 문서가 난잡하게 보이지 않도록 하여야 한다.

05

정답 ②

제시문은 정부가 '국가 사이버안보 기본계획'을 토대로 사이버 위협에 대응하고 사이버안보 체계를 구축하기 위한 정부의 계획에 대해 설명하고 있다.

오답분석

① 제시문에 국가 부처별로 사이버보안 체계를 구축하기 위한 계획이 나타나 있으나, 그 유형에 대한 설명은 아니다.
③ 제시문은 정부의 계획을 설명하는 글로, 정부기관과 사이버보안의 관련성을 설명하는 글로 볼 수 없다.
④ 제시문은 정보통신보안시설 차원의 사이버보안이 아닌 국가 차원의 사이버보안에 대한 글이다.
⑤ 제시문은 사이버보안 위협에 대응하기 위한 정부의 계획을 설명하는 글로, 그 분야의 미래에 대한 내용은 아니다.

06

정답 ④

밑줄 친 ㉠은 공문서이다. 공문서는 정부 행정기관에서 대내적 혹은 대외적 공무를 집행하기 위해 작성하는 문서를 의미하며, 정부기관이 일반회사 또는 단체로부터 접수하는 문서 및 일반회사에서 정부기관을 상대로 사업을 진행하려고 할 때 작성하는 문서도 포함한다. 엄격한 규격과 양식에 따라 정당한 권리를 가진 사람이 작성해야 하며 최종 결재권자의 결재가 있어야 문서로서의 기능이 성립된다.

오답분석

① 비즈니스 메모에 대한 설명으로, 그 종류로는 전화 메모, 회의 메모, 업무 메모 등이 있다.
② 보고서에 대한 설명으로, 그 종류로는 영업보고서, 결사보고서, 일일업무보고서, 주간업무보고서, 출장보고서, 회의보고서 등이 있다.
③ 기안서에 대한 설명으로, 흔히 사내 공문서로 불린다.
⑤ 기획서에 대한 설명이다.

07

정답 ①

세 번째 문단의 첫 문장 '상업이 발달한 ~ 제공했고'에서 보면, 1851년과 1861년 영국인에 의해 상하이와 요코하마에서 영자 신문이 창간되었다는 내용은 있으나, 이들이 선교사였는지는 알 수 없다.

오답분석

② 첫 번째 문단의 마지막 문장 '물론 그 전에도 ~ 비롯된다.'에서 보면, 개항 이전 정부 차원의 관보는 있었지만, 오늘날 우리가 사용하는 의미의 신문(민간인 독자를 위한 신문)은 없었음을 알 수 있다.

③ 세 번째 문단을 보면 '○○신보'는 영국의 민간회사 자림양행이 만든 《상하이신보》에서 유래했고, '△△일보'는 《순후안일보》에서 유래했음을 알 수 있으므로 옳은 내용이다.

④ 세 번째 문단의 끝 부분 '중국에서 ~ 최초이다.'를 보면 중국인 왕타오가 신문을 창간한 연도는 1874년이고, 네 번째 문단의 두 번째 문장 '1871년 ~ 일었다.'를 보면 일본인에 의해 만들어진 일본어 신문은 1871년에 창간되었으므로 일본이 중국보다 먼저 발행했음을 알 수 있다.

⑤ 세 번째 문단의 첫 번째 문장 '상업이 발달한 ~ 제공했고'에서 보면, 유럽과 미국 회사들에 필요한 정보를 제공했다는 내용이 있으므로 옳은 내용이다.

08

정답 ④

밀그램의 예상과 달리 65퍼센트의 사람들이 사람에게 분명히 해가 되는 450V까지 전압을 올렸고, 일부 실험자만이 '불복종'하였다.

09

정답 ①

㉠ 노숙자쉼터 봉사자는 800명으로, 이 가운데 30대는 118명이다. 따라서 노숙자쉼터 봉사자 중 30대가 차지하는 비율은 $\frac{118}{800}\times100=14.75\%$이다.

㉢ 무료급식소 봉사자 중 40 ~ 50대는 $274+381=655$명으로, 전체 1,115명의 절반 이상이다.

오답분석

㉡ 전체 봉사자 중 50대의 비율은 $\frac{1,500}{5,000}\times100=32\%$이고, 20대의 비율은 $\frac{650}{5,000}\times100=13\%$이다. 따라서 전체 봉사자 중 50대의 비율은 20대의 $\frac{32}{13}\fallingdotseq2.5$배이다.

㉣ 전체 보육원 봉사자는 총 2,000명으로, 이 중 30대 이하 봉사자는 $148+197+405=750$명이다. 따라서 전체 보육원 봉사자 중 30대 이하가 차지하는 비율은 $\frac{750}{2,000}\times100=37.5\%$이다.

10

정답 ④

1층에서 16층까지는 15층 차이이므로 $0.2\times15=3$kPa이 떨어진다. 따라서 16층의 기압은 $200-3=197$kPa이다.

11

정답 ④

선 그래프는 시간의 경과에 따른 수량의 변화를 선의 기울기로 나타내는 그래프로, 해당 자료를 표현하기에 적절하다.

오답분석

① 원 그래프 : 작성 시 정각 12시의 선을 시작선으로 하며, 이를 기점으로 하여 오른쪽으로 그리는 것이 보통이다. 또한 분할선은 구성비율이 큰 순서로 그리되, '기타' 항목은 구성 비율의 크기에 관계없이 가장 뒤에 그리는 것이 일반적이다.

② 점 그래프 : 지역 분포를 비롯하여 도시, 지방, 기업, 상품 등의 평가나 위치, 성격 등을 표시하는 데 주로 이용된다.

③ 띠 그래프 : 전체에 대한 부분의 비율을 나타낼 때 많이 쓰인다.

⑤ 꺾은선 그래프 : 시간이 흐름에 따라 변해가는 모습을 나타내는 데 많이 쓰인다. 날씨 변화, 에너지 사용 증가율, 물가의 변화 등을 나타내기에는 막대 그래프보다 꺾은선 그래프가 유용하다. 그래서 꺾은선 그래프를 읽을 때는 변화의 추이를 염두에 두고 자료를 분석하는 것이 좋다.

12

정답 ①

원 그래프는 전체 통계량에 대한 부분의 비율을 하나의 원의 내부에 부채꼴로 구분한 그래프로, 전체에 대한 구성 비율을 나타낼 때 적절한 도표이다.

13

정답 ④

(ㄷ)은 총계를 구하면 되고, 나머지는 총계에서 주어진 건수와 인원을 빼면 각 수치를 구할 수 있다.

(ㄹ) : $145-21-28-17-30-20=29$

오답분석

① (ㄱ) : $4,588-766-692-1,009-644-611=866$

② (ㄴ) : $241-27-25-49-31-36=73$

③ (ㄷ) : $33+24+51+31+32+31=202$

⑤ (ㅁ) : $2,490-338-180-404-566-436=566$

14

정답 ③

ㄴ. 2020년 고덕 차량기지의 안전체험 건수 대비 인원수는 $\frac{633}{33}\fallingdotseq19.2$명이며 도봉 차량기지의 안전체험 건수 대비 인원수인 $\frac{432}{24}=18$명보다 크다.

ㄷ. 2019년부터 2021년까지 고덕 차량기지의 안전체험 건수와 인원수는 둘 다 계속 감소하는 것으로 동일함을 알 수 있다.

오답분석

ㄱ. 2022년에 방화 차량기지 견학 안전체험 건수는 2021년과 동일한 29건이므로 옳지 않다.

ㄹ. 2022년 신내 차량기지의 안전체험 인원수는 2018년 대비 $\frac{692-385}{692}\times100 \fallingdotseq 44\%$로, 50% 미만 감소하였음을 알 수 있다.

15

정답 ③

가장 필요한 정책의 비율에 대한 순위를 살펴보면 남성과 여성의 경우 1 ~ 4위까지는 정책이 같다. 하지만 5위를 볼 때 여성의 경우 '경찰의 신속한 수사'를, 남성의 경우 '접근이 쉬운 곳에서 가정폭력 예방교육 실시'가 필요하다고 봄으로써 순위가 서로 다름을 알 수 있다.

오답분석

① 가해자의 교정치료 프로그램 제공은 2.8%인 반면, 가해자에 대한 법적 조치 강화 정책이 필요하다고 보는 비율은 13.6%로 더 높음을 볼 때, 옳은 판단임을 알 수 있다.

② 폭력 허용적 사회문화의 개선 정책에 대해 여성은 24.2%, 남성은 25.7%로 다른 정책들보다 가장 필요하다고 보고 있다.

④ 상담, 교육 등 가해자의 교정치료 프로그램 제공 정책이 필요하다고 보는 비율은 전체의 2.8%로, 기타 항목을 제외하고 가장 낮음을 알 수 있다.

⑤ 가정폭력 관련 법 및 지원서비스 홍보 정책은 전체 비율로 보면 15.5%로, 두 번째로 높음을 알 수 있다.

16

정답 ②

• A업체

9 ①	9 ①	9 ①	9 ①	9 ①

=50대(①은 무료)

9×5×10만=450만 원

450만 원에서 100만 원당 5만 원 할인=4×5=20만 원

∴ 450−20=430만 원

• B업체

8 ①	8 ①	8 ①	8 ①	8 ①	5

=50대(①은 무료)

∴ 8×5×10만=400만+(5×10만)=450만 원

따라서 A업체가 20만 원 더 저렴하다.

17

정답 ①

SWOT 분석은 내부환경요인과 외부환경요인의 2개의 축으로 구성되어 있다. 내부환경요인은 자사 내부의 환경을 분석하는 것으로 자사의 강점과 약점으로 분석되며, 외부환경요인은 자사 외부의 환경을 분석하는 것으로 기회와 위협으로 구분된다.

18

정답 ①

A ~ E직원 가운데 C는 E의 성과급이 늘었다고 말했고, D는 E의 성과급이 줄었다고 말했으므로 C와 D 중 한 명은 거짓말을 하고 있다.

• C가 거짓말을 하고 있는 경우 : B, A, D 순으로 성과급이 늘었고, E와 C는 성과급이 줄어들었다.

• D가 거짓말을 하고 있는 경우 : B, A, D 순으로 성과급이 늘었고, C와 E도 성과급이 늘었지만, 순위는 알 수 없다.

따라서 어떤 경우이든 '직원 E의 성과급 순위를 알 수 없다.'는 ①의 진술은 항상 참이다.

19

정답 ③

7은 5에게 연락이 가능하지 않으므로 ③은 연락이 가능하지 않은 경로이다.

20

정답 ①

연락이 가능한 방법을 표로 나타내면 다음과 같다.

<table>
<tr><td rowspan="6">2</td><td>1</td><td colspan="3">6</td></tr>
<tr><td>3</td><td colspan="3">6</td></tr>
<tr><td rowspan="4">8</td><td>4</td><td colspan="2">6</td></tr>
<tr><td rowspan="3">7</td><td>1</td><td>6</td></tr>
<tr><td>2</td><td>…</td></tr>
<tr><td>3</td><td>6</td></tr>
</table>

2가 연락 가능한 근무자는 1, 3, 8이고, 6과 바로 연락할 수 있는 근무자는 1과 3이다. 따라서 2−1−6이든 2−3−6이든 2가 6에게 최대한 빠르게 연락하기 위해서는 중간에 1명만 거치면 된다.

21

정답 ②

호실별 환자 배치와 회진 순서는 다음과 같다.

101호 A, F환자	102호 C환자	103호 E환자	104호
105호	106호 D환자	107호 B환자	108호

병실 이동 시 소요되는 행동이 가장 적은 순서는 '101호 − 102호 − 103호 − 107호 − 106호'이다. 또한 환자 회진 순서는 A(09:40 ~ 09:50) → F(09:50 ~ 10:00) → C(10:00 ~ 10:10) → E(10:30 ~ 10:40) → B(10:40 ~ 10:50) → D(11:00 ~ 11:10)이다. 회진 규칙에 따라 101호부터 회진을 시작하고, 같은 방에 있는 환자는 연속으로 진료하기 때문에 A와 F환자를 진료한다. 따라서 회진할 때 3번째로 진료하는 환자는 C환자이다.

22

정답 ①

회진 순서는 A → F → C → E → B → D이므로 E환자는 B환자보다 먼저 진료한다.

오답분석

② 네 번째 진료 환자는 E이다.
③ 마지막 진료 환자는 D이다.
④ 회진은 11시 10분에 마칠 수 있다.
⑤ 10시부터 회진을 해도 마지막으로 진료하는 환자가 바뀌지 않는다.

23

정답 ②

A, B, C 셋 중 가해자가 1명, 2명, 3명인 경우를 각각 나누어 정리하면 다음과 같다.

i) 가해자가 1명인 경우
- A 또는 C가 가해자인 경우 : 셋 중 두 명이 거짓말을 하고 있다는 B의 진술이 참이 되므로 성립하지 않는다.
- B가 가해자인 경우 : B 혼자 거짓말을 하고 있으므로 한 명이 거짓말을 한다는 A, C의 진술이 성립한다.

ii) 가해자가 2명인 경우
- A와 B가 가해자인 경우 : A, B 중 한 명이 거짓말을 한다는 C의 진술과 모순된다.
- A와 C가 가해자인 경우 : 가해자인 C는 거짓만을 진술해야 하나, A, B 중 한 명이 거짓말을 한다는 C의 진술이 참이 되므로 성립하지 않는다.
- B와 C가 가해자인 경우 : 셋 중 한 명이 거짓말을 한다는 A의 진술과 모순된다.

iii) 가해자가 3명인 경우

A, B, C 모두 거짓말을 하므로 A, B, C 모두 가해자이다.
따라서 B가 가해자이거나 A, B, C 모두가 가해자이므로 확실히 가해자인 사람은 B이며, 확실히 가해자가 아닌 사람은 아무도 없다.

24

정답 ⑤

- 1 Set : 프랑스의 B와인이 반드시 포함된다(B와인 60,000원). 인지도와 풍미가 가장 높은 것은 영국 와인이지만 영국 와인은 65,000원이므로 포장비를 포함하면 135,000원이 되기 때문에 세트를 구성할 수 없다. 가격이 되는 한도에서 인지도와 풍미가 가장 높은 것은 이탈리아 와인이다.
- 2 Set : 이탈리아의 A와인이 반드시 포함된다(A와인 50,000원). 모든 와인이 가격 조건에 해당하고, 와인 중 당도가 가장 높은 것은 포르투갈 와인이다.

25

정답 ①

외부 경영활동은 조직 외부에서 이루어지는 활동임을 볼 때, 기업의 경우 주로 시장에서 이루어지는 활동으로 볼 수 있다. 마케팅 활동은 시장에서 상품 혹은 용역을 소비자에게 유통시키는 데 관련된 대외적 이윤추구 활동이며 외부 경영활동으로 볼 수 있다.

오답분석

②·③·④·⑤ 모두 인사관리에 해당되는 활동으로 내부 경영활동이다.

26

정답 ⑤

새로운 사회 환경을 접할 때는 개방적 태도를 갖는 동시에 자신의 정체성을 유지하도록 해야 한다.

27

정답 ②

(A)에 해당되는 용어는 '경영전략'이다. 조직의 경영전략은 조직전략, 사업전략, 부문전략으로 구분할 수 있으며, 이들은 위계적 수준을 가지고 있다. 가장 상위단계 전략인 조직전략은 조직의 사명을 정의하고, 사업전략은 사업수준에서 각 사업의 경쟁적 우위를 점하기 위한 방향과 방법을 다룬다. 그리고 부문전략은 기능부서별로 사업전략을 구체화하여 세부적인 수행방법을 결정한다.

28

정답 ④

국제동향 핵심사항을 정리하여 사무관 이상 전 직원에게 메모 보고해야 한다.

29

정답 ③

우리부 관련 부서는 주재국 관련 우리부에서 조치할 사항을 처리하는 역할을 한다.

30

정답 ③

시험 준비는 각자 자신의 성적을 위한 것으로 팀워크의 특징인 공동의 목적으로 보기 어렵다. 또한, 상호관계성을 가지고 협력하는 업무로 보기 어려우므로 팀워크의 사례로 적절하지 않다.

31

정답 ①

제품의 질은 우수하나 브랜드의 저가 이미지 때문에 매출이 좋지 않은 것이므로 선입견을 제외하고 제품의 우수성을 증명할 수 있는 블라인드 테스트를 통해 인정을 받는다. 그리고 그 결과를 홍보의 수단으로 사용하는 것이 적절하다.

32

정답 ③

①·②·④·⑤는 전략 과제에서 도출할 수 있는 추진 방향이지만, ③은 문제점에 대한 언급이기 때문에 추진 방향으로 적절하지 않다.

33

정답 ①

오답분석

② 각주는 해당 페이지의 하단에 표시된다.
③ 마진에 대한 설명이다. 소트는 작성되어 있는 문서의 내용을 일정한 기준으로 재배열하고자 할 때 사용하는 기능이다.
④ 미주는 문서의 맨 마지막에 표시된다.
⑤ 색인에 대한 설명이다.

34

정답 ③

S기업은 최근 1년간 자사 자동차를 구매한 고객들의 주문기종을 조사하여 조사결과를 향후 출시할 자동차 설계에 반영하고자 하므로, 이를 위한 정보는 조사 자료에 기반하여야 한다. 유가 변화에 따른 S기업 자동차 판매지점 수에 대한 정보는 신규 출시 차종 개발이라는 목적에 맞게 자료를 가공하여 얻은 것이 아니므로 ㉢에 들어갈 내용으로 적절하지 않다.

오답분석

① 향후 출시할 자동차를 개발하기 위한 자료로서 적절한 자료이며, 객관적 실제의 반영이라는 자료의 정의에도 부합하는 내용이다.
② 구매대수 증가율이 높을수록 선호도가 빠르게 상승하고 있는 것이므로 신규 차종 개발 시 적절한 정보이다.
④ S기업 자동차 구매 고객들이 연령별로 선호하는 디자인을 파악하는 것은 고객 연령대에 맞추어 신규 차종의 디자인을 설계할 때 도움이 되는 체계적 지식이다.
⑤ 최근 1년간 S기업 자동차 구매 고객들이 선호하는 배기량을 파악하는 것은 신규 차종의 배기량을 설계할 때 도움이 되는 체계적 지식이다.

35

정답 ①

㉠ 〈Ctrl〉+〈F4〉 : 현재 문서를 닫는다.
㉡ 〈Alt〉+〈F4〉 : 워드(Word)를 닫는다.

36

정답 ①

오른쪽 워크시트를 보면 데이터는 '김'과 '철수'로 구분이 되어 있다. 왼쪽 워크시트의 데이터는 '김'과 '철수' 사이에 기호나 탭, 공백 등이 없으므로 각 필드의 너비(열 구분선)를 지정하여 나눈 것이다.

37

정답 ①

고정하기를 원하는 행의 아래, 열의 오른쪽에 셀 포인터를 위치시킨 후 [보기]–[틀 고정]을 선택해야 한다.

38

정답 ④

[E2:E7]은 평균 점수를 소수점 둘째 자리에서 반올림한 값이다. 따라서 [E2]에 「=ROUND(D2,1)」를 넣고 채우기 핸들 기능을 이용하면 제시된 표와 같은 값을 구할 수 있다.

오답분석

① INT는 정수 부분을 제외한 소수 부분을 모두 버림하는 함수이다.
② ABS는 절댓값을 구하는 함수이다.
③ TRUNC는 원하는 자리 수에서 버림하는 함수이다.
⑤ COUNTIF는 조건에 맞는 셀의 개수를 구하는 함수이다.

39

정답 ③

최윤오 사원이 자신이 작성한 보고서는 제외하고 관련 자료를 검색하려고 하므로 '!' 기호 뒤에 오는 단어는 포함하지 않는 문서를 검색하는 명령어 '!'를 활용해야 한다.

오답분석

① '성과관리'와 '최윤오'가 모두 포함된 문서를 검색한다.
②·⑤ '성과관리'와 '최윤오'가 모두 포함되거나 두 단어 중에서 하나만 포함된 문서를 검색한다.
④ '성과관리'와 '최윤오'가 가깝게 인접해 있는 문서를 검색한다.

40

정답 ④

㉠ 임금체계 * 성과급 : 임금체계와 성과급이 모두 포함된 문서를 검색한다.
㉡ 임금체계 OR 성과급 : 임금체계와 성과급이 모두 포함되거나 두 단어 중에서 하나만 포함된 문서를 검색한다.
㉣ 임금체계 ~ 성과급 : 임금체계와 성과급이 가깝게 인접해 있는 문서를 검색한다.

오답분석

㉢ 임금체계와 성과급이 모두 언급된 자료를 검색해야 하므로 한 단어가 포함되지 않는 문서를 검색하는 명령어 '!'는 적절하지 않다.

41

정답 ④

물적자원 관리 과정은 다음과 같다.

1. 사무 용품과 보관 물품의 구분
   - 반복 작업 방지, 물품 활용의 편리성
2. 동일 및 유사 물품으로 분류
   - 동일성, 유사성의 원칙
3. 물품 특성에 맞는 보관 장소 선정
   - 물품의 형상 및 소재

위 과정에 맞춰 C주임의 행동을 나열한다면 기존 비품 중 바로 사용할 사무 용품과 따로 보관해둘 물품을 분리하는 (C), 동일 및 유사 물품으로 분류하는 (B), 물품의 형상 및 소재에 따라 보관 장소를 선정하는 (A)의 순서가 적절하다.

42

정답 ③

각 항공편의 여행 시간은 다음과 같다.

A12	17시간 10분
B263	17시간
C4867	14시간 45분
D83Z	16시간 45분
E962	18시간

따라서 C4867이 시간이 가장 짧은 항공편이다.

43

정답 ④

㉡ B사가 지점총괄부를 지점인사관리실과 지점재정관리실로 분리한 것은 조직 전체 차원의 자원관리시스템을 부문별로 분할한 것이므로 전사적 자원관리의 사례로 볼 수 없다.

㉣ D사가 신규 직원 채용에 있어 인사 직무와 회계 직무를 구분하여 채용하는 것은 인적자원을 부문별로 구분하여 관리하려는 것으로 볼 수 있다. 그러나 채용에서의 구분만으로는 사내 자원관리 방식을 추론하기 어려우므로 전사적 자원관리의 사례로 볼 수 없다.

오답분석

㉠ 총무부 내 재무회계팀과 생산관리부 내 물량계획팀의 통합은 재무와 생산 부문을 통합하여 사내 자원을 효율적으로 관리하기 위한 것이므로 전사적 자원관리에 해당한다.

㉢ 국내 생산 공장의 물류 포털과 본사의 재무관리 포털의 흡수·통합은 생산과 재무 부문을 통합하여 자원을 효율적으로 관리하기 위한 것이므로 전사적 자원관리에 해당한다.

44

정답 ①

평가지표 결과와 지표별 가중치를 이용하여 지원자들의 최종 점수를 계산하면 다음과 같다.

- A지원자 : 3×3+3×3+5×5+4×4+4×5+5=84점
- B지원자 : 5×3+5×3+2×5+3×4+4×5+5=77점
- C지원자 : 5×3+3×3+3×5+3×4+5×5=76점
- D지원자 : 4×3+3×3+3×5+5×4+4×5+5=81점
- E지원자 : 4×3+4×3+2×5+5×4+5×5=79점

따라서 S공사에서 채용할 지원자는 A, D지원자이다.

45

정답 ①

A제품의 판매 이익을 높이려면 재료비, 생산비, 광고비, A/S 부담 비용을 낮추어야 한다. 선택지 ①~⑤에 따라 감소되는 비용을 계산하면 다음과 같다.

① 2,500×0.25=625원

② 4,000×0.1=400원

③ 1,000×0.5=500원

④ 3,000×0.2=600원

⑤ 무료 A/S 비율을 감소시키는 것은 A/S 부담 비용을 감소시키는 것과 같으므로 3,000×0.05=150원만큼 비용이 감소한다.

따라서 A제품의 판매 이익을 가장 많이 높일 수 있는 방법은 가장 많은 금액이 감소되는 ①이다.

46

정답 ①

현재 갑의 부서배치는 갑의 성격을 고려하지 않은 배치로, 갑의 업무 능력을 감소시킨다. 따라서 이에 팀의 효율성을 높이기 위해 팀원의 능력·성격을 고려해 배치하는 적재적소 배치 방법이 필요하다.

오답분석

② 능력 배치 : 개인에게 능력을 발휘할 수 있는 기회와 장소를 부여한 뒤, 그 성과를 바르게 평가하고 평가된 능력과 실적에 대해 상응하는 보상을 하는 원칙을 말한다.

③ 균형 배치 : 모든 팀원에 대한 평등한 적재적소, 즉 팀 전체의 적재적소를 고려하는 것이다. 팀 전체의 능력 향상, 의식 개혁, 사기 양양 등을 도모하는 의미에서 전체와 개체의 균형을 이루도록 하는 배치이다.

④ 양적 배치 : 작업량과 조업도, 여유 또는 부족 인원을 감안하여 소요 인원을 결정, 배치하는 것을 말한다.

⑤ 적성 배치 : 팀원의 적성 및 흥미에 따라 배치하는 것으로, 적성에 맞고 흥미를 가질 때 성과가 높아진다는 것을 가정한 배치 방법이다.

47

정답 ④

채울 수 있는 빈칸을 먼저 계산한다.

- B품목 금액 : 1,000×6=6,000원
- D품목 금액 : 4,000×2=8,000원
- E품목 금액 : 500×8=4,000원
- 소계 : 3,500÷0.1=35,000원

즉, C품목의 금액은 35,000−(5,000+6,000+8,000+4,000) =12,000원이다.

따라서 C품목의 수량은 12,000÷1,500=8개이다.

48

정답 ②

인맥은 (가) 핵심 인맥과 (나) 파생 인맥으로 나누어 볼 수 있다. 핵심 인맥은 자신과 직접적인 관계에 있는 사람들을 의미하며, 파생 인맥은 핵심 인맥을 통해 파생된 인맥을 의미한다.

49

정답 ④

기술 시스템의 발전 단계

1. 발명·개발·혁신의 단계 : 기술 시스템이 탄생하고 성장
2. 기술 이전의 단계 : 성공적인 기술이 다른 지역으로 이동
3. 기술 경쟁의 단계 : 기술 시스템 사이의 경쟁이 발생
4. 기술 공고화 단계 : 경쟁에서 승리한 기술 시스템의 관성화

50 정답 ⑤

벤치마킹은 비교대상에 따라 내부·경쟁적·비경쟁적·글로벌 벤치마킹으로 분류되며, 네스프레소는 뛰어난 비경쟁 기업의 유사 분야를 대상으로 벤치마킹하는 비경쟁적 벤치마킹을 하고 있다. 비경쟁적 벤치마킹은 아이디어 창출 가능성은 높으나 가공하지 않고 사용하면 실패할 가능성이 높다.

오답분석

① 내부 벤치마킹에 대한 설명이다.
②·③ 글로벌 벤치마킹에 대한 설명이다.
④ 경쟁적 벤치마킹에 대한 설명이다.

51 정답 ②

모니터 전원은 들어오나 화면이 나오지 않는 원인은 본체와 연결선의 문제가 있는 경우이다.

52 정답 ④

주의사항에 따르면 무게로 인하여 추락할 수도 있으므로 안정된 곳에 설치하라고 하였다. 따라서 컴퓨터 설치방법 및 주의사항에 따르지 않은 사람은 D주임이다.

오답분석

① A사원 : 모니터 전원과 본체 전원 총 2개의 전원이 필요하기 때문에 2구 이상의 멀티탭을 사용해야 한다.
② B팀장 : 컴퓨터 주위를 깨끗하게 유지하여 먼지가 쌓이지 않게 해야 한다.
③ C대리 : 본체 내부의 물청소는 금해야 할 사항이다.
⑤ E과장 : 컴퓨터를 설치하기 위해서는 기기 주변에 충분한 공간을 확보하고 화기와 멀리 있는 장소를 찾아야 한다.

53 정답 ③

A사는 경쟁관계에 있지 않은 기업 중 마케팅이 우수한 곳을 찾아가 벤치마킹을 했기 때문에 비경쟁적 벤치마킹이다.
B사는 동일 업종이지만 외국에 있어 비경쟁적 기업을 대상으로 벤치마킹을 했기 때문에 글로벌 벤치마킹이다.

오답분석

- 경쟁적 벤치마킹 : 동일 업종이면서 경쟁관계에 있는 기업을 대상으로 하는 벤치마킹이다.
- 직접적 벤치마킹 : 벤치마킹 대상을 직접 방문하여 수행하는 벤치마킹이다.
- 간접적 벤치마킹 : 인터넷 및 문서형태의 자료를 통해서 수행하는 벤치마킹이다.

54 정답 ①

에어필터 없이 사용할 경우 제품 수명이 단축되는 것은 맞지만, 이는 화재 위험과 관련성이 적다.

55 정답 ④

자료에 제시된 증상 외에 다른 문제가 있다면 서비스센터로 문의하여야 한다. ④는 고장이 아닌 증상 외의 다른 문제이기 때문에 서비스센터로 문의하여야 한다.

56 정답 ⑤

㉢ 전기장판은 저온모드로 낮춰 사용해야 고온으로 사용할 때보다 자기장이 50% 줄어든다. 고온으로 사용하다가 저온으로 낮춰 사용하는 것이 전자파를 줄일 수 있다는 내용은 가이드라인에서 확인할 수 없으므로 적절하지 않다.
㉣ 시중에 판매하는 전자파 차단 필터는 연구 결과 아무런 효과가 없는 것으로 밝혀졌으므로 적절하지 않다.

57 정답 ④

회사와 팀의 업무 지침은 변화하는 환경 속에서 그 일의 전문가들에 의해 확립된 것이므로, 기본적으로 지켜야 할 것은 지키되 그 속에서 자신의 방식을 발견해야 한다. 따라서 본인이 속한 팀의 업무 지침이 마음에 들지 않는다는 이유로 이를 지키지 않고 본인만의 방식을 찾겠다는 D대리의 행동전략은 적절하지 않다.

58 정답 ④

제시된 사례에서 S씨는 자신의 흥미·적성 등을 제대로 파악하지 못한 채 다른 사람을 따라 목표를 세웠고, 이를 제대로 달성하지 못하였다. 이처럼 자신의 흥미·적성 등을 제대로 파악하지 못하면 많은 노력을 하여도 성과로 연결되기가 쉽지 않다.

59 정답 ③

자신의 비전과 목표를 수립하는 단계는 자기관리 단계이다.

60 정답 ①

S씨는 경력 중기 단계에 있다. 경력 중기는 자신이 그동안 성취한 것을 재평가하고, 생산성을 그대로 유지하는 단계이다. 그러나 경력 중기에 이르면 직업 및 조직에서 어느 정도 입지를 굳히게 되어 더 이상 수직적인 승진 가능성이 적은 경력 정체 시기에 이르게 되며, 새로운 환경의 변화(과학기술, 관리방법의 변화 등)에 직면하게 되어 생산성을 유지하는 데 어려움을 겪기도 한다. 또한 개인적으로 현 직업이나 라이프스타일에 대한 불만을 느끼며, 매일의 반복적인 일상에 따분함을 느끼기도 한다.

오답분석

② 직업 선택 단계에 해당한다.
③ 조직 입사 단계에 해당한다.
④ 경력 말기 단계에 해당한다.
⑤ 경력 초기 단계에 해당한다.

61

정답 ②

합리적인 의사결정 과정

1. 문제의 근원을 파악한다.
2. 의사결정 기준과 가중치를 정한다.
3. 의사결정에 필요한 정보를 수집한다.
4. 가능한 모든 대안을 탐색한다.
5. 각 대안을 분석 및 평가한다.
6. 최적안을 선택한다.
7. 의사결정 결과를 평가하고 피드백한다.

62

정답 ③

다혈질적인 면은 S사원 자신은 알고, 타인은 모르는 자신의 모습이다. 따라서 자신이 다혈질적인지 생각해볼 필요는 없으며, 자신이 가지고 있는 다혈질적인 면을 사람들과의 대인관계에 있어 어떻게 해야 할지 고민하는 것이 적절하다.

63

정답 ④

업무를 하며 문제가 생겼을 때에는 선배 또는 동료들과 대화를 하며 정보를 얻고 문제를 해결하려고 노력해야 한다.

64

정답 ②

S사원의 워크시트 중 '상사 / 동료의 지원 정도'를 보면 상사와 동료 모두 자기 업무에 바빠 업무 지침에 해당되는 업무를 지원하는 데 한계가 있다고 적혀 있다. 따라서 ②의 경우 팀원들이 조사한 만족도 조사를 받는 것은 한계가 있으므로, 업무수행 성과를 높이기 위한 전략으로 보기 어렵다.

65

정답 ②

대화를 통해 부하직원인 A씨 스스로 업무성과가 떨어지고 있고, 업무방법이 잘못되었음을 인식시켜서 이를 해결할 방법을 스스로 생각하도록 해야 한다. 이후 B팀장이 조언하며 A씨를 독려한다면, B팀장은 A씨의 자존감과 자기결정권을 침해하지 않으면서도 A씨 스스로 책임감을 느끼고 문제를 해결할 가능성이 높아지게 할 수 있다.

오답분석

① 징계를 통해 억지로 조언을 듣도록 하는 것은 자존감과 자기결정권을 중시하는 A씨에게 적절하지 않다.
③ 칭찬은 A씨로 하여금 자신의 잘못을 인식하지 못하도록 할 수 있어 적절하지 않다.
④ 자존감과 자기결정권을 중시하는 A씨에게 강한 질책은 효과적이지 못하다.
⑤ A씨가 자기 잘못을 인식하지 못한 상태로 시간만 흘러갈 수 있다.

66

정답 ②

②는 '해결할 수 있는 갈등'에 대한 설명이다. 해결할 수 있는 갈등은 목표와 욕망, 가치, 문제를 바라보는 시각과 이해하는 시각이 다를 경우에 일어날 수 있는 갈등이다.

67

정답 ②

S씨는 두 딸이 오렌지를 왜 원하는지에 대한 갈등 원인을 확인하지 못해 협상에 실패하였다. 따라서 협상하기 전에는 반드시 이해 당사자들이 가지는 갈등 원인을 파악해야 한다.

68

정답 ⑤

제시문은 과학적인 논리보다 동료나 사람들의 행동에 의해서 상대방을 설득하는 사회적 입증 전략의 사례로 가장 적절하다.

오답분석

① 상대방 이해 전략 : 상대방에 대한 이해를 바탕으로 갈등해결을 용이하게 하는 전략이다.
② 권위 전략 : 직위나 전문성, 외모 등을 활용하여 협상을 용이하게 하는 전략이다.
③ 희소성 해결 전략 : 인적・물적자원 등의 희소성을 해결함으로써 협상과정상의 갈등 해결을 용이하게 하는 전략이다.
④ 호혜 관계 형성 전략 : 서로에게 도움을 주고 받는 관계 형성을 통해 협상을 용이하게 하는 전략이다.

69

정답 ③

같은 목표로 잘하려고 했던 김대리와 최과장의 갈등의 본질과 원인을 찾아 해결하려는 박팀장의 전략은 서로의 이익에 부합되는 통합 전략에 해당된다.

갈등해결의 기본전략

배려 전략	상대방의 주장을 충족시켜 주기 위해 자신의 관심부분을 양보 또는 포기하는 것
지배 전략	자신의 이익을 위해서 공식적인 권위를 사용하여 상대방의 복종을 강요하는 것
통합 전략	서로의 이익을 모두 만족시키기 위해 갈등의 본질을 집중적으로 정확하게 파악하여 문제해결의 통합적 대안을 도출해 내는 것
회피 전략	당면한 갈등문제를 무시하거나 도외시하는 것
타협 전략	자신과 상대방이 서로의 이익을 양보하는 것

70

정답 ③

박팀장은 갈등이 드러남으로써 문제해결의 실마리를 더 빨리 공동으로 모색할 수 있는 긍정적인 효과로 이끌고 있으므로, 갈등이 부정적인 결과를 초래한다는 인식을 전제로 하고 있다고 볼 수 없다.

71

정답 ③

ㄴ. 해결하기 어려운 문제라도 피하지 말고, 해결을 위해 적극적으로 대응해야 한다.
ㄷ. 자신의 의사를 명확하게 전달하는 것이 갈등을 최소화하는 방안이다.

오답분석

ㄱ. 다른 사람의 입장을 이해하는 것은 갈등 파악의 첫 단계이므로 옳은 설명이다.
ㄹ. 생산적 의견 교환이 아닌 논쟁은 갈등을 심화시킬 수 있으므로 논쟁하고 싶은 유혹을 떨쳐내야 한다.

72

정답 ②

S부서에는 소극적이고 보신주의적인 문화가 만연해 있으며, 구체적인 성과가 없다는 문제가 있다. 이에 따라 부서의 문화를 변화시키기 위해서는 카리스마와 존경심을 통해 조직 전체에게 능동적이고 적극적으로 업무를 수행하도록 하는 변혁적 리더십이 필요하다. 또한 가시적 성과물이 보이지 않는 상태이므로 강한 통제를 통해 가시적 성과를 추구하는 독재자 유형의 리더십도 대안이 될 수 있다.

73

정답 ④

㉡·㉢ 역선택은 시장에서 거래를 할 때 주체 간 정보 비대칭으로 인해 부족한 정보를 가지고 있는 쪽이 불리한 선택을 하게 되어 경제적 비효율이 발생하는 상황을 말한다.

오답분석

㉠·㉣ 도덕적 해이와 관련된 사례이다. 도덕적 해이는 감추어진 행동이 문제가 되는 상황에서 정보를 가진 측이 정보를 가지지 못한 측의 이익에 반하는 행동을 취하는 경향을 말한다. 역선택이 거래 이전에 발생하는 문제라면, 도덕적 해이는 거래가 발생한 후 정보를 더 많이 가지고 있는 사람이 바람직하지 않은 행위를 하는 것을 말한다.

74

정답 ③

최대리의 경우 법과 규칙을 준수하는 준법 의식과 함께 부패에 빠지지 않는 자세를 가질 필요가 있다. 주어진 상황에서 필요한 공동체 윤리는 준법 의식 외에도 반부패, 법과 규칙 준수, 사회적 윤리 의식 등이며, 서비스 정신은 공동체 윤리에 해당하지 않는다.

75

정답 ③

김영란법에서 공무원이나 공공기관 임직원, 학교 교직원, 언론인 등이 일정 규모(식사대접 3만 원, 선물 5만 원, 경조사비 10만 원 상당) 이상의 금품을 받으면 직무 관련성이 없더라도 처벌한다. 주어진 상황에서 기자로 추정되는 인물들이 인당 3만 원이 넘는 식사대접을 받으려고 하기에 김영란법에 직접적으로 저촉된다.

오답분석

① 국회의원을 포함한 선출직 공직자도 적용 대상이지만, 민원 고충을 들어주는 경우를 예외로 하는 조항이 있다.
② 김영란법은 명칭은 '부정청탁 및 금품 등 수수의 금지에 관한 법률'이다.
④ 2012년 당시 국민권익위원회 위원장(김영란)이 공직사회 기강 확립을 위해 법안을 발의하여 일명 '김영란법'이라고도 한다.
⑤ 부정청탁 및 금품 등 수수의 금지에 관한 법률 제1조의 내용이다.

76

정답 ⑤

B의 행동은 정직하고 성실한 노력을 꾸준히 하는 것만으로도 성공할 수 있다는 교훈을 주고 있다. B가 항상 해오던 정직과 성실함이 성업을 이루는 밑거름이 된 것이다.

77

정답 ④

④는 불법적으로 술을 소지하고 있던 생도를 징계 대신 꾸짖음으로써 부정직을 눈감아주고 타협하는 모습을 보였다. 이는 또 다른 부정을 일으키는 결과를 가져오게 될 수 있다. 조그마한 구멍에 물이 새면 구멍이 점점 커지듯이 부정직과 타협이 결국 관행화되고, 전체에게 피해를 주는 결과를 가져오게 된다.

78

정답 ⑤

제시문의 밑줄 친 '이것'은 기업의 사회적 책임(CSR)을 말한다. 기업이 자사의 직원 복지에 투자하는 것은 기업의 사회적 책임과 관련이 없다. 사회적 책임에는 사회적 상생을 위한 투자나 지역 발전을 위한 투자 등이 해당한다.

79

정답 ④

준법을 유도하는 제도적 장치가 마련된다 하더라도 반드시 개개인의 준법 의식이 개선되는 것은 아니다. 따라서 사회의 준법 의식을 제고하기 위해서는 개개인의 의식 변화와 제도적 보완을 동시에 추진하여야 한다.

80

정답 ①

세미나 등에서 경쟁사 직원에게 신분을 속이고 질문하는 것은 비윤리적 / 합법적의 1번에 해당된다. 이는 법적으로는 문제가 되지 않는 정보획득 행위이지만, 윤리적으로는 문제가 될 수 있다.

오답분석

② 윤리적 / 합법적의 3번에 해당된다.
③ 윤리적 / 합법적의 2번에 해당된다.
④ 비윤리적 / 비합법적의 5번에 해당된다.
⑤ 비윤리적 / 비합법적의 1번에 해당된다.

서울교통공사 9호선 운영부문 고객안전직 필기시험

제4회 모의고사 정답 및 해설

01	02	03	04	05	06	07	08	09	10
④	③	②	②	③	④	①	③	①	③
11	12	13	14	15	16	17	18	19	20
③	②	②	②	②	⑤	③	⑤	③	②
21	22	23	24	25	26	27	28	29	30
⑤	①	③	④	①	②	③	⑤	②	①
31	32	33	34	35	36	37	38	39	40
③	⑤	⑤	④	①	②	⑤	②	②	③
41	42	43	44	45	46	47	48	49	50
②	⑤	③	④	②	④	④	②	④	④
51	52	53	54	55	56	57	58	59	60
③	②	③	①	①	③	④	①	③	③
61	62	63	64	65	66	67	68	69	70
①	③	③	④	①	④	②	④	③	③
71	72	73	74	75	76	77	78	79	80
④	④	③	①	①	④	④	②	②	①

01

정답 ④

마이크로비드는 잔류성 유기 오염물질을 흡착한다.

02

정답 ③

㉠의 앞부분에서는 S공사가 마닐라 신공항 사업에 참여하여 얻게 되는 이점에 대해 설명하고 있으며, 바로 앞 문장에서는 필리핀이 한국인들이 즐겨 찾는 대표적인 관광지임을 언급하고 있다. 따라서 ㉠에 들어갈 내용으로는 필리핀을 찾는 한국인 관광객들이 얻게 되는 이점과 관련된 ③이 가장 적절하다.

오답분석

①·②·⑤ 필리핀을 찾는 한국인 관광객과 관련이 없다.
④ S공사의 신공항 사업 참여로 인한 이점으로 보기 어렵다.

03

정답 ②

일그러진 달항아리, 휘어진 대들보, 삐뚜름한 대접에서 나타나는 미의식은 '형'의 어눌함을 수반하는 '상'의 세련됨이다.

04

정답 ②

수건이나 휴지 등을 덧댄 후 마스크를 사용하면 밀착력이 감소해 미세입자 차단 효과가 떨어질 수 있다.

05

정답 ③

사람은 한쪽 눈으로 얻을 수 있는 단안 단서만으로도 이전의 경험으로부터 추론에 의하여 세계를 3차원으로 인식할 수 있다. 즉, 사고로 한쪽 눈의 시력을 잃어도 남은 한쪽 눈에 맺히는 2차원의 상들은 다양한 실마리를 통해 입체 지각이 가능하다.

06

정답 ④

(라)는 기존의 문제 해결 방안이 지니는 문제점을 지적하고 있다.

07

정답 ①

미를 도덕이나 목적론과 연관시킨 톨스토이나 마르크스와 달리 칸트는 미에 대한 자율적 견해를 지녔다. 즉, 미적 가치를 도덕 등 다른 가치들과 관계없는 독자적인 것으로 본 것이다. 따라서 문학 작품을 감상할 때 다른 외부적 요소들은 고려하지 않고 작품 자체에만 주목하여 감상해야 한다는 절대주의적 관점이 이러한 칸트의 견해와 유사함을 추론할 수 있다.

08

정답 ③

제시문의 맥락상 '뒤섞이어 있음'을 의미하는 '혼재(混在)'가 적절하다.

• 잠재(潛在) : 겉으로 드러나지 않고 속에 잠겨 있거나 숨어 있음

09

정답 ①

2021년 3개 기관의 전반적 만족도의 합은 $6.9+6.7+7.6=21.2$이고, 2022년 3개 기관의 임금과 수입 만족도의 합은 $5.1+4.8+4.8=14.7$이다. 따라서 2021년 3개 기관의 전반적 만족도의 합은 2022년 3개 기관의 임금과 수입 만족도의 합의 $\frac{21.2}{14.7} \fallingdotseq 1.4$배이다.

10

정답 ③

2022년에 기업, 공공연구기관의 임금과 수입 만족도는 전년 대비 증가하였으나, 대학의 임금과 수입 만족도는 감소했으므로 옳지 않은 설명이다.

오답분석

① 2021년, 2022년 현 직장에 대한 전반적 만족도는 대학 유형에서 가장 높은 것을 확인할 수 있다.

② 2022년 근무시간 만족도에서는 공공연구기관과 대학의 만족도가 6.2로 동일한 것을 확인할 수 있다.

④ 사내분위기 측면에서 2021년과 2022년 공공연구기관의 만족도는 5.8로 동일한 것을 확인할 수 있다.

⑤ 2022년 직장유형별 근무시간에 대한 만족도의 전년 대비 감소율은 다음과 같다.

- 기업 : $\frac{6.5-6.1}{6.5} \times 100 \fallingdotseq 6.2\%$
- 공공연구기관 : $\frac{7.1-6.2}{7.1} \times 100 \fallingdotseq 12.7\%$
- 대학 : $\frac{7.3-6.2}{7.3} \times 100 \fallingdotseq 15.1\%$

따라서 2022년 근무시간에 대한 만족도의 전년 대비 감소율은 대학 유형이 15.1%로 가장 크기 때문에 옳은 설명이다.

11

정답 ③

업무 단계별 총 처리 비용을 계산하면 다음과 같다.

- 접수확인 : 500×54=27,000원
- 서류심사 : 2,000×20=40,000원
- 직무능력심사 : 1,000×38=38,000원
- 학업성적심사 : 1,500×16=24,000원
- 합격여부통지 : 400×54=21,600원

따라서 총 처리 비용이 두 번째로 큰 업무 단계는 직무능력심사이며 38,000원이다.

12

정답 ②

- 2016년 전체 관람객 : 6,688+3,355=10,043명
- 2016년 전체 관람객 중 외국인 관람객이 차지하는 비중 : $\frac{1,877}{10,043} \times 100 \fallingdotseq 18.69\%$
- 2022년 전체 관람객 : 7,456+6,259=13,715명
- 2022년 전체 관람객 중 외국인 관람객이 차지하는 비중 : $\frac{3,849}{13,715} \times 100 \fallingdotseq 28.06\%$

→ 2016년과 2022년의 전체 관람객 중 외국인 관람객이 차지하는 비중의 차 : 28.06−18.69=9.37%p

따라서 2022년의 전체 관람객 수에서 외국인 관람객이 차지한 비중이 2016년에 비해 10%p 미만으로 증가했다.

오답분석

① 2016년 외국인 관광객 수는 1,877명이고, 2022년 외국인 관광객 수는 3,849명이다. 따라서 2016년 대비 2022년 외국인 관광객 수의 증가율은 $\frac{3,849-1,877}{1,877} \times 100 \fallingdotseq 105.06\%$이다.

③ 2021년을 제외한 나머지 해의 경우 유료관람객 수가 무료관람객 수보다 많음을 확인할 수 있다.

④ 제시된 자료를 통해 알 수 있다.

⑤ 제시된 자료에 의하여 무료관람객 수는 지속적으로 증가하는 것을 알 수 있다. 2017 ~ 2022년 무료관람객 수의 전년 대비 증가 폭을 구하면 다음과 같다.

- 2017년 : 3,619−3,355=264명
- 2018년 : 4,146−3,619=527명
- 2019년 : 4,379−4,146=233명
- 2020년 : 5,539−4,379=1,160명
- 2021년 : 6,199−5,539=660명
- 2022년 : 6,259−6,199=60명

따라서 2020년의 무료관람객 수는 전년 대비 가장 많이 증가했고, 2022년의 무료관람객 수는 전년 대비 가장 적게 증가했다.

13

정답 ②

전체 1인 가구 중 서울・인천・경기의 1인 가구 비율은 $\frac{1,012+254+1,045}{5,279} \times 100 \fallingdotseq 43.78\%$이므로 옳은 설명이다.

오답분석

① 강원특별자치도의 1인 가구 비율은 $\frac{202}{616} \times 100 \fallingdotseq 32.79\%$이고, 충청북도의 1인 가구 비율은 $\frac{201}{632} \times 100 \fallingdotseq 31.80\%$이므로 강원특별자치도가 더 높다.

③ 도 지역 가구 수의 총합은 4,396+616+632+866+709+722+1,090+1,262+203=10,496천 가구이고, 서울특별시 및 광역시 가구 수는 19,017−10,496=8,521천 가구이므로 도 지역 가구 수의 총합이 더 크다.

④ 경기도를 제외한 도 지역 중 1인 가구 수가 가장 많은 지역은 경상북도이지만, 전체 가구 수가 가장 많은 지역은 경상남도이다.

⑤ 전라북도와 전라남도의 1인 가구 수 합의 2배는 (222+242)×2=928천 가구이므로 경기도의 1인 가구 수보다 적다.

14

정답 ②

7개의 팀을 두 팀씩 3개 조로 나누고, 한 팀은 부전승으로 둔다. 부전승 조가 될 수 있는 경우의 수는 7가지이고, 남은 6팀을 두 팀씩 3조로 나눌 수 있는 방법은 ${}_6C_2 \times {}_4C_2 \times {}_2C_2 \times \frac{1}{3!} = \frac{6\times5}{2} \times \frac{4\times3}{2} \times 1 \times \frac{1}{3\times2} = 15$가지이다.

3개의 조로 나눈 다음 한 개의 조가 경기 후 부전승 팀과 시합을 하는 경우를 구하면 3가지가 나온다. 따라서 7개의 팀이 토너먼트로 경기를 할 수 있는 경우의 수는 $7\times15\times3=315$가지이다.

15

정답 ②

5월 10일의 가격을 x원이라고 하고, x값을 포함하여 평균을 구하면 $\frac{400+500+300+x+400+550+300}{7}=400$과 같으므로

$x+2,450=2,800$

→ $x=2,800-2,450$

∴ $x=350$

16

정답 ⑤

2022년 지진발생 횟수의 2021년 대비 증가율이 가장 큰 지역은 6배 증가한 광주・전남이다. 지진발생 횟수가 전년 대비 증가한 지역만 보면 전북은 2배, 북한은 $\frac{25}{23}\fallingdotseq1.09$배, 서해는 $\frac{19}{6}\fallingdotseq3.17$배, 남해는 $\frac{18}{11}\fallingdotseq1.64$배, 동해는 $\frac{20}{16}=1.25$배 증가하였다. 따라서 2022년 전년 대비 지진발생 횟수의 증가율이 광주・전남 다음으로 두 번째로 높은 지역은 서해이다.

오답분석

① 연도별로 전체 지진발생 횟수 중 가장 많은 비중을 차지하는 지역은 해당연도에 지진발생 횟수가 가장 많은 지역이다. 지진발생 횟수가 가장 많은 지역은 2020년은 남해, 2021년과 2022년은 대구・경북으로 서로 다르다.

② 전체 지진발생 횟수 중 북한의 지진발생 횟수가 차지하는 비중은 2021년에 $\frac{23}{252}\times100=9.1\%$, 2022년에 $\frac{25}{223}\times100\fallingdotseq11.2\%$이다. 따라서 $11.2-9.1=2.1\%$p로, 5%p 미만 증가하였다.

③ 2020년 전체 지진발생 횟수 중 대전・충남・세종이 차지하는 비중은 $\frac{2}{44}\times100\fallingdotseq4.5\%$로, 2021년 전체 지진발생 횟수 중 동해가 차지하는 비중인 $\frac{16}{252}\times100\fallingdotseq6.3\%$보다 작다.

④ 전체 지진발생 횟수 중 수도권에서의 지진발생 횟수가 차지하는 비중을 분수로 나타내면 2020년에 $\frac{1}{44}$, 2021년에 $\frac{1}{252}$, 2022년에 $\frac{1}{223}$로 분자는 1로 동일하면서 분모는 2021년에 전년 대비 커졌다가 2022년에는 전년 대비 감소하였다. 따라서 2021년에는 비중이 전년 대비 감소하고, 2022년에는 비중이 전년 대비 증가했다.

17

정답 ③

먼저 이슈 분석은 현재 수행하고 있는 업무에 가장 큰 영향을 미치는 핵심이슈 설정, 이슈에 대한 일시적인 결론을 예측해 보는 가설 설정, 가설검증계획에 의거하여 분석결과를 이미지화하는 Output 이미지 결정의 절차를 거쳐 수행된다. 다음으로 데이터 분석은 목적에 따라 데이터 수집 범위를 정하는 데이터 수집계획 수립, 정량적이고 객관적인 사실을 수집하는 데이터 수집, 수집된 정보를 항목별로 분류・정리한 후 의미를 해석하는 데이터 분석의 절차를 거쳐 수행된다. 마지막으로 원인 파악 단계에서는 이슈와 데이터 분석을 통해서 얻은 결과를 바탕으로 최종 원인을 확인한다. 따라서 원인 분석 단계는 ⓒ → ⓜ → ⓐ → ⓑ → ⓗ → ⓓ의 순서로 진행된다.

18

정답 ⑤

A를 기준으로 A의 진술이 참인 경우와 A의 진술이 거짓인 경우가 있는데, 만약 A의 진술이 거짓이라면 B와 C가 모두 범인인 경우와 B와 C가 모두 범인이 아닌 경우로 나눌 수 있고, A의 진술이 참이라면 B가 범인인 경우와 C가 범인인 경우로 나눌 수 있다.

- A의 진술이 거짓이고, B와 C가 모두 범인인 경우 : B, C, D, E의 진술이 모두 거짓이 되어 5명이 모두 거짓말을 한 것이 되므로 조건에 어긋난다.
- A의 진술이 거짓이고, B와 C가 모두 범인이 아닌 경우 : B의 진술이 참이 되므로 C, D, E 중 1명만 거짓, 나머지는 참을 말한 것이 되어야 한다. C가 참이면 E도 반드시 참, C가 거짓이면 E도 반드시 거짓이므로 D가 거짓, C, E가 참을 말하는 것이 되어야 한다. 따라서 D와 E가 범인이 된다.
- A의 진술이 참이고, B가 범인인 경우 : B의 진술이 거짓이 되기 때문에 C, D, E 중 1명의 진술만 거짓, 나머지 진술은 참이 되어야 하므로 C, E의 진술이 참, D의 진술이 거짓이 된다. 따라서 B와 E가 범인이 된다.
- A의 진술이 참이고, C가 범인인 경우 : B의 진술이 참이 되기 때문에 C, D, E 중 1명의 진술만 참, 나머지 진술은 거짓이 되어야 하므로 C, E의 진술이 거짓, D의 진술이 참이 된다. 따라서 범인은 A와 C가 된다.

따라서 동시에 범인이 될 수 있는 사람을 나열한 것은 ⑤이다.

19

정답 ③

최은빈을 제외한 대학 졸업자 중 (서류점수)+(필기시험 점수)+(개인 면접시험 점수)를 구하면 다음과 같다.

- 이선빈 : $84+86+35=205$점
- 유미란 : $78+88+32=198$점
- 김지은 : $72+92+31=195$점
- 이유리 : $92+80+38=210$점

따라서 이선빈과 이유리가 경영지원실에 채용된다.

경영지원실 채용 후 나머지 세 사람(유미란, 김지은, 최은빈)의 그룹 면접시험 점수와 영어시험 점수 합을 구하면 다음과 같다.

• 유미란 : 38+80=118점
• 김지은 : 40+77=117점
• 최은빈 : 39+78=117점
따라서 유미란이 기획조정실에 채용되어 불합격자는 김지은, 최은빈이 된다.

20 정답 ②

변경된 직원 채용 규정에 따른 환산점수를 계산하면 다음과 같다.
• 이선빈 : (84×0.5)+86+35=163점
• 유미란 : (78×0.5)+88+38=165점
• 김지은 : (72×0.5)+92+40=168점
• 최은빈 : (80×0.5)+82+40=162점
• 이유리 : (92×0.5)+80+38=164점
따라서 가장 점수가 낮은 응시자 2명인 이선빈, 최은빈이 불합격자가 된다.

21 정답 ⑤

㉢에는 약점을 보완하여 위협에 대비하는 WT전략이 들어가야 한다. ⑤의 전략은 풍부한 자본, 경영상태라는 강점을 이용하여 위협에 대비하는 ST전략이다.

오답분석

① ㉠(WO전략) : 테크핀 기업과의 협업 기회를 통해 경영 방식을 배워 시중은행의 저조한 디지털 전환 적응력을 개선하려는 것이므로 적절하다.
② ㉠(WO전략) : 테크핀 기업과 협업을 하며, 이러한 혁신기업의 특성을 파악해 발굴하고 적극적으로 대출을 운영함으로써 전당포식의 소극적인 대출 운영이라는 약점을 보완할 수 있다는 것으로 적절하다.
③ ㉡(ST전략) : 오프라인 인프라가 풍부하다는 강점을 이용하여, 점유율을 높이고 있는 기업들에 대해 점유율 방어를 하고자 하는 전략이므로 적절하다.
④ ㉢(WT전략) : 디지털 문화에 소극적인 문화를 혁신하여 디지털 전환 속도를 높임으로써 테크핀 및 핀테크 기업의 점유율 잠식으로부터 방어하려는 내용이므로 적절하다.

22 정답 ①

네 번째 조건에 따라 K팀장은 토마토 파스타, S대리는 크림 리소토를 주문한다. 이때, L과장은 다섯 번째 조건에 따라 토마토 리소토나 크림 리소토를 주문할 수 있는데, 만약 L과장이 토마토 리소토를 주문한다면, 두 번째 조건에 따라 M대리는 토마토 파스타를 주문해야 하고, 사원들은 둘 다 크림소스가 들어간 메뉴를 주문할 수밖에 없으므로 조건과 모순이 된다. 따라서 L과장은 크림 리소토를 주문했다. 다음으로 사원 2명 중 1명은 크림 파스타, 다른 한 명은 토마토 파스타나 토마토 리소토를 주문해야 하는데, H사원이 파스타면을 싫어하므로 J사원이 크림 파스타, H사원이 토마토 리소토, M대리가 토마토 파스타를 주문했다. 다음으로 일곱 번째 조건에 따라 J사원이 사이다를 주문하였고, H사원은 J사원과 다른 음료를 주문해야 하지만 여덟 번째 조건에 따라 주스를 함께 주문하지 않으므로 콜라를 주문했다. 또한 여덟 번째 조건에 따라 주스를 주문한 사람은 모두 크림소스가 들어간 메뉴를 주문한 사람이어야 하므로 S대리와 L과장이 주스를 주문했다. 마지막으로 여섯 번째 조건에 따라 M대리는 사이다를 주문하고, K팀장은 콜라를 주문했다. 이를 표로 정리하면 다음과 같다.

구분	K팀장	L과장	S대리	M대리	H사원	J사원
토마토 파스타	○			○		
토마토 리소토					○	
크림 파스타						○
크림 리소토		○	○			
콜라	○				○	
사이다				○		○
주스		○	○			

따라서 사원들 중 주스를 주문한 사람은 없다.

23 정답 ③

22번의 결과로부터 S대리와 L과장은 모두 주스와 크림 리소토를 주문했다.

24 정답 ④

다섯 번째 조건에 따라 C항공사는 가장 앞 번호인 1번 부스에 위치하며, 세 번째 조건에 따라 G면세점과 H면세점은 양쪽 끝에 위치한다. 이때 네 번째 조건에서 H면세점 반대편에는 E여행사가 위치한다고 하였으므로 5번 부스에는 H면세점이 위치할 수 없다. 따라서 5번 부스에는 G면세점이 위치한다. 또한 첫 번째 조건에 따라 같은 종류의 업체는 같은 라인에 위치할 수 없으므로 H면세점은 G면세점과 다른 라인인 4번 부스에 위치하고, 네 번째 조건에 따라 4번 부스 반대편인 8번 부스에는 E여행사가, 4번 부스 바로 옆인 3번 부스에는 F여행사가 위치한다. 나머지 조건에 따라 부스의 위치를 정리하면 다음과 같다.

• 경우 1

C항공사	A호텔	F여행사	H면세점
복도			
G면세점	B호텔	D항공사	E여행사

• 경우 2

C항공사	B호텔	F여행사	H면세점
복도			
G면세점	A호텔	D항공사	E여행사

따라서 항상 참이 되는 것은 ④이다.

25

정답 ①

브레인스토밍에서는 어떠한 내용의 발언이라도 그에 대한 비판을 해서는 안 되는 것이 규칙이다.

브레인스토밍 규칙
- 다른 사람이 아이디어를 제시할 때에는 비판하지 않는다.
- 문제에 대한 제안은 자유롭게 이루어질 수 있다.
- 아이디어는 많이 나올수록 좋다.
- 모든 아이디어들이 제안되고 나면 이를 결합하고 해결책을 마련한다.

26

정답 ②

S기업은 기존에 수행하지 않던 해외 판매 업무가 추가될 것이므로 그것에 따른 해외영업팀 등의 조직 신설이 필요하다. 해외에 공장 등의 조직을 보유하게 되므로 이를 관리하는 해외 관리 조직이 필요하며, 물품의 수출에 따른 통관 업무를 담당하는 통관물류팀, 외화 대금 수취 및 해외 조직으로부터의 자금 이동 관련 업무를 담당할 외환업무팀, 국제 거래상 발생하게 될 해외 거래 계약 실무를 담당할 국제법무 조직 등이 필요하다. 그러나 기업회계팀은 S기업의 해외 사업과 상관없이 기존 회계를 담당하는 조직이다.

27

정답 ③

㉠ 자신뿐만 아니라 타인도 알고 있는 공개된 자아에 해당한다.
㉡ 스스로는 알고 있지만 타인이 모르는 숨겨진 자아에 해당한다.
㉢ 자신은 모르지만 타인이 알고 있는 눈먼 자아에 해당한다.

조해리의 창(Johari's Window)

구분	자신이 안다	자신이 모른다
타인이 안다	공개된 자아	눈먼 자아
타인이 모른다	숨겨진 자아	아무도 모르는 자아

28

정답 ⑤

ㄱ. 세계화는 조직구성원들의 근무환경 등 개인 삶에도 직·간접적으로 영향을 주므로 구성원들은 의식 및 태도, 지식습득에 있어서 적응이 필요하다. 따라서 기업의 대외적 경영 측면뿐 아니라 대내적 관리에도 영향을 준다.
ㄷ. 이문화 이해는 언어적 소통 및 비언어적 소통, 문화, 정서의 이해를 모두 포괄하는 개념이다. 따라서 이문화 이해가 곧 언어적 소통이 되는 것이 아니다.
ㄹ. 문화란 장시간에 걸쳐 무의식적으로 형성되는 영역으로, 단기간에 외국문화를 이해하는 것은 한계가 있기 때문에 지속적인 학습과 노력이 요구된다.

오답분석

ㄴ. 대상국가의 법규 및 제도 역시 기업이 적응해야 할 경영환경이다.

29

정답 ②

- (가) : 여름과 겨울에 일정하게 매출이 증가함으로써 일정 주기를 타고 성장, 쇠퇴를 거듭하는 패션형이 적절하다.
- (나) : 매출이 계속 성장하는 모습을 보여줌으로써 연속성장형이 적절하다.
- (다) : 광고 전략과 같은 촉진활동을 통해 매출이 상승함으로써 주기·재주기형이 적절하다
- (라) : 짧은 시간에 큰 매출 효과를 가졌으나 며칠이 지나지 않아 매출이 급감함을 볼 때, 패드형이 적절하다.

30

정답 ①

S사가 안전과 가격, 디자인 면에서 호평을 받으며 미국시장의 최강자가 될 수 있었던 요인은 OEM 방식을 활용할 수도 있었지만 내실 경영 및 자기 브랜드를 고집한 대표이사의 선택으로, 개별 도매상들을 상대로 직접 물건을 판매하고 평판 좋은 도매상들과 유대관계를 강화하는 등 단단한 유통망을 갖추었기 때문이다.

31

정답 ③

S사가 평판이 좋은 중소규모 도매상을 선정해 유대관계를 강화한 곳은 미국시장이었다.

32

정답 ⑤

S사는 해외 진출 시 분석을 위해 공급능력 확보를 위한 방안, 현지 시장의 경쟁상황이나 경쟁업체에 대한 차별화 전략으로 인한 제품 가격 및 품질향상, 시장점유율 등을 활용하였다.

33

정답 ⑤

제시문에서 '응용프로그램과 데이터베이스를 독립시킴으로써 데이터가 변경되더라도 응용프로그램은 변경되지 않는다.'고 하였다. 따라서 '데이터 논리적 의존성'이 아니라 '데이터 논리적 독립성'이 적절하다.

오답분석

① '여러 명의 사용자가 동시에 공유가 가능하고'라는 부분에서 동시 공유가 가능함을 알 수 있다.
② '대량의 데이터는 사용자의 질의에 대한 신속한 응답 처리를 가능하게 한다.'는 내용이 실시간 접근성에 해당한다.
③ '삽입·삭제·수정·갱신 등을 통해 항상 최신의 데이터를 유동적으로 유지할 수 있으며'라는 내용을 통해 데이터베이스는 그 내용을 변화시키면서 계속적인 진화를 하고 있음을 알 수 있다.
④ '각 데이터를 참조할 때는 사용자가 요구하는 내용에 따라 참조가 가능함'이라는 부분에서 내용에 의한 참조인 것을 알 수 있다.

34 정답 ④

오답분석

ㄴ. 임베디드 컴퓨팅(Embedded Computing) : 제품에서 특정 작업을 수행할 수 있도록 탑재되는 솔루션이나 시스템이다.

ㅁ. 노매딕 컴퓨팅(Nomadic Computing) : 네트워크의 이동성을 극대화하여 특정 장소가 아닌 어디서든 컴퓨터를 사용할 수 있게 하는 기술이다.

35 정답 ①

「=MID(데이터를 참조할 셀 번호,왼쪽을 기준으로 시작할 기준 텍스트,기준점을 시작으로 가져올 자릿수)」로 표시되기 때문에 「=MID(B2,5,2)」가 옳다.

36 정답 ②

오답분석

① RFID : 무선인식이라고도 하며, 반도체 칩이 내장된 태그, 라벨, 카드 등의 저장된 데이터를 무선주파수를 이용하여 비접촉으로 읽어내는 인식시스템이다.

③ 이더넷(Ethernet) : 가장 대표적인 버스 구조 방식의 근거리 통신망(LAN) 중 하나이다.

④ 유비쿼터스 센서 네트워크(USN; Ubiquitous Sensor Network) : 첨단 유비쿼터스 환경을 구현하기 위한 근간으로, 각종 센서에서 수집한 정보를 무선으로 수집할 수 있도록 구성한 네트워크를 가리킨다.

⑤ M2M : Machine-to-Machine으로 모든 사물에 센서와 통신 기능을 달아 정보를 수집하고 원격 제어하는 통신체계를 말한다.

37 정답 ⑤

통합형 검색 방식은 검색 엔진 자신만의 데이터베이스를 구축하여 관리하는 방식이 아니라, 사용자가 입력하는 검색어들을 연계된 다른 검색 엔진에 보내고, 이를 통하여 얻은 검색 결과를 사용자에게 보여 주는 방식을 사용한다.

오답분석

① 키워드 검색 방식 : 키워드가 불명확하게 입력된 경우에는 검색 결과가 너무 많아 효율적인 검색이 어려울 수 있는 단점이 있다.

② 키워드 검색 방식 : 사용자 입장에서는 키워드만을 입력하여 정보 검색을 간단히 할 수 있다는 장점이 있다.

③ 주제별 검색 방식 : 인터넷상에 존재하는 웹 문서들을 주제별, 계층별로 정리하여 데이터베이스를 구축한 후 이용하는 방식이다.

④ 통합형 검색 방식 : 키워드 검색 방식과 같이 검색어에 기반해 자료를 찾아주는 방식이다.

38 정답 ②

정보처리는 기획 – 수집 – 관리 – 활용 순서로 이루어진다.

오답분석

① 전략적 기획은 정보수집의 첫 단계로서 정보처리 과정 전반에 필요한 전략적 계획수립 단계이다.

③ 다양한 정보원으로부터 합목적적 정보를 수집하는 것이 좋다.

④ 정보 관리 시 고려요소 3가지는 목적성, 용이성, 유용성이다.

⑤ 정보윤리가 강조되고 있는 만큼, 합목적성과 합법성을 모두 고려해야 한다.

39 정답 ②

'디스크 정리' 프로그램은 불필요한 프로그램을 제거함으로써 하드디스크 용량을 확보해 주는 프로그램이다. PC에 하드가 인식하지 않는 상태에서는 윈도우를 활용할 수 없으므로, 윈도우의 '디스크 정리' 프로그램은 사용할 수 없다.

40 정답 ③

주어진 메일 내용에서 검색기록 삭제 시 기존에 체크되어 있는 항목 외에도 모든 항목을 체크하라고 되어 있으나, 괄호 안에 '즐겨찾기 웹 사이트 데이터 보존 부분은 체크 해제할 것'이라고 명시되어 있으므로 모든 항목을 체크하는 행동은 적절하지 못하다.

41 정답 ②

시간계획을 세울 때 한정된 시간을 효율적으로 활용하기 위해서는 명확한 목표를 설정하는 것이다. 명확한 목표를 설정하면 일이 가진 중요성과 긴급성을 바탕으로 일의 우선순위를 정하고, 그 일들의 예상 소요시간을 적어본다. 그리고 시간 계획서를 작성하면 보다 효율적인 시간계획으로 일을 처리할 수 있다. 따라서 순서는 (나) → (가) → (라) → (다)이다.

42 정답 ⑤

선택지에 해당되는 교통편의 비용을 계산해보면 다음과 같다.

① 대형버스 1대 : 500,000원

② 소형버스 1대+렌터카 1대 : 200,000+130,000=330,000원

③ 소형버스 1대+택시 1대 :
200,000+(120,000×2)=440,000원

④ 렌터카 3대 : (80,000×3×0.95)+(50,000×3)=378,000원

⑤ 대중교통 13명 : 13,400×13×2×0.9=313,560원

따라서 다섯 가지 교통편 조합 중 가장 저렴한 방법은 13명이 대중교통을 이용하는 것이다.

43

정답 ③

월요일에는 늦지 않게만 도착하면 되므로, 서울역에서 8시에 출발하는 KTX를 이용한다. 수요일에는 최대한 빨리 와야 하므로, 사천공항에서 19시에 출발하는 비행기를 이용한다.

따라서 소요되는 교통비는 65,200(∵ '서울 – 사천' KTX 비용)+22,200(∵ '사천역 – 사천연수원' 택시비)+21,500(∵ '사천연수원 – 사천공항' 택시비)+[93,200(∵ '사천 – 서울' 비행기 비용)×0.9]=192,780원이다.

44

정답 ④

인맥관리카드는 자신의 주변에 있는 인맥에 대해 관리카드를 작성하여 관리하는 것으로, 모두를 하나의 인맥관리카드에 작성하는 것보다 핵심인맥과 파생인맥을 구분해 작성하는 것이 효과적이다.

오답분석

① SNS상 정기적인 연락을 통해 인맥을 관리할 수 있다.
② NQ(Network Quotient)는 인맥 지수를 의미하며, 다른 사람들의 경조사에 참석함으로써 인맥을 관리할 수 있다.
③ 인맥을 키워나가기 위해서는 인맥 지도 그리기를 통해 가장 먼저 자신의 현재 인맥 상태를 점검해 보는 것이 좋다.
⑤ 명함을 효과적으로 관리하기 위해서는 명함에 상대에 대한 구체적인 정보들을 적어두는 것이 좋다.

45

정답 ②

- (하루 1인당 고용비)=(1인당 수당)+(산재보험료)+(고용보험료)
  =50,000+(50,000×0.00504)+(50,000×0.013)
  =50,000+252+650=50,902원
- (하루에 고용할 수 있는 인원 수)=[(본예산)+(예비비)]÷(하루 1인당 고용비)=600,000÷50,902≒11.8명

따라서 하루 동안 고용할 수 있는 최대 인원은 11명이다.

46

정답 ④

적절한 수준의 여분을 두는 것은 사용 중인 물품의 파손 등 잠재적 위험에 즉시 대응할 수 있어 생산성을 향상시킬 수 있다.

오답분석

① 물품의 분실 사례에 해당한다. 물품의 분실은 훼손과 마찬가지로 물품을 다시 구입해야 하므로 경제적인 손실을 가져올 수 있다.
② 물품의 훼손 사례에 해당한다. 물품을 제대로 관리하지 못하여 새로 구입해야 한다면 경제적인 손실이 발생할 수 있다.
③ 분명한 목적 없이 물품을 구입한 사례에 해당한다. 분명한 목적 없이 물품을 구입한 경우 관리가 소홀해지면서 분실, 훼손의 위험이 커질 수 있다.
⑤ 보관 장소를 파악하지 못한 사례에 해당한다. 물품의 위치를 제대로 파악하지 못한다면, 물품을 찾는 시간이 지체되어 어려움을 겪을 수 있다.

47

정답 ④

ㄴ. 한 업체의 입찰가격에 따른 점수는 다른 업체의 입찰가격과 상관되어 연동되므로 올바른 판단이라고 할 수 없다. 즉, A가 4억 원으로 입찰했을 경우 다른 업체가 둘 다 4억 원 이상으로 입찰했다면 A업체는 20점을 받을 수 있는데, 3억 5천만 원으로 입찰했을 경우 나머지 둘 중 하나가 3억 원에 입찰했다면 17점밖에 얻지 못하기 때문이다. 따라서 추정가격의 80% 미만으로 입찰한다고 해도 더 낮은 입찰가격을 제시하는 업체의 입찰가격 평가점수가 더 높다.

ㄷ. B업체의 입찰가격은 추정가격의 80%이므로 C업체의 입찰가격과 상관없이 A업체는 B업체보다 2점 더 높기 때문에 A업체가 우선협상 대상자가 된다.

오답분석

ㄱ. 기술능력 평가 점수는 B업체가 70점으로 가장 높기 때문에 B업체가 추정가격의 60% 미만으로 입찰하면 B업체가 우선협상 대상자가 된다.

48

정답 ②

각국에서 출발한 직원들이 국내(대한민국)에 도착하는 시간을 계산하기 위해서는 먼저 시차를 구해야 한다. 동일 시점에서의 각국의 현지 시각을 살펴보면 국내의 시각이 가장 빠르다는 점을 알 수 있다. 즉, 국내의 현지 시각을 기준으로 각국의 현지 시각을 빼면 시차를 구할 수 있다. 이때 시차는 계산 편의상 24시를 기준으로 한다.

구분	계산식	시차
대한민국 ~ 독일	4일 06:20−3일 23:20	7시간
대한민국 ~ 인도	4일 06:20−4일 03:50	2시간 30분
대한민국 ~ 미국	4일 06:20−3일 17:20	13시간

각국의 직원들이 국내에 도착하는 시간은 출발지 기준 이륙시각에서 비행시간과 시차를 더하여 구할 수 있다. 계산 편의상 24시 기준으로 한다.

구분	계산식	대한민국 도착 시각
독일	4일 16:20+11:30+7:00	5일 10:50
인도	4일 22:10+08:30+2:30	5일 09:10
미국	4일 07:40+14:00+13:00	5일 10:40

따라서 인도에서 출발하는 직원이 가장 먼저 도착하고, 미국, 독일의 순서로 도착하는 것을 알 수 있다.

49

정답 ④

영상이 희미한 경우 리모컨 메뉴창의 초점 조절 기능을 이용하여 초점을 조절하거나, 투사거리가 초점에서 너무 가깝거나 멀리 떨어져 있지는 않은지 확인해야 한다.

오답분석

① 화면 잔상은 일정시간 정지된 영상을 지속적으로 표시하면 나타날 수 있다. 제품 및 리모컨의 배터리 충전 상태와는 무관하다.
② 메뉴가 선택되지 않을 때는 메뉴의 글자가 회색으로 나와 있지 않은지 확인해야 한다. 외부기기 연결 상태 확인은 외부기기가 선택되지 않을 때의 조치사항이다.
③ 이상한 소리가 계속해서 날 경우 사용을 중지하고 서비스센터로 문의해야 한다. 제품 배터리 충전 상태 확인은 전원이 들어오지 않거나 화면이 나오지 않을 때 취할 수 있는 조치이다.
⑤ 전원이 자동으로 꺼지는 것은 제품을 20시간 지속 사용하여 전원이 자동 차단된 것으로 확인할 수 있다. 발열이 심한 경우는 화면이 나오지 않는 증상의 원인이다.

50 정답 ④

에밀리의 수평이 맞지 않으면 제품의 진동에 의해 소음이 발생된다. 따라서 진동에 의한 소음이 발생하면 수평을 맞추어야 한다.

51 정답 ③

건조처리 전에 지저분하게 음식물 속에서 이물질을 골라낼 필요가 없으며, 완전 건조 후 이물질을 편하게 골라내면 된다.

52 정답 ②

사용설명서를 통해 에밀리가 작동되지 않는 경우는 음식물이 건조기 상단의 'MAX'라고 표기된 선을 넘길 경우임을 알 수 있다. 따라서 음식물 양을 줄이는 것이 적절하다.

오답분석

① 전원램프를 확인했으므로 전원코드에는 이상이 없다.
⑤ 버튼의 램프가 켜지지 않는 경우의 해결 방법이다.

53 정답 ③

기술능력이 뛰어난 사람은 기술적 해결에 대한 효용성을 평가한다.

기술능력이 뛰어난 사람
- 실질적 해결을 필요로 하는 문제를 인식한다.
- 인식된 문제를 위해 다양한 해결책을 개발하고 평가한다.
- 실제적 문제를 해결하기 위해 지식이나 기타 자원을 선택하고 최적화시키며 적용한다.
- 주어진 한계 속에서 그리고 제한된 자원을 가지고 일한다.
- 기술적 해결에 대한 효용성을 평가한다.
- 여러 상황 속에서 기술의 체계와 도구를 사용하고 배울 수 있다.

54 정답 ①

기술혁신 과정의 핵심적인 역할
아이디어 창안, 챔피언, 프로젝트 관리, 정보 수문장, 후원

55 정답 ①

제품 매뉴얼은 제품의 설계상 결함이나 위험 요소를 대변해서는 안 된다.

56 정답 ③

A씨는 3번을 눌러 은행 잔액을 조회한 후, 6번을 눌러 거래내역을 확인하고 송금 내역을 알았다. 그리고 0번을 눌러 상담사에게 문의한 후에 1번을 눌러 보이스 피싱 피해 신고를 접수하였다.

57 정답 ④

사회적 입증 전략이란 사람은 과학적 이론보다 자신의 동료나 이웃의 말이나 행동에 의해서 쉽게 설득된다는 것과 관련된 전략이다.

오답분석

① See Feel Change 전략 : 시각화하고 직접 보게 하여 이해시키고(See), 스스로가 느끼게 하여 감동시키며(Feel), 이를 통해 상대방을 변화시켜(Change) 설득에 성공한다는 전략이다.
② 호혜 관계 형성 전략 : 협상당사자 간에 어떤 혜택들을 주고받은 관계가 형성되어 있으면 그 협상과정상 갈등해결에 용이하다는 것이다.
③ 헌신과 일관성 전략 : 협상당사자 간에 기대하는 바에 일관성 있게 헌신적으로 부응하여 행동하게 되면 협상과정상 갈등해결이 용이하다는 것이다.
⑤ 희소성 해결 전략 : 인적 자원, 물적 자원 등의 희소성을 해결하는 것이 협상과정상 갈등해결에 용이하다는 것이다.

58 정답 ①

일반적 직업의 의미에서 직업은 경제적 보상받는 일이므로 예솔이의 이야기는 적절하지 않다.

일반적 직업의 의미
- 직업은 경제적 보상을 받는 일이다.
- 직업은 노력이 소용되는 일이다.
- 직업은 계속적으로 수행하는 일이다.
- 직업은 사회적 효용성이 있는 일이다.
- 직업은 생계를 유지하는 일이다.

59 정답 ③

경력개발 계획 수립 과정

- 직무정보 탐색 : 관심 직무에 대한 모든 정보를 알아내는 단계이다.
- 자신과 환경이해 : 자기인식 관련 워크숍 참여 등의 자기 탐색과 경력 상담 회사·기관을 방문하는 등의 환경 탐색이 이루어지는 단계이다.
- 경력목표 설정 : 하고 싶은 일과 이를 달성하기 위해 어떻게 능력을 개발해야 하는지에 대하여 단계별 목표를 설정한다.
- 경력개발 전략수립 : 경력목표를 달성하기 위한 활동계획을 수립한다.
- 실행 및 평가 : 전략에 따라 목표달성을 위해 실행하고 도출된 결과를 검토·수정한다.

60 정답 ③

구체적인 일정은 월간 계획 → 주간 계획 → 1일 계획의 순서로 작성한다. 월간 계획은 보다 장기적인 관점에서 계획하고 준비해야 될 일을 작성하며, 주간 계획은 우선순위가 높은 일을 먼저 하도록 계획을 세우고, 1일 계획은 이를 보다 자세하게 시간 단위로 작성한다.

61 정답 ①

자기관리는 자신의 목표성취를 위해 자신의 행동과 자신의 업무수행을 관리하고 조정하는 것이다. 따라서 (가) 자기관리 계획, (마) 업무의 생산성 향상 방안, (아) 대인관계 향상 방안이 자기관리에 해당하는 질문으로 적절하다.

오답분석

- (나), (라), (자) : 자아인식에 해당하는 질문이다.
- (다), (바), (사) : 경력개발에 해당하는 질문이다.

62 정답 ③

S씨의 자기개발을 방해하는 장애요인은 욕구와 감정이다. 이와 비슷한 사례는 회식과 과음으로 인해 자기개발을 못한 C이다.

자기개발을 방해하는 장애요인

- 욕구와 감정
- 제한적인 사고
- 문화적인 장애
- 자기개발 방법의 무지

63 정답 ③

직장인들이 지속적으로 현 분야 또는 새로운 분야에 대해 공부하는 것은 자기개발의 일환으로, 이는 회사의 목표가 아닌 자신이 달성하고자 하는 목표를 성취하기 위해 필요하다.

64 정답 ④

전혀 새로운 일을 탐색하더라도 현재의 직무상황과 이에 대한 만족도가 자기개발 계획을 수립하는 데 중요한 역할을 담당하므로, 현 직무를 담당하는 데 필요한 능력과 이에 대한 자신의 수준, 개발해야 할 능력, 관련된 적성 등을 고려해야 한다.

65 정답 ①

최대리는 판단과 사고를 리더에 의존하고, 지시가 있어야만 행동하는 수동형 멤버십에 해당한다. 따라서 리더의 시각으로 볼 때 수행하는 업무가 미진하고, 업무 수행에 감독이 필요하다고 판단할 수 있다.

오답분석

ㄷ·ㄹ. 냉소적이고 고집이 센 것은 소외형 멤버십에 대한 동료의 시각에 해당한다.

66 정답 ④

사소한 것에 트집을 잡는 트집형 고객이다. 이에 대한 대응 방안은 이야기를 경청하고, 맞장구치고, 추켜세우고, 설득하는 것이다.

67 정답 ②

대인관계능력이란 직장생활에서 협조적인 관계를 유지하고, 조직 구성원들에게 도움을 줄 수 있으며, 조직 내부 및 외부의 갈등을 원만히 해결하고 고객의 요구를 충족시켜 줄 수 있는 능력이다. B의 경우, 신입직원의 잘한 점을 칭찬하지 않고 못한 점만을 과장하여 지적한 점은 신입직원의 사기를 저하할 수 있고, 신입직원과 보이지 않는 벽이 생길 수 있으므로 좋은 대인관계능력이라고 할 수 없다. F의 경우, 인간관계를 형성할 때 가장 중요한 요소는 무엇을 말하느냐, 어떻게 행동하느냐보다 개인의 사람됨이다. 만약 그 사람의 말이나 행동이 깊은 내면에서가 아니라 피상적인 인간관계 기법이나 테크닉에서 나온다면, 상대방도 곧 그 사람의 이중성을 감지하게 된다. 따라서 효과적인 상호의존성을 위해 필요한 상호신뢰와 교감, 관계를 만들 수도 유지할 수도 없게 된다.

68 정답 ④

고객을 방문하는 경우에는 방문하기 전 전화로 방문 목적을 알리고 고객이 편리한 시간에 약속한 후 방문해야 한다.

69 정답 ③

고객이 전화하였을 경우, 문의사항은 가급적 처음 받는 직원이 답변하도록 되어 있으나 정확한 정보 안내를 위해 다른 직원에게 연결해야 할 때는 양해를 구한 후 담당직원의 소속, 성명 및 전화번호를 알려드린 뒤 연결해야 한다. 하지만 B사원은 고객이 직접 연결하도록 처리하였으므로 적절하지 않다.

70
정답 ③

A사원에게 현재의 행동이 징계의 원인이 될 수 있다는 점과 새로운 직원이 채용될 수 있다는 점을 알리기보다는 그에게 맞는 새로운 업무를 맡겨서 업무 속도를 변화시키도록 유도하는 것이 효과적인 동기부여 방법으로 볼 수 있다. 처벌·두려움 등의 방법은 일에 대한 동기부여보다 상대방으로 하여금 일의 외부적인 요인에 더 주의를 기울이게 하며, 나아가 편법을 사용하는 등 업무 성과에 악조건으로 작용할 수 있다.

71
정답 ④

바람직한 인간관계를 유지하기 위해 선배를 존중하는 태도가 매우 중요하며, 선배의 지도를 받고 그것이 자기 생각과 다르다고 하더라도 처음에는 기존 방법에 따라 일을 처리하고, 자신이 상당한 책임을 가지고 업무를 수행할 수 있게 되었을 때 개선을 시도하는 것이 좋다. 제시문의 비서실장과 선배 비서는 엄연한 회사의 상사로 대해야 한다. 이런 직속 상사 간의 갈등관계를 사장에게 직접 보고하는 등의 행동은 적절하지 않다.

72
정답 ④

완화(Smoothing)

갈등해소 방법의 하나로, 당사자들의 차이를 축소해석하고 유사성이나 공동이익을 강조하는 방법이다.

73
정답 ③

담당자가 자리를 비운 경우 메모를 남겨 전달해야 하며 개인신상정보는 노출하지 말아야 한다.

오답분석

① 부재 시 전화를 당겨 받는다.
② 처음에 회사명과 부서명, 이름을 밝힌 뒤 용건을 확인한다.
④ 상대방의 용건과 성명을 메모로 남긴다.
⑤ 용건을 물어본 후 간단한 용건일 경우 대신 처리할 수 있으면 처리한다.

74
정답 ①

전화를 받으면 회사명과 부서명, 이름을 밝힌 뒤 용건을 확인해야 한다.

오답분석

② 담당자가 없으면 자리를 비운 이유를 간단히 설명해야 한다.
③ 담당자가 통화 가능한 시간을 알려주어야 한다.
④ 용건을 물어본 후 대신 처리할 수 있으면 처리하거나 담당자에게 정확한 메모를 전달해야 한다.
⑤ 개인신상정보는 노출하지 말아야 한다.

75
정답 ①

개인윤리의 덕목에는 타인에 대한 물리적 행사(폭력)가 절대 금지되어 있지만, 직업윤리는 개인윤리에 비해 특수성을 가지고 있어 경찰관이나 군인 등의 경우 필요한 상황(범죄 제압, 전쟁 등)에서 폭력이 허용된다.

오답분석

② 개인윤리와 직업윤리가 배치되는 경우 직업인은 직업윤리를 우선한다.
③ 직업윤리는 개인윤리를 바탕으로 각 직업에서 요구되는 특수한 윤리이다.
④ 모든 사람은 직업의 성격에 따라 각각 다른 직업윤리를 지닌다.
⑤ 규모가 큰 공동의 재산, 정보 등을 개인의 권한에 위임하는 것은 개인윤리와 직업윤리의 조화로운 상황이다.

76
정답 ④

성희롱의 성립요건 중 B사원의 고용상의 불이익을 초래할 것에 대한 것은 주어진 사례에서 찾을 수 없다.

직장 내 성희롱의 성립요건
- 지위를 이용하거나 업무와의 관련성이 있을 것
- 성적인 언어나 행동 또는 이를 조건으로 하는 행위일 것
- 고용상의 불이익을 초래하거나 성적 굴욕감을 유발하여 고용환경을 악화시키는 경우일 것
- 성희롱의 당사자 요건일 것

77
정답 ④

임원회의에서 PT를 맡았기 때문에 회의에 늦지 않는 것 또한 B선임이 취해야 될 행동이다. 따라서 할머니를 병원에 직접 모셔다 드리고 오는 것보다 먼저 119에 신고를 하고, 상사에게 현재의 상황을 보고한 다음 구급대원이 오면 회사로 오는 것이 가장 적절한 순서이다.

78
정답 ②

표준 언어 예절에 따르면 직장에서는 압존법을 사용하지 않으므로 '과장님, 김대리님이 이 자료를 전달하라고 하셨습니다.'가 적절하다.

79
정답 ②

해당 상황은 고객이 가져온 제품을 살펴보는 것을 제외하고는 모든 내용이 문제를 일으킬 수 있는 부분이다.

오답분석

① 고객에게 원래 그렇다고만 불성실하게 대답하였다.
③ 기존에 C사 제품을 사용해 보신 적이 있냐고 물으며, 없다고 하자 무시하는 어투로 응대하였다.
④ 고객이 원하는 것을 묻지 않았다.
⑤ 고객이 원하는 요구를 존중하지 않고, 그냥 쓰면 된다고 말하였다.

80

정답 ①

주어진 상황에서 서비스 업무에 필요한 것은 고객의 제품에 발생한 문제의 원인에 대하여 고객이 이해할 수 있게 설명하고, 고객의 요구를 경청하는 자세이다. 서비스는 고객의 가치를 최우선으로 하는 개념이므로 적당히 이야기해서 돌려보내시고 C사에 제품에 대해 문의해 달라는 내용은 적절하지 않다.

www.sdedu.co.kr

서울교통공사 9호선 운영부문 고객안전직 답안카드

성 명

지원 분야

문제지 형별기재란	
(　　　)형	Ⓐ Ⓑ

수 험 번 호						
⓪	⓪	⓪	⓪	⓪	⓪	⓪
①	①	①	①	①	①	①
②	②	②	②	②	②	②
③	③	③	③	③	③	③
④	④	④	④	④	④	④
⑤	⑤	⑤	⑤	⑤	⑤	⑤
⑥	⑥	⑥	⑥	⑥	⑥	⑥
⑦	⑦	⑦	⑦	⑦	⑦	⑦
⑧	⑧	⑧	⑧	⑧	⑧	⑧
⑨	⑨	⑨	⑨	⑨	⑨	⑨

감독위원 확인
인

번호	답	번호	답	번호	답	번호	답
1	① ② ③ ④ ⑤	21	① ② ③ ④ ⑤	41	① ② ③ ④ ⑤	61	① ② ③ ④ ⑤
2	① ② ③ ④ ⑤	22	① ② ③ ④ ⑤	42	① ② ③ ④ ⑤	62	① ② ③ ④ ⑤
3	① ② ③ ④ ⑤	23	① ② ③ ④ ⑤	43	① ② ③ ④ ⑤	63	① ② ③ ④ ⑤
4	① ② ③ ④ ⑤	24	① ② ③ ④ ⑤	44	① ② ③ ④ ⑤	64	① ② ③ ④ ⑤
5	① ② ③ ④ ⑤	25	① ② ③ ④ ⑤	45	① ② ③ ④ ⑤	65	① ② ③ ④ ⑤
6	① ② ③ ④ ⑤	26	① ② ③ ④ ⑤	46	① ② ③ ④ ⑤	66	① ② ③ ④ ⑤
7	① ② ③ ④ ⑤	27	① ② ③ ④ ⑤	47	① ② ③ ④ ⑤	67	① ② ③ ④ ⑤
8	① ② ③ ④ ⑤	28	① ② ③ ④ ⑤	48	① ② ③ ④ ⑤	68	① ② ③ ④ ⑤
9	① ② ③ ④ ⑤	29	① ② ③ ④ ⑤	49	① ② ③ ④ ⑤	69	① ② ③ ④ ⑤
10	① ② ③ ④ ⑤	30	① ② ③ ④ ⑤	50	① ② ③ ④ ⑤	70	① ② ③ ④ ⑤
11	① ② ③ ④ ⑤	31	① ② ③ ④ ⑤	51	① ② ③ ④ ⑤	71	① ② ③ ④ ⑤
12	① ② ③ ④ ⑤	32	① ② ③ ④ ⑤	52	① ② ③ ④ ⑤	72	① ② ③ ④ ⑤
13	① ② ③ ④ ⑤	33	① ② ③ ④ ⑤	53	① ② ③ ④ ⑤	73	① ② ③ ④ ⑤
14	① ② ③ ④ ⑤	34	① ② ③ ④ ⑤	54	① ② ③ ④ ⑤	74	① ② ③ ④ ⑤
15	① ② ③ ④ ⑤	35	① ② ③ ④ ⑤	55	① ② ③ ④ ⑤	75	① ② ③ ④ ⑤
16	① ② ③ ④ ⑤	36	① ② ③ ④ ⑤	56	① ② ③ ④ ⑤	76	① ② ③ ④ ⑤
17	① ② ③ ④ ⑤	37	① ② ③ ④ ⑤	57	① ② ③ ④ ⑤	77	① ② ③ ④ ⑤
18	① ② ③ ④ ⑤	38	① ② ③ ④ ⑤	58	① ② ③ ④ ⑤	78	① ② ③ ④ ⑤
19	① ② ③ ④ ⑤	39	① ② ③ ④ ⑤	59	① ② ③ ④ ⑤	79	① ② ③ ④ ⑤
20	① ② ③ ④ ⑤	40	① ② ③ ④ ⑤	60	① ② ③ ④ ⑤	80	① ② ③ ④ ⑤

※ 본 답안지는 마킹연습용 모의 답안지입니다.

〈절취선〉

서울교통공사 9호선 운영부문 고객안전직 답안카드

성 명

지원 분야

문제지 형별기재란	
(　　　)형	Ⓐ Ⓑ

수 험 번 호						
⓪	⓪	⓪	⓪	⓪	⓪	⓪
①	①	①	①	①	①	①
②	②	②	②	②	②	②
③	③	③	③	③	③	③
④	④	④	④	④	④	④
⑤	⑤	⑤	⑤	⑤	⑤	⑤
⑥	⑥	⑥	⑥	⑥	⑥	⑥
⑦	⑦	⑦	⑦	⑦	⑦	⑦
⑧	⑧	⑧	⑧	⑧	⑧	⑧
⑨	⑨	⑨	⑨	⑨	⑨	⑨

감독위원 확인
인

번호	답	번호	답	번호	답	번호	답
1	① ② ③ ④ ⑤	21	① ② ③ ④ ⑤	41	① ② ③ ④ ⑤	61	① ② ③ ④ ⑤
2	① ② ③ ④ ⑤	22	① ② ③ ④ ⑤	42	① ② ③ ④ ⑤	62	① ② ③ ④ ⑤
3	① ② ③ ④ ⑤	23	① ② ③ ④ ⑤	43	① ② ③ ④ ⑤	63	① ② ③ ④ ⑤
4	① ② ③ ④ ⑤	24	① ② ③ ④ ⑤	44	① ② ③ ④ ⑤	64	① ② ③ ④ ⑤
5	① ② ③ ④ ⑤	25	① ② ③ ④ ⑤	45	① ② ③ ④ ⑤	65	① ② ③ ④ ⑤
6	① ② ③ ④ ⑤	26	① ② ③ ④ ⑤	46	① ② ③ ④ ⑤	66	① ② ③ ④ ⑤
7	① ② ③ ④ ⑤	27	① ② ③ ④ ⑤	47	① ② ③ ④ ⑤	67	① ② ③ ④ ⑤
8	① ② ③ ④ ⑤	28	① ② ③ ④ ⑤	48	① ② ③ ④ ⑤	68	① ② ③ ④ ⑤
9	① ② ③ ④ ⑤	29	① ② ③ ④ ⑤	49	① ② ③ ④ ⑤	69	① ② ③ ④ ⑤
10	① ② ③ ④ ⑤	30	① ② ③ ④ ⑤	50	① ② ③ ④ ⑤	70	① ② ③ ④ ⑤
11	① ② ③ ④ ⑤	31	① ② ③ ④ ⑤	51	① ② ③ ④ ⑤	71	① ② ③ ④ ⑤
12	① ② ③ ④ ⑤	32	① ② ③ ④ ⑤	52	① ② ③ ④ ⑤	72	① ② ③ ④ ⑤
13	① ② ③ ④ ⑤	33	① ② ③ ④ ⑤	53	① ② ③ ④ ⑤	73	① ② ③ ④ ⑤
14	① ② ③ ④ ⑤	34	① ② ③ ④ ⑤	54	① ② ③ ④ ⑤	74	① ② ③ ④ ⑤
15	① ② ③ ④ ⑤	35	① ② ③ ④ ⑤	55	① ② ③ ④ ⑤	75	① ② ③ ④ ⑤
16	① ② ③ ④ ⑤	36	① ② ③ ④ ⑤	56	① ② ③ ④ ⑤	76	① ② ③ ④ ⑤
17	① ② ③ ④ ⑤	37	① ② ③ ④ ⑤	57	① ② ③ ④ ⑤	77	① ② ③ ④ ⑤
18	① ② ③ ④ ⑤	38	① ② ③ ④ ⑤	58	① ② ③ ④ ⑤	78	① ② ③ ④ ⑤
19	① ② ③ ④ ⑤	39	① ② ③ ④ ⑤	59	① ② ③ ④ ⑤	79	① ② ③ ④ ⑤
20	① ② ③ ④ ⑤	40	① ② ③ ④ ⑤	60	① ② ③ ④ ⑤	80	① ② ③ ④ ⑤

※ 본 답안지는 마킹연습용 모의 답안지입니다.

서울교통공사 9호선 운영부문 고객안전직 답안카드

성 명

지원 분야

문제지 형별기재란	
(　　　)형	Ⓐ Ⓑ

수 험 번 호						
⓪	⓪	⓪	⓪	⓪	⓪	⓪
①	①	①	①	①	①	①
②	②	②	②	②	②	②
③	③	③	③	③	③	③
④	④	④	④	④	④	④
⑤	⑤	⑤	⑤	⑤	⑤	⑤
⑥	⑥	⑥	⑥	⑥	⑥	⑥
⑦	⑦	⑦	⑦	⑦	⑦	⑦
⑧	⑧	⑧	⑧	⑧	⑧	⑧
⑨	⑨	⑨	⑨	⑨	⑨	⑨

감독위원 확인
ⓘ인

번호						번호						번호						번호					
1	①	②	③	④	⑤	21	①	②	③	④	⑤	41	①	②	③	④	⑤	61	①	②	③	④	⑤
2	①	②	③	④	⑤	22	①	②	③	④	⑤	42	①	②	③	④	⑤	62	①	②	③	④	⑤
3	①	②	③	④	⑤	23	①	②	③	④	⑤	43	①	②	③	④	⑤	63	①	②	③	④	⑤
4	①	②	③	④	⑤	24	①	②	③	④	⑤	44	①	②	③	④	⑤	64	①	②	③	④	⑤
5	①	②	③	④	⑤	25	①	②	③	④	⑤	45	①	②	③	④	⑤	65	①	②	③	④	⑤
6	①	②	③	④	⑤	26	①	②	③	④	⑤	46	①	②	③	④	⑤	66	①	②	③	④	⑤
7	①	②	③	④	⑤	27	①	②	③	④	⑤	47	①	②	③	④	⑤	67	①	②	③	④	⑤
8	①	②	③	④	⑤	28	①	②	③	④	⑤	48	①	②	③	④	⑤	68	①	②	③	④	⑤
9	①	②	③	④	⑤	29	①	②	③	④	⑤	49	①	②	③	④	⑤	69	①	②	③	④	⑤
10	①	②	③	④	⑤	30	①	②	③	④	⑤	50	①	②	③	④	⑤	70	①	②	③	④	⑤
11	①	②	③	④	⑤	31	①	②	③	④	⑤	51	①	②	③	④	⑤	71	①	②	③	④	⑤
12	①	②	③	④	⑤	32	①	②	③	④	⑤	52	①	②	③	④	⑤	72	①	②	③	④	⑤
13	①	②	③	④	⑤	33	①	②	③	④	⑤	53	①	②	③	④	⑤	73	①	②	③	④	⑤
14	①	②	③	④	⑤	34	①	②	③	④	⑤	54	①	②	③	④	⑤	74	①	②	③	④	⑤
15	①	②	③	④	⑤	35	①	②	③	④	⑤	55	①	②	③	④	⑤	75	①	②	③	④	⑤
16	①	②	③	④	⑤	36	①	②	③	④	⑤	56	①	②	③	④	⑤	76	①	②	③	④	⑤
17	①	②	③	④	⑤	37	①	②	③	④	⑤	57	①	②	③	④	⑤	77	①	②	③	④	⑤
18	①	②	③	④	⑤	38	①	②	③	④	⑤	58	①	②	③	④	⑤	78	①	②	③	④	⑤
19	①	②	③	④	⑤	39	①	②	③	④	⑤	59	①	②	③	④	⑤	79	①	②	③	④	⑤
20	①	②	③	④	⑤	40	①	②	③	④	⑤	60	①	②	③	④	⑤	80	①	②	③	④	⑤

※ 본 답안지는 마킹연습용 모의 답안지입니다.

〈절취선〉

성 명

지원 분야

문제지 형별기재란	
(　　　)형	Ⓐ Ⓑ

수 험 번 호						
⓪	⓪	⓪	⓪	⓪	⓪	⓪
①	①	①	①	①	①	①
②	②	②	②	②	②	②
③	③	③	③	③	③	③
④	④	④	④	④	④	④
⑤	⑤	⑤	⑤	⑤	⑤	⑤
⑥	⑥	⑥	⑥	⑥	⑥	⑥
⑦	⑦	⑦	⑦	⑦	⑦	⑦
⑧	⑧	⑧	⑧	⑧	⑧	⑧
⑨	⑨	⑨	⑨	⑨	⑨	⑨

감독위원 확인
㉧ 인

서울교통공사 9호선 운영부문 고객안전직 답안카드

번호	답	번호	답	번호	답	번호	답
1	① ② ③ ④ ⑤	21	① ② ③ ④ ⑤	41	① ② ③ ④ ⑤	61	① ② ③ ④ ⑤
2	① ② ③ ④ ⑤	22	① ② ③ ④ ⑤	42	① ② ③ ④ ⑤	62	① ② ③ ④ ⑤
3	① ② ③ ④ ⑤	23	① ② ③ ④ ⑤	43	① ② ③ ④ ⑤	63	① ② ③ ④ ⑤
4	① ② ③ ④ ⑤	24	① ② ③ ④ ⑤	44	① ② ③ ④ ⑤	64	① ② ③ ④ ⑤
5	① ② ③ ④ ⑤	25	① ② ③ ④ ⑤	45	① ② ③ ④ ⑤	65	① ② ③ ④ ⑤
6	① ② ③ ④ ⑤	26	① ② ③ ④ ⑤	46	① ② ③ ④ ⑤	66	① ② ③ ④ ⑤
7	① ② ③ ④ ⑤	27	① ② ③ ④ ⑤	47	① ② ③ ④ ⑤	67	① ② ③ ④ ⑤
8	① ② ③ ④ ⑤	28	① ② ③ ④ ⑤	48	① ② ③ ④ ⑤	68	① ② ③ ④ ⑤
9	① ② ③ ④ ⑤	29	① ② ③ ④ ⑤	49	① ② ③ ④ ⑤	69	① ② ③ ④ ⑤
10	① ② ③ ④ ⑤	30	① ② ③ ④ ⑤	50	① ② ③ ④ ⑤	70	① ② ③ ④ ⑤
11	① ② ③ ④ ⑤	31	① ② ③ ④ ⑤	51	① ② ③ ④ ⑤	71	① ② ③ ④ ⑤
12	① ② ③ ④ ⑤	32	① ② ③ ④ ⑤	52	① ② ③ ④ ⑤	72	① ② ③ ④ ⑤
13	① ② ③ ④ ⑤	33	① ② ③ ④ ⑤	53	① ② ③ ④ ⑤	73	① ② ③ ④ ⑤
14	① ② ③ ④ ⑤	34	① ② ③ ④ ⑤	54	① ② ③ ④ ⑤	74	① ② ③ ④ ⑤
15	① ② ③ ④ ⑤	35	① ② ③ ④ ⑤	55	① ② ③ ④ ⑤	75	① ② ③ ④ ⑤
16	① ② ③ ④ ⑤	36	① ② ③ ④ ⑤	56	① ② ③ ④ ⑤	76	① ② ③ ④ ⑤
17	① ② ③ ④ ⑤	37	① ② ③ ④ ⑤	57	① ② ③ ④ ⑤	77	① ② ③ ④ ⑤
18	① ② ③ ④ ⑤	38	① ② ③ ④ ⑤	58	① ② ③ ④ ⑤	78	① ② ③ ④ ⑤
19	① ② ③ ④ ⑤	39	① ② ③ ④ ⑤	59	① ② ③ ④ ⑤	79	① ② ③ ④ ⑤
20	① ② ③ ④ ⑤	40	① ② ③ ④ ⑤	60	① ② ③ ④ ⑤	80	① ② ③ ④ ⑤

※ 본 답안지는 마킹연습용 모의 답안지입니다.

2024 최신판 SD에듀 서울교통공사 9호선 운영부문 고객안전직 NCS 최종모의고사 7회분 + 무료서교공특강

초 판 발 행	2024년 03월 20일 (인쇄 2024년 02월 15일)
발 행 인	박영일
책 임 편 집	이해욱
편 저	SDC(Sidae Data Center)
편 집 진 행	김재희
표지디자인	조혜령
편집디자인	최미란 · 장성복
발 행 처	(주)시대고시기획
출 판 등 록	제10-1521호
주 소	서울시 마포구 큰우물로 75 [도화동 538 성지 B/D] 9F
전 화	1600-3600
팩 스	02-701-8823
홈 페 이 지	www.sdedu.co.kr
I S B N	979-11-383-6750-9 (13320)
정 가	18,000원

합격의공식
SD
에듀

기회란 포착되어 활용되기 전에는
기회인지조차 알 수 없는 것이다.

– 마크 트웨인 –

기업별 맞춤 학습 "기본서" 시리즈

공기업 취업의 기초부터 심화까지! 합격의 문을 여는 **Hidden Key!**

기업별 시험 직전 마무리 "모의고사" 시리즈

실제 시험과 동일하게 마무리! 합격을 향한 **Last Spurt!**

※ **기업별 시리즈 :** HUG 주택도시보증공사/LH 한국토지주택공사/강원랜드/건강보험심사평가원/국가철도공단/국민건강보험공단/국민연금공단/근로복지공단/발전회사/부산교통공사/서울교통공사/인천국제공항공사/코레일 한국철도공사/한국농어촌공사/한국도로공사/한국산업인력공단/한국수력원자력/한국수자원공사/한국전력공사/한전KPS/항만공사 등

※ 도서의 이미지 및 구성은 변동될 수 있습니다.

현재 나의 실력을 객관적으로 파악해 보자!

모바일 OMR 답안채점 / 성적분석 서비스

도서에 수록된 모의고사에 대한 객관적인 결과(정답률, 순위)를 종합적으로 분석하여 제공합니다.

OMR 입력

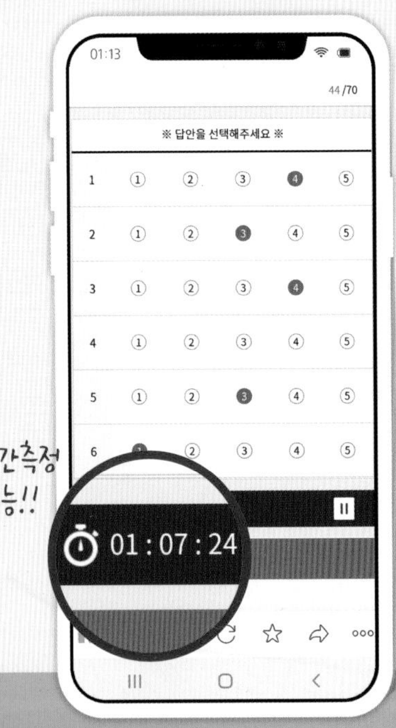

성적분석

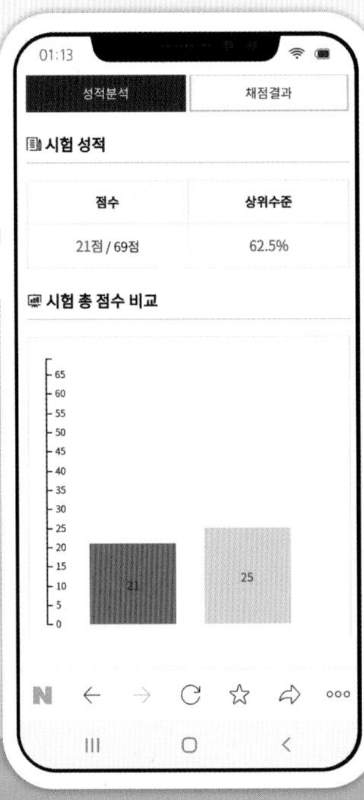

채점결과

※OMR 답안채점 / 성적분석 서비스는 등록 후 30일간 사용 가능합니다.

참여 방법

도서 내 모의고사 우측 상단에 위치한 QR코드 찍기 → 로그인 하기 → '시작하기' 클릭 → '응시하기' 클릭 → 나의 답안을 모바일 OMR 카드에 입력 → '성적분석 & 채점결과' 클릭 → 현재 내 실력 확인하기